Konrad Heiden

Eine Nacht im November 1938

Konrad Heiden

Eine Nacht im November 1938

Ein zeitgenössischer Bericht

Herausgegeben von
Markus Roth, Sascha Feuchert
und Christiane Weber

WALLSTEIN VERLAG

Für Lisa
Die Herausgeber

Bibliografische Information der Deutschen Nationalbibliothek
Die Deutsche Nationalbibliothek verzeichnet
diese Publikation in der Deutschen Nationalbibliografie;
detaillierte bibliografische Daten sind im Internet
über http://dnb.d-nb.de abrufbar.

4. Auflage 2018

www.wallstein-verlag.de

Vom Verlag gesetzt aus der Aldus
Umschlag: Susanne Gerhards, Düsseldorf
Umschlagfoto: Passanten betrachten in Berlin
nach der Reichspogromnacht zertrümmerte Fensterscheiben
eines Geschäfts (Foto vom 10.11.1938). © ddp images/dapd
Druck und Verarbeitung: Hubert & Co, Göttingen
ISBN 978-3-8353-1349-1

Inhalt

Nächtlicher Eid 7
Blutiges Erinnern 9
Grynszpan 11
Siegfried 15
Oesterreich 18
Der innere Komparativ 21
Die Nacht der Beile 25
Der Mob im Licht 37
Die Tempel brennen 45
Das grosse Schweigen 48
In den Folterlagern 54
Dem Hungertode entgegen 73
Wo war das deutsche Volk? 89
Märtyrer 98
Was sein muss 99
Nachwort 102

Kommentar 107

Konrad Heiden (1901-1966) –
Annäherungen an Leben und Werk 135

Editorische Notiz 173

Abbildungs- und Literaturverzeichnis 180

Dank 190

Nächtlicher Eid[1]

Es ist Nacht in Deutschland. Die Nacht vom 9. auf den 10. November 1938.

Die letzten Autobusse rauschen in die Vororte ab, die letzten Lichtreklamen verenden, die letzten Fussgänger streben nach Hause. Ein paar einsame Züge rollen durchs Land. Die Dörfer sind leer und still. Siebenundsiebzig Millionen Menschen schlafen.

Aber die Getreuen schlafen nicht. Einer wacht über sie alle, diese Nacht und alle Nächte. Heute wachen sie mit ihm.

Hier und da glänzt in dieser deutschen Nacht ein Feuerschein. Geht nicht zu nah hin, ihr siebenundsiebzig Millionen, schlaft lieber, dies ist nichts für euch. Da steht im Nachtdunkel eine schwarze Schar, von Fackeln beleuchtet, ein schwarzer Block mit Hunderten von Köpfen, kalkweiss im künstlichen Licht. Von einer Stange hängt steif ein Tuch, die rot-weisse Standarte mit dem Hakenkreuz; drohend greifen die schwarzen Arme in die Nacht. Das Dunkel langt nach dem Dunkel. Aus einem Lautsprecher ruft überlebensgross eine Stimme zu den Fackeln hinüber … die Stimme …

Fünfzigtausend stehen so im nächtlichen Deutschland. Es sind die jungen Männer, die heute Nacht in die S.S., in das auserlesene schwarze Korps der nationalsozialistischen Bewegung, in deren heilige, allmächtige, schweigende Schar aufgenommen werden. Nur einmal im Jahre geschieht das, stets in der Nacht vom 9. auf den 10. November, genau um Mitternacht.[2]

Zehntausendsechshundert stehen vor der Feldherrnhalle in München. Seyss-Inquart[3], der Auslieferer Oesterreichs, und Konrad Henlein[4], der Sudetendeutsche, sind unter ihnen. An den schwarzen Mützen glänzen im Fackelschein die silbernen Totenköpfe. Der Reichsführer Himmler wird ihnen sogleich den Eid vorsprechen.

Sie treten heute in die Gemeinschaft ein, die Deutschland schweigend beherrscht. Sie werden heute Mitglieder der geheimnisvollen, furchtbaren, allmächtigen S.S. Die S.S. feiert keine brausenden Feste. Sie singt und jubelt nicht an den grossen Tagen der Bewegung. Schweigend und kalt, fast unauffällig regiert sie; auf wen ihr Schlangenblick fällt, der verschwindet lautlos aus dem Gesichtskreis, aus der Welt, vielleicht aus dem Leben. Die S.S.

gönnt dem Volk seine Freude und der S.A. ihre Paraden; sie selbst herrscht stumm. »Viele lieben uns nicht, aber alle sollen uns fürchten«[5], hat Himmler gesagt.

Nur wenige taugen für die wahre Macht. Fünfzigtausend hat Himmler sich dieses Jahr als Nachwuchs herausgesucht. Sie stehen in diesem Augenblick in ganz Deutschland vor dem Lautsprecher. Es schlägt Mitternacht, und der, dem sie heute Nacht Treue schwören sollen, betritt die Stufen der Feldherrnhalle. Ein Kommando erschallt: »Helm ab zum Gebet!« Die Musik spielt das Lied: »Wir treten zum Beten.«[6]

Himmler spricht in das Dunkel der Nacht hinein den Fünfzigtausend rings in Deutschland den Eid vor:

»Wir schwören dir – Adolf Hitler – Treue und Tapferkeit. Wir versprechen dir – und den von dir eingesetzten Vorgesetzten – Gehorsam bis in den Tod – so wahr uns Gott helfe!«[7]

Fünfzigtausend in Deutschland sagen gleichzeitig: »Ich schwöre es.«

Dann spricht der, dem sie eben geschworen haben. Ihm ist eine Rede in der seltsamen Nachtstunde nichts Ungewohntes. Die S.S.-Männer wissen, dass er nachts nicht schlafen kann. Bald glänzt von der Fassade der Reichskanzlei ein einsames Fenster ins Morgengrauen hinein, bald glänzt es am Führerbau in München, an der Wohnung in der Aeusseren Prinzregentenstrasse, am Bergschloss bei Berchtesgaden. Mit dem schlaflosen Führer irrt dies Licht durch Deutschland. Er liebt laute Gesellschaft, Musik und Feste in der Nacht. Nun steht er vor dem feurigen Riesenschauspiel auf den Stufen der Feldherrnhalle; zur Linken ragt der doppeltürmige Schatten der Theatinerkirche zum Sternenhimmel; fern verschwimmt das kolossale »Siegestor« im Fackelschein. Mit rauer Stimme ruft die Gestalt auf den Stufen den schwarzen Röcken und silbernen Totenköpfen zu: »Ich erwarte von euch, dass ihr den Spruch wahr macht, den ihr zu tragen die Ehre habt: Eure Ehre muss immer und unter allen Umständen die Treue sein.«[8]

Dann geht er durch die Reihen und drückt Seyss-Inquart die Hand.

Die Zehntausend vor der Feldherrnhalle, die Fünfzigtausend im Reich, sind in dieser nächtlichen Stunde unter den Brandfackeln, angeweht vom mystischen Hauch der Blutfahne, erregt wie nie im

Leben. Sie haben soeben geschworen, für den Führer in den Tod zu gehen;[9] sie haben geschworen, auf seinen Befehl den Tod zu bringen. Sie sind jetzt »seine Garanten«, so nennt er sie. Sie bürgen ihm dafür, dass die Partei, das Heer, das ganze deutsche Volk das blinde Instrument seiner Befehle sind; dass jeder Widerstand in der Sekunde niedergeschlagen wird, jeder Widerspruch mit Blitzesschnelle verstummt. Nichts geschieht ohne seinen Willen, und sein Wille geschieht immer. Dafür ist die S.S. da. Das hat sie ihm eben geschworen.

Rings um die fünfzigtausend S.S.-[10]Rekruten stehen in dieser Nacht die älteren Kameraden, die schon lange das Koppelschloss mit der Aufschrift »Meine Ehre ist Treue«[11] tragen. Auch die S.A. ist vielfach an ihren Sammelplätzen, gelegentlich sogar die älteren Jahrgänge der Hitler-Jugend. Deutschland schläft, der Führer wacht, und rund eine halbe Million Nationalsozialisten, die treuesten seiner Anhänger, wachen mit ihm.

Sie haben achtundvierzig Stunden lang die Erinnerung an den 9. November 1923 gefeiert, an das heiligste Datum ihrer Parteigeschichte.[12] Am Tag zuvor hat das ganze deutsche Volk an dieser Feier teilgenommen oder teilnehmen müssen. Diese Nacht vom 9. auf den 10. November aber gehört der Bewegung allein. Ihre Besten sind versammelt, und sie werden es noch in dieser Nacht zeigen, dass sie heute wie immer die Kraft zur Tat haben.

Blutiges Erinnern

An jenem 9. November 1923 griff ihr Führer, von mehreren tausend Bewaffneten begleitet, zum ersten Mal in den Strassen von München nach der Macht; aber im Feuer von hundert Polizeikarabinern brach das Abenteuer zusammen, und der Führer floh, sechzehn Tote auf dem Pflaster zurücklassend. Im Glück erinnert man sich gerne an vergangenes Unglück. Sie haben an ihre sechzehn Toten von damals gedacht, sicher tief überzeugt, dass diese Sechzehn von Feinden Deutschlands ermordet worden sind; denn dass die Toten Gewehre gehabt haben, zum Angriff ausgezogen sind, zuerst geschossen, selbst getötet haben – wer weiss das heute noch so genau? Die jungen S.S.- und S.A.-Leute waren damals noch Kinder.

Gläubige Kinder. Die Fackeln, die Fahnen, der Eid unter dem Sternenhimmel, die heisere Stimme in der Mitternacht ... Sie werden alles glauben, was die Stimme verkündet. Sie werden alles tun, was die Stimme befiehlt.

Dies glauben sie:

Vor fünfzehn Jahren sandte das Weltjudentum zum erstenmal seine Schergen aus, um den Führer zu töten. Gott aber rettete ihn wunderbar und sparte ihn auf für Deutschlands Heil. Dass damals deutsche Patrioten, deutsche Offiziere dem Führer entgegentraten und ihn davor bewahrten, durch seinen Streich Deutschland in entsetzliches Unheil hineinzureissen – was wissen diese Kinder davon? Dass Männer mit den höchsten Tapferkeitsauszeichnungen aus vier Kriegsjahren, Männer mit den ältesten und ruhmvollsten Namen der deutschen Geschichte ihm den auf den Staat gerichteten Revolver aus der Hand schlugen – wer hat ihnen das schon erzählt? Dass der Führer selbst noch ein Jahr zuvor, am 9. November 1937, in öffentlicher Rede gestand, es sei eigentlich gut gewesen, dass es damals schief ging[13] – wer hat auch nur hingehört? Und dass der Führer als erster floh – nein, das ist nur in ein paar Zeugenprotokollen, in ein paar verstaubten Gerichtsakten verzeichnet, die sorgfältig unter Verschluss gehalten werden.

Die Kinder wissen nur: die Juden waren es. Sie waren schuld am Unheil vor fünfzehn Jahren, wie sie schuld an allem Unheil sind.

Eben erst hat einer von ihnen wieder geschossen. Heute abend traf die Nachricht ein, dass Ernst vom Rath[14], Sekretär an der deutschen Botschaft zu Paris,[15] Mitglied der Bewegung seit 1931, auf dem Totenbett zum Gesandtschaftsrat erster Klasse befördert, seinen Verletzungen erlegen ist. Ein Jude hat auf ihn geschossen. Der Jude trug den Namen Herschel Grynszpan[16]; ein lächerlicher Name, für deutsche Ohren ein fast abstossender Laut. Herschel: das ist ein kleiner Hirsch, im vulgärsten Dialekt ausgesprochen; Grynszpan bedeutet: Grünspan, eine Zersetzungserscheinung an Metall. Da hat also der Major Walter Buch[17], Vorsitzender des obersten Parteigerichts, Mitglied der Reichsleitung der Partei und enger Freund des Führers, einmal ins Schwarze getroffen, als er im September 1938 auf dem Nürnberger Parteitag sagte: »Der Jude ist kein Mensch, er ist eine Fäulniserscheinung.«[18] Grünspan!

Grynszpan

Die Fäulniserscheinung hat geschossen.

Ein siebzehnjähriges Bürschlein; in Deutschland aufgewachsen, doch polnischer Nationalität; nach Frankreich geflüchtet; dort, gleich Tausenden von Leidensgefährten, ausgewiesen; von einer alten Tante und ihrem Mann in einer Dachkammer versteckt gehalten; angstvoll bewacht, damit er nicht von den »Flics«[19] entdeckt werde; an Geld knapp gehalten, damit er nicht durchbrenne – dieses siebzehnjährige, ratlose Menschenwesen hat geschossen. Es hat einen Brief von seinem Vater bekommen, der dreissig Jahre lang ruhig und bescheiden als Kaufmann in Hannover gelebt hatte, dann plötzlich von der Strasse weggefangen, nach Polen transportiert und dort zwischen den Grenzen hinter Stacheldraht interniert wurde. Zehntausenden ist es so gegangen. Sie haben still dahingelebt in Deutschland; dem Lande, in dem die meisten von ihnen seit Jahrzehnten wohnten, in dem Viele von ihnen geboren sind, dessen Sprache die Jüngeren als ihre Muttersprache sprechen, für das ein Teil der Aelteren im Felde geblutet hat. Das dritte Reich brach an; sie lebten weiter in diesem Lande, weil sie nicht wussten, wohin sich sonst wenden; sie lebten weiter, geduckt, scheu, von den Behörden gequält, von der herrschenden Partei verfolgt und bespieen, von der übrigen Bevölkerung meist geduldet, bemitleidet, nicht selten mit ihr befreundet. Nun mussten sie binnen acht Stunden weg. Ihre Kinder wurden aus den Schulen geholt und auf die Eisenbahn geführt, wo die Eltern bereits in überfüllten Zügen sassen. Dann rollten sie nach Osten, dem unbekannten »Vaterlande« Polen zu, das sie oft gar nicht kannten und das sich nun weigerte, sie aufzunehmen. So blieben die meisten im Niemandsland zwischen den Grenzen hocken, in Baracken von Militärposten bewacht, von ihren im Land ansässigen Glaubensgenossen, meist selbst bitterarmen Menschen, gefüttert und mit Bettdecken versehen. Auch Herschel Grynszpans Vater war unter ihnen.[20]

Herschel Grynszpan, der Siebzehnjährige, der aus Deutschland Geflohene, der von der französischen Polizei Ausgewiesene, der Pole, der Polen nie gesehen, der Ausgestossene dreier Nationen, liest es in Paris. Er liest es in den Zeitungen, er liest es in den Briefen seines Vaters. Das also ist das Los der Juden: Ausweisung,

Flucht, Abschub auf der Eisenbahn, Einkerkerung hinter Stacheldraht. Das heisst Jude sein. Wenn man Glück hat, bleibt es einem eine Zeitlang erspart; aber einmal kommt es. Man muss es sich gefallen lassen, sich ducken, schweigen. Die andern haben die eisenbeschlagenen Stiefel und die Knute, wir haben den Rücken. Duck dich und bete still, dass du erst möglichst spät getreten wirst.

Muss das so sein? Gibt es kein Recht? Auch Herschel Grynszpan hat die heisere Stimme gehört; am Lautsprecher, versteht sich. Vielleicht hat er das Buch[21] gelesen, das der Mann mit der heiseren Stimme geschrieben hat. Sicher kennt er den einen oder andern der Ratschläge, die dieser seinen Anhängern gab: »Was der Güte verweigert wird, hat die Faust sich zu nehmen«[22], »in der ewig gleichmässigen Anwendung der Gewalt allein liegt die allererste Voraussetzung zum Erfolge«[23]; »der Erfolg ist der einzige irdische Richter über Recht oder Unrecht«[24]; »Terror ist nur durch Terror zu brechen«[25] usw.

Wenn Herschel Grynszpan belesen genug ist, kann er darauf verweisen, dass die genannten Sprüche auf den Seiten 152, 188, 377 und 550 des Buches »Mein Kampf« stehen.[26]

Das ist die Weisheit, die heute die Welt beherrscht. Solchen Ratschlägen folge, dann bringst Du es weit! Haben sie nicht auf diese Weise Deutschland erobert? Liegt ihnen nicht schon fast die Welt zu Füssen? Jawohl, sie liegt ihnen, den Anhängern des Mannes, der diese Ratschläge gab, zu Füssen. Gross, mächtig und bewundert sind sie, nachdem sie … obwohl sie … aber nein – weil sie:[27]

den deutschen Minister Erzberger ermordet haben;[28]
den deutschen Minister Rathenau ermordet haben;[29]
den General von Schleicher ermordet haben;[30]
die Frau des Generals von Schleicher ermordet haben;[31]
den konservativen Schriftsteller Dr. Edgar Jung ermordet haben;[32]
den General von Bredow ermordet haben;[33]
den ehemaligen Ministerpräsidenten von Kahr ermordet haben;[34]
die Katholikenführer Klausener[35] und Probst ermordet haben;[36]
ihre eigenen Kameraden Ernst Röhm[37] und Gregor Strasser[38] ermordet haben;
den österreichischen Bundeskanzler Dr. Dollfuss ermordet haben;[39]

und noch unzählige andere ermordet haben, deren Namen die Welt schon lange wieder vergessen hat.

Den Mördern des Ministers Rathenau, Fischer und Kern[40], wurde im nationalsozialistischen Deutschland ein Denkmal gesetzt; ein Reichsminister hielt die Gedenkrede. Den Mördern des Bundeskanzlers Dollfuss, Holzweber und Planetta[41], wurden im nationalsozialistischen Oesterreich Denkmäler gesetzt, und Strassen wurden nach ihnen genannt; ein Reichsminister hielt die Gedenkrede.[42]

Herschel Grynszpan ist zu jung; darum erinnert er sich wohl kaum der tierischen Mordtat im Dorfe Potempa in Oberschlesien, wo fünf Nationalsozialisten im Jahre 1932 einen polnischen Arbeiter zu Tode trampelten und dann von ihrem Führer ein Telegramm erhielten, das mit den Worten begann: »Meine Kameraden …«[43]

Als die Kameraden vor fast zwanzig Jahren ihr Werk begannen, lachte man entweder über sie oder kannte sie gar nicht. Heute fürchtet die Welt sie und bettelt um ihre Freundschaft. Es scheint, dass mit den wachsenden Leichenhaufen auch der Respekt wuchs. Der siebzehnjährige Jude Herschel Grynszpan hat jedenfalls in dieser Schule lernen können. Er begeht das, was man eine Wahnsinnstat zu nennen pflegt und was, bei allem Verständnis für die Psyche eines erschütterten Siebzehnjährigen, eine tief verurteilenswerte Tat bleibt. Er schiesst den ersten beliebigen Nationalsozialisten nieder, der ihm in den Weg kommt. Das Opfer ist der dreissigjährige Botschaftssekretär an der deutschen Botschaft zu Paris, Ernst vom Rath. Grynszpan hat sich heimlich von zu Hause weggestohlen, Onkel und Tante in einem hinterlassenen Brief mit mysteriösen Worten irregeführt, in einem Waffenladen[44] einen billigen Revolver gekauft, ist dann auf die deutsche Botschaft gegangen und hat dort den ersten besten Beamten niedergeschossen, zu dem er vorgelassen wurde.

Alle Umstände sprechen eine einheitliche deutliche Sprache. Es ist die Tat eines fassungslosen Siebzehnjährigen, eines verirrten Kindes dieser Zeit, in der der Mord regiert und Mördern Denkmäler gesetzt werden. Der junge Mensch vermochte nicht mehr zu unterscheiden, was Recht und Unrecht war. Es wurde so viel geschossen in der Welt. Immer wieder wurden die Schiessenden als Helden gefeiert und hatten das Vaterland gerettet. Also glaubte er, im Recht zu sein, wenn auch er schoss; denn »der Erfolg ist der einzige irdische Richter über Recht und Unrecht.«

So beging er seine unselige Tat. So schoss er.

Eine Viertelstunde später war er in den Händen der Pariser Polizei und wurde tagelang verhört. Seine Verwandten wurden festgenommen und verhört, die Umstände und die Vorbereitung der Tat wurden bis ins einzelne erforscht. Die Pariser Polizei informierte die Oeffentlichkeit genau. Es gab keinen Zweifel darüber: die Tat Grynszpans war die Tat eines einzelnen, verirrten, kaum für sich selbst verantwortlichen Jugendlichen. Niemand ausser ihm hatte von ihr gewusst, niemand ihm geholfen. Seine Verwandten wurden einige Wochen in Haft behalten, weil sie dem Ausgewiesenen verbotenerweise Obdach gewährt hatten; sie wurden dann wegen Uebertretung der Beherbergungsvorschriften für Fremde zu drei und sechs Monaten Gefängnis verurteilt,[45] aber eines Komplottes wurden sie keinen Augenblick lang verdächtigt und darum wurden sie wieder auf freien Fuss gesetzt. Ein Richter verhörte sie öffentlich, und die Verhandlung bewies: von einem Komplott nicht die leiseste Spur.

Aber die jungen Leute von der S.S. wissen Bescheid. Ein Jude hat geschossen. Der Jude hat geschossen. Die Juden haben geschossen.

Die Fäulniserscheinung hat geschossen. Vor fünfzehn Jahren brachte das Weltjudentum den Führer schon einmal zu Fall. Nun richtet es wieder die Revolverläufe auf die Bewegung und ihre Häupter.

Die Pariser Polizei weiss es zwar anders. Aber Goebbels, unser Doktor, weiss es besser. Der Reichsminister für Volksaufklärung und Propaganda stellt öffentlich fest:

»Es kann keinem Zweifel unterliegen, dass er (Grynszpan) von einer jüdischen Organisation versteckt und auf diese zynische Mordtat systematisch vorbereitet worden ist.«[46]

So weit ist es also mit den Juden gekommen. Sie morden – und finden kein anderes Opfer als den unbekannten Botschaftssekretär? Sie schiessen – und finden kein anderes Werkzeug als diesen halb unzurechnungsfähigen Siebzehnjährigen?

Die jungen S.S.-Leute stellen solche Fragen nicht. Sie hören auf ihre Führer und hegen keinen Zweifel. Sie haben unterm Sternenhimmel ihre Befehle empfangen und führen sie aus vor Morgenrot.

Siegfried

Ueber den deutschen Juden liegt in dieser Nacht das Entsetzen. Sie ahnen, was ihnen bevorsteht. Sie wissen seit sechs Jahren, wessen die Nationalsozialisten fähig sind. Fiele Herschel Grynszpan den deutschen Juden in die Hände, sie würden ihn zerreissen.

Es ist etwas Merkwürdiges mit der Seelenverfassung dieser zertretenen Menschenschar.

Sie leben in dem Land, dessen Kinder sie sind, dessen Sprache sie sprechen, dessen Dichter auch ihre Dichter, dessen Lieder auch ihre Lieder sind, dem sie hervorragende, oft weltberühmte Söhne geschenkt haben, dessen Industrie – namentlich Elektrizitätswirtschaft und Schiffahrt, ferner Eisenbahnen – sie zum guten Teil aufgebaut haben, dessen kultureller Aufstieg im neunzehnten Jahrhundert nicht zum kleinsten Teil ihr Werk ist, das sie schliesslich während hundert Jahren in mehreren blutigen Kriegen verteidigen halfen – sie leben in diesem Lande wie auf einer öden Insel in einem feindseligen Meer. Sie sind nicht Bürger dieses Landes, sind auch nicht seine Gäste, denn Bürger und Gäste wären Menschen; sie aber sind Untermenschen und Fäulniserscheinungen. Dass ihre gebildeten Söhne keine akademischen Berufe mehr bekleiden, dass ihre Aerzte keine Kranken heilen, dass ihre Anwälte keine Angeklagten verteidigen dürfen, daran denken sie kaum noch. Dass sie keine politischen Rechte haben, von der Volksgemeinschaft ausgeschlossen sind und ihre Kinder nicht in die allgemeinen Schulen schicken können – längst haben sie sich damit abgefunden.[47] Dass sie in den öffentlichen Anlagen sich nicht auf die allgemeinen Bänke setzen dürfen, sondern nur auf besondere, gelb gestrichene Bänke – in Gottes Namen; sie werden sich eben gar nicht setzen. Dass Liebe zwischen Nichtjuden und Juden ein Verbrechen ist, etwa in gleicher Weise strafbar wie Strassenraub – auch daran haben sie sich gewöhnt. Dass ihnen als einziger erlaubter Erwerbszweig der Handel gelassen wurde, bestätigt ihnen nur die alte leidvolle Erfahrung ihrer Geschichte: erst werden sie zum Handel gezwungen, dann schimpft man sie Handelsjuden. Dass ihre Läden zur Abschreckung mit Zeichen bemalt werden, überrascht sie nicht mehr; die Masse der Käufer ist bis jetzt trotzdem vorurteilslos gewesen und hat dort gekauft, wo sie gut bedient wurde. Dass man im Frühjahr 1938 ihnen plötzlich befahl, der Behörde ihr Vermögen anzugeben,[48] war ein Warnungszeichen; aber arm waren die meisten schon längst geworden. Dass man zur Quälerei den Hohn fügte und anordnete, jeder männliche Jude müsse ausser seinem Vornamen[49] den Namen Israel, jede Jüdin den Namen Sarah führen – das hätte sie fünf Jahre zuvor bitter gekränkt, heute nicht mehr.[50]

Israel und Sarah! Diese deutschen Juden hatten einmal ihre Kinder mit Vorliebe nach den Helden in Richard Wagners Musikdramen genannt: Siegfried und Siegmund; zwei grosse Namen deutscher Sage.[51] Sie wollten Deutsche sein; sie fühlten, dass sie Deutsche wären, sie waren Deutsche. Ein rührender, leidenschaftlicher, manchmal etwas gewaltsamer Patriotismus erfüllte gerade die besten Teile des deutschen Judentums. Die Juden von Worms pflegten darauf hinzuweisen, dass sie länger am Rhein sässen, als die Germanen; denn auf ihrem Friedhof standen Grabsteine aus dem vierten Jahrhundert nach Christi Geburt.[52] Als man den Juden von Regensburg in der Zeit der Kreuzzüge vorwarf, ihre Vorväter hätten Christus gekreuzigt, erwiderten sie: ihre, der Regensburger Juden Vorväter seien es jedenfalls nicht gewesen, denn die hätten schon vor dem Jahr der Kreuzigung zu Regensburg an der Donau gelebt.[53]

Die geistige und dann die politische Erneuerung Deutschlands, nach hundertfünfzigjähriger Lethargie, beginnt gegen Ende des achtzehnten Jahrhunderts gleichzeitig mit der Emanzipation der deutschen Juden. Die Entdeckung, dass alle Menschen »gleich« seien, hat in jener Epoche allen Völkern gewaltige Kräfte zugeführt; die Juden gehörten zu diesen neuen Kräften. Mit ihnen trat auch in die deutsche Gesellschaft ein neues Ferment ein, das sie in Bewegung bringen half. Es kann dem Antisemitismus nicht verwehrt werden, diese Bewegung und ihre Ergebnisse schädlich zu finden; das ist Meinungssache. Aber Tatsache ist, dass der historische Aufstieg Deutschlands im neunzehnten Jahrhundert von dem historischen Aufstieg des deutschen Judentums nicht zu trennen ist. Die Einschaltung Deutschlands in den wirtschaftlichen Entfaltungsprozess Westeuropas seit den fünfziger Jahren ist in beträchtlichem Masse jüdisches Werk gewesen. Der Beitrag der Juden zu den Naturwissenschaften, von Hertz bis Einstein[54], kann nicht gut bestritten werden. Aber nicht nur in den praktischen Künsten haben sie Bedeutendes geleistet. Der jüdische Kreis um Rahel Levin-Varnhagen[55] hat als erster den unbedingten Kultus Goethes in Deutschland begründet. Der letzte Dichter nach Goethes Tod, mit dem Deutschland an der Weltliteratur teilnahm, war Heine[56], ein Jude.

Zu Beginn des Weltkrieges hat der Jude Walter Rathenau dem preussischen Kriegsministerium erst sagen müssen, dass der moderne Krieg ein Rohstoffproblem sei. Er war es, der Deutschlands Rohstoffversorgung organisieren musste; dank ihm hielt das Land vier Jahre durch. Doch dieser patriotische Jude ist dann der erste verantwortliche Staatsmann Deutschlands geworden, der nach der deutschen Niederlage den Verzicht auf die Revanche aussprach. Als Aussenminister bekannte er im Reichstag, es sei nicht nur Deutschlands vertragliche, sondern auch seine moralische Pflicht, das zerstörte Nordfrankreich wieder aufzubauen; denn – hier gebrauchte er ein Bild aus Wagners »Parsifal«[57] – nur der Speer, der die Wunde geschlagen, könne sie wieder heilen.

Ein Jude, Hugo Preuss[58], schrieb Deutschland die demokratische Verfassung von Weimar. Ein Jude, Albert Einstein, ist heute in den Augen der Welt einer der grössten theoretischen Physiker aller Zeiten; aber in Deutschland war er zugleich ein Kämpfer für Menschenrechte und Völkerverständigung.

Mit einer grossen Zahl erschütternder Tragödien hat dann das deutsche Judentum im Jahre 1933 auf die ersten Massnahmen der nationalsozialistischen Regierung geantwortet, durch die die deutschen Juden aus dem deutschen Volke ausgestossen wurden.[59] Hier nur ein paar Fälle von vielen. Der Chefingenieur der Reichsrundfunkgesellschaft Walter Schaeffer ging mit seiner Frau aus Gram in den Tod,[60] der Berliner Ladenbesitzer Herbert Schimek erschoss sich am 1. April 1933, als sein Geschäft mit gelben Zetteln beklebt wurde, die an den »gelben Fleck« des Mittelalters erinnerten[61]; der Landgerichtsrat Hollevorden erschoss sich, nachdem er als Jude aus seinem Amt entfernt worden war;[62] der Professor Jacobsohn in Marburg, angesehener Indogermanist und in jungen Jahren Mitbegründer einer politischen Bewegung der Vorkriegszeit, die den interessanten Namen »national-sozial« führte, liess sich, vom Kultusminister beurlaubt, von einem Zug überfahren;[63] Geheimrat Hebting in Mannheim, fast siebzigjährig, ging in den Neckar, weil sein Sohn, der Jurist war, aus dem Staatsdienst ausscheiden musste.[64] Auf dem Bergfriedhof zu Heidelberg erschoss sich am 1. April 1933 der junge Gerichtsassessor Bettmann; in einem Abschiedsbrief schrieb er, dass er sein Leben zugleich Deutschland und den Menschen zum Opfer bringe, die ohne eigene Schuld plötzlich hinausgestossen würden, ohne ihrem Vaterlande dienen zu dürfen. Er sprach die Hoffnung aus, dass dies Opfer nicht vergeblich sei; es war vergeblich.[65] Um dieselbe Zeit erschoss sich in Stuttgart der junge Kaufmann Fritz Rosenfelder[66]; in seinem Abschiedsbrief hiess es: »Ihr lieben Freunde! Hierdurch ein letztes Lebewohl! Ein deutscher Jude konnte es nicht über sich bringen, zu leben in dem Bewusstsein, von der Bewegung, von der das nationale Deutschland die Rettung erhofft, als Vaterlandsverräter betrachtet zu werden.«[67]

Das deutsche Judentum ist gegen Deutschland bis zuletzt loyal gewesen. Es hat die ärgsten Ungerechtigkeiten mit Disziplin und Korrektheit ertragen. Es hat sich von dem Land seiner Verfolgungen und seiner Erniedrigungen zum grösseren Teil äusserlich und bis[68] vor kurzem auch innerlich nicht lösen können. Es kann dafür von den Nationalsozialisten keinen Dank erwarten – »geht weg, wir wollen euch nicht, seht ihr nicht, dass ihr lästig seid?«; aber eine objektive Welt wird die innere Anständigkeit dieser Haltung anerkennen, auch wenn sie sie nicht teilt. Die Welt gewöhnt sich daran, in den Nationalsozialisten hochzivilisierte Barbaren zu sehen, sie bewundert ihre Technik, fürchtet ihre Absichten und verachtet ihre Gesinnung. Die deutschen Juden aber sind auch darin deutsch, dass sie ihre grausame Obrigkeit noch in der eigenen Qual und Erniedrigung irgendwie achten, denn sie ist die Obrigkeit. Wenn sie auf einer Auslandsreise in den Londoner Hyde Park kommen, wagt mancher kaum, sich auf eine Bank zu setzen – das dürfen Juden doch nicht!

Oesterreich

Alle Loyalität hat ihnen nichts genützt. Ihre Lage verschlechterte sich langsam von Jahr zu Jahr. Seit März 1938 verschlechterte sie sich reissend. Oesterreich fiel in deutsche Hände; dort begann ein entsetzliches Wüten gegen die jüdische Bevölkerung, und dies Beispiel steckte das übrige Deutschland an.[69] In Wien wurden alte jüdische Männer und Frauen von der Strasse weggefangen, in Kasernen geführt und gezwungen, die Aborte zu reinigen, Automobile zu waschen, auf den Knieen das Pflaster zu schrubben. Gespräch auf der Ringstrasse: »Sie sind Jude?« – »Ja.« – »Dann kommen sie mal mit« und der Angeredete ist glücklich, nur zweihundert Teller waschen und abtrocknen zu müssen.

Es klingelt morgens um sechs Uhr an der Wohnungstür: »Los, mit aufs Polizeirevier!« – »Zu dieser Stunde?« – »Wir arbeiten Tag und Nacht. Es handelt sich nur um eine Nachprüfung der Papiere«. Wie harmlos das klingt! Der Jude sagt zu seiner Frau: ich bin in einer Viertelstunde wieder da, geht ohne Mantel und Hut die zwei Schritte über die Strasse und ist seitdem nicht mehr gesehen worden.

Seltsam benimmt sich plötzlich die Obrigkeit, gegen die der deutsche Jude so gerne loyal wäre. Ein Beamter in Zivil verhört, das ist sein Recht; der Jude antwortet, das ist seine Pflicht. Der Beamte wirft ihm dies und das vor, der Jude rechtfertigt sich. Da steht der Beamte auf, tritt an ihn heran, schlägt ihm mit voller Wucht die Faust ins Gesicht, dass der Jude taumelt; dann springt er auf ihn los, reisst ihn am Hals, reisst ihn zu Boden, setzt sich auf seinen Nacken, ein anderer hat schon den Knüppel zur Hand und lässt ihn auf das Gesäss niedersausen. Der Jude will schreien, die Obrigkeit stülpt ihm eine Aktentasche über den Kopf und spricht: »Die Sau kann ja noch schreien. Hau weiter!«

Und doch ist Oesterreich erst ein Anfang und noch lange nicht das Schlimmste. Erst nach diesem Anfang begannen die deutschen Juden ihre erschreckende Lage völlig klar zu erkennen. Das scheint merkwürdig; es war ihnen doch fünf Jahre lang schlecht genug gegangen. Aber man werfe nicht den deutschen Juden allein einen Fehler vor, den mit ihnen die ganze Welt begangen hat. Wie spät erkannte diese Welt die Kriegsgefahr!

Aber nun sind die Zeichen nicht mehr zu übersehen, denn sie schneiden wie Messer tief ins Fleisch. Was die Registrierung ihrer Vermögen bedeutet, wissen alle deutschen Juden. Plötzlich werden aus heiterem Himmel im Juni 1938 dreitausend verhaftet, ohne

Angabe von Gründen, ohne Beschuldigung und selbstverständlich ohne Schuld. Geiseln. Ihre Pässe werden ihnen abgenommen.[70] Wer aber dennoch das Land verlassen darf, dem wird ein grosses J zur ewigen Kennzeichnung ins Papier gestempelt.[71] Wer noch ein Geschäft hat, hat mehr Grund zum Zittern als andere. Eines schönen Tages erscheint bei ihm der Parteifunktionär und eröffnet ihm: die »Arbeitsfront«, der nationalsozialistische Riesenkonzern, wird das Geschäft kaufen; sie wird den Preis bestimmen, die Zahlungsweise bestimmen, und Widerspruch wäre Konzentrationslager.[72] Ende September beginnt man in einigen Teilen Deutschlands abermals die Juden zu verhaften, so in der Gegend von Rothenburg ob der Tauber. Es waren Vorbereitungen auf den Krieg, der damals unvermeidlich schien.[73]

Darum hat der Schuss von Paris sicherlich niemanden in der Welt so tief erschreckt wie die deutschen Juden. Ein Jahr zuvor mochten manche noch gezweifelt haben, jetzt war es jedem bewusst: sie waren völlig wehrlos in der Hand eines Feindes, der zu allem fähig war und dem vor nichts schauderte.

Drei Tage gehen nach dem Unglücksschuss von Paris ins Land. Nichts geschieht, und gerade das ist unheimlich.[74] Es deutet darauf hin, dass mit allen Hilfsmitteln einer mitleidlosen Intelligenz etwas besonders Furchtbares vorbereitet wird. »Die Rache ist ein Gericht, das kalt genossen werden muss«[75], ist ein Lieblingsausspruch des Dr. Goebbels.

So kommt der Abend des 9. November heran. Er bringt die Nachricht vom Tode des Pariser Gesandtschaftssekretärs. Nun haben die Nazis ihren Vorwand. Eigentlich: wozu ein Vorwand, was könnte er rechtfertigen, und wozu brauchen sie sich überhaupt zu rechtfertigen? Nun, auch an diese merkwürdige Zerreissung der Logik haben sich die deutschen Juden bereits gewöhnt: wenn irgendwann und irgendwo in der Welt etwas die Nazis ärgert oder trifft, dann müssen wir es büssen. Wir haben es zwar nicht getan, uns trifft keine Schuld, wir hätten, stünde es in unserer Kraft, eine Sache wie diesen Pariser Schuss bestimmt verhindert – aber uns treffen selbstverständlich die Folgen. Wir sind ja Juden.

Wir sind keine Menschen. Wir sind Fische im Bassin, dort gehalten, um geschlachtet zu werden. Eine fremde, riesige, gefühllose Tierart beugt sich von Zeit zu Zeit über uns, zieht ihr Netz durch den Schwarm, hopp, Jude, zapple nicht feige; der Tod ist nicht das Schlimmste.[76]

Der innere Komparativ

Im Herbst 1938 leben auf dem Gebiet des Deutschen Reiches, Oesterreich und Sudetenland eingeschlossen, etwa sechshunderttausend Juden, d.h. Personen jüdischen Bekenntnisses. Würde man alle diejenigen hinzurechnen, die nach den sog. Nürnberger Gesetzen von 1935 als Juden oder Judenstämmlinge gelten, so würde diese Zahl sich wahrscheinlich mehr als verdoppeln.[77] Eine genaue Statistik gibt es nicht.[78]

Rein zahlenmässig würden diese sechshunderttausend Juden in der Volksmasse von siebenundsiebzig Millionen fast verschwinden; sie machen weniger als ein Prozent aus. Auch wenn man die Halbstämmigen dazurechnet, steigt der Anteil nicht weit über ein Prozent. Doch wenn es zehn oder zwanzig Prozent wären – es blieben immer Menschen. Wenn ihre Existenz unter Menschen anderer Religion Probleme aufwürfe – es blieben immer noch Menschen; und vor allem Menschen, die trotz der Verschiedenheit der Bekenntnisform zu demselben Gott beten, dieselben heiligen Bücher verehren, demselben Sittengesetz gehorchen. Und mehr noch: waren es nicht ihre Propheten, die einst diese heiligen Bücher schrieben, die aus der Hand Gottes am Sinai dies Sittengesetz empfingen, die unvergängliche Lehre von Recht und Unrecht, von Wahrhaftigkeit, Nächstenliebe, Ehrfurcht, Achtung vor fremdem Leben, fremdem Eigentum – stammen sie nicht aus ihrer Geschichte, sind sie nicht heute noch ihr höchstes Heiligtum: die ewigen zehn Gebote?[79] Und ging nicht aus ihrer Mitte der Heiland hervor, der zu den Aposteln sagte: geht hin in die Welt und lehret alle Völker?[80] Der auch das immer des Nachsinnens werte Wort sprach[81]: das Heil kommt von den Juden?[82] Ein schweres und vielleicht dunkles Wort; doch hell und klar ist die Gewissheit: das Heil kommt zu allen Menschen, die guten Willens sind, denn alle sind Gottes Kinder, und Jesus nimmt alle Sünder an, wenn sie zu ihm kommen. Das ist Christentum.

Das ist aber nicht Nationalsozialismus. Die jungen S.S.-Leute können da nur lachen. Sie kennen das Pfaffengerede übrigens;

Pfaff und Jud, alles eins. Ihr Heiland im braunen Hemd ist nicht zu allen Menschen gekommen. Er kommt zu den Ariern, aber nicht zu den Kötern, Flöhen, Untermenschen und Fäulniserscheinungen. Die vernichtet er; das ist sein Evangelium.

Es ist viel Tinte verschrieben worden über die Frage, ob die Rassenlehre der Nationalsozialisten wissenschaftlich haltbar sei. Ob es überhaupt, als Rasse betrachtet, »Arier« gebe. Die wissenschaftliche Forschung hat die Frage überwiegend verneint. Die Gegner des Nationalsozialismus druckten diese Forschungsresultate in Zeitungen und Broschüren ab und sagten tief befriedigt: »Also …«

Die jungen S.S.-Leute lasen das Zeug überhaupt nicht. Sie wussten, was sie wussten. Erstens sind die Menschen nicht gleich, das ist doch klar; zweitens sind die einen mehr wert als die andern, denn Ordnung muss sein; und drittens bin ich am meisten wert, und wenn du es nicht glaubst, zeige ich es dir mit dem Beil.

Das ist die angewandte Rassenlehre des Nationalsozialismus; eine politische Waffe von furchtbarer Kraft – lasst die Professoren piepsen, was sie mögen. Wir wollen nicht die Wahrheit wissen, sondern die Welt erobern. Unsere Rassenlehre mögt ihr bestreiten. Unsere Rassenpraxis lasst in Ruhe, oder sonst nehmt eure Schädel in acht; denn wie wir uns als Rasse fühlen und neu züchten – das ist unsere Stärke und unser Stolz.

Um es in einer definierenden Formel zu sagen: Die Rassenpraxis des Nationalsozialismus ist der Versuch, den breiten Massen der modernen Völker in ihrem schweren Daseinskampf statt realer Verbesserungen ein künstliches Ersatz-Selbstgefühl zu geben und sie dadurch für bestimmte politische Zwecke seelisch brauchbar zu machen.

»Du bist nichts, dein Volk ist alles. Du bist als einzelner nichts, durch dein Volke bist du alles. Glück auf Erden gibt es nicht, aber du bist ein Deutscher. Du hast es nicht gut, aber durch dein Volk bist du gross. Als Deutscher bist du mehr als andere; Deutschland über alles!«[83]

Man muss einmal die hochmütige Haltung beobachten, mit der in Deutschland ein Trupp Hitler-Jungens oder Hitler-Mädels daherkommt. Man spürt es ihnen an, wie sie sich als Gefässe hoher Rasse und als erhaben über ihre nichtuniformierte Umwelt fühlen.

Geheimes Bewusstsein eigener Fragwürdigkeit unter normalen Verhältnissen erzeugt ein übersteigertes Selbstgefühl in den abnormen Umständen des dritten Reiches. Der Parteigenosse sieht auf den Volksgenossen hinab, der S.A.-Mann auf den Parteigenossen[84] und der S.S.-Mann auf den S.A.-Mann. Alle sind Deutsche, und das ist schon etwas. Aber der Parteigenosse ist der bessere Deutsche, und der S.A.-Mann der noch bessere. Dem S.S.-Mann vollends ist seine Auserlesenheit bereits im Dienstbuch bescheinigt. Nur Leute von amtlich geprüfter »Rasse« können S.S.-Männer werden. Sie müssen mindestens 1,70 Meter gross sein, denn Körperlänge gilt als ein Merkmal guter Rasse. Ihre Glieder müssen gute Proportionen haben, der Oberkörper darf nicht zu lang, die Beine dürfen nicht zu kurz sein – weder Goethe noch Napoleon wären bei der S.S. zugelassen worden.[85] Ein S.S.-Mann muss das Gefühl haben, vom Schicksal auserlesen zu sein; und zwar wozu? Zum Herrschen natürlich. Durch die ganze Bewegung, vom untersten Parteigenossen bis zum glanzvollsten S.S.-Führer geht das Prinzip des »inneren Komparativs«. Jeder vergleicht sich ständig mit jedem und sucht möglichst auf ihn hinabzusehen.

Denn es gibt oben und unten in der Welt, und wir sind durch unsere nordische Rasse auserwählt, oben zu sein. Wer aber ist durch seine Rasse unten? Denn wie es eine höchste Rasse gibt, muss es auch eine niedrigste geben; einen Menschentyp, der durch seine blossen Rasseeigenschaften auf der niedrigsten sozialen und moralischen Stufe steht – Untermensch nennt ihn die Bewegung meist, Fäulniserscheinung nennt ihn der Major Buch. Es ist der Menschentyp, an dem das Selbstbewusstsein des Nationalsozialisten sich immer wieder aufrichtet: seht, wie minderwertig ist er, seht, wie wertvoll bin ich, auch wenn ich nicht S.S.-Mann, wenn ich nicht einmal S.A.-Mann bin. Der Weltenschöpfer, so denkt der Nationalsozialist, hat mir diesen Untermenschen gegeben, damit ich ihn verachte, bekämpfe und, wenn nötig, ausrotte. »Indem ich mich des Juden erwehre, kämpfe ich für das Werk des Herrn«[86], sagt Adolf Hitler in »Mein Kampf«.

Denn der Untermensch ist der Jude. Er ist die Personifizierung des Bösen auf der Erde. Er will die Welt beherrschen – ja, wahrhaftig, dieses Grüpplein von insgesamt sechzehn Millionen Menschen, von denen neun Zehntel buchstäblich bettelarme Proletarier sind, will die Welt beherrschen. Hitler weiss es genau, und seine S.S.-Leute, die ihm Treue bis in den Tod geschworen haben, glauben ihm alles. Und wenn es nur Beherrschen wäre – die Menschheit ausrotten wollen sie: »Siegt der Jude ... über die Völker dieser Welt, dann wird seine Krone der Totenkranz der Menschheit sein, dann wird dieser Planet wieder wie einst vor Jahrmillionen menschenleer durch den Aether ziehen«[87] (»Mein Kampf« Seite 69/70).

Und nun leben unter uns sechshunderttausend von dieser Satansbrut. Das ist ein Wink des Himmels. Gott gab sie in unsere Hand; sie sollen uns Geiseln sein für die 15,4 Millionen da draussen. Solange wir ihnen hier bei uns den Daumen auf die Gurgel halten, so lange haben wir sie fest.

»Die in Deutschland befindlichen Juden sind ein Teil des Weltjudentums, sie sind mitverantwortlich für das, was das Weltjudentum gegen Deutschland unternimmt, und – sie haften für die Schäden, die das Weltjudentum uns zufügt und zufügen will.«[88] So schrieb das »Schwarze Korps«, die amtliche Wochenschrift der S.S., auf Seite 2 der Folge vierundvierzig des Jahrgangs 1938. Sie schrieb es bereits am 3. November 1938; da war in Paris noch kein Schuss gefallen.

Ob die nationalsozialistischen Führer alles glauben, was sie ihren Leuten erzählen, wäre eine interessante psychologische Doktorfrage. Sicher ist, dass kein einziger insgesamt all das glaubt, was insgesamt die andern von sich geben. Hitler glaubt nicht alles, was Rosenberg[89] für Wahrheit verkündet; Rosenberg glaubt nicht alles, was Streicher[90] an Schauermärchen der Welt aufhängt; Streicher zweifelt sicher oft genug an Göring[91], Göring am Führer, und Goebbels glaubt weder, was die anderen sagen, noch das, was er selber sagt.

Aber die grosse Masse der Parteimitglieder glaubt im Durchschnitt, gelegentlich mit kleinen Abstrichen, das meiste von dem, was Hitler, Rosenberg, Streicher, Göring und Goebbels sagen. Und zumal die Mitglieder der S.S. glauben, was im »Schwarzen Korps« steht. Die Juden sind eine Fäulniserscheinung und Ungeziefer, und da gibt es keine Menschlichkeit. »Flöhe vernichtet man auch«[92], sagt Goebbels.

Dieser kurze Einblick in nationalsozialistische Denkweise war notwendig, damit verständlich werde, was nun erzählt werden soll.[93]

Die Nacht der Beile

Ein junger Jude, der in der Nacht vom 9. auf den 10. November in einer hessischen Kleinstadt das jüdische Gemeindehaus bewachen half, hat seine Erlebnisse in dieser Nacht geschildert. Sein Bericht liegt vor. Es sind ruhige, schmucklose, ziemlich unbeholfene Zeilen. Wer sie liest, hat den unbedingten Eindruck: so war es. Nichts Besonderes wird geschildert, nur das Uebliche; aber die unheimliche Stimmung dieser Nacht kommt gut zum Ausdruck. So schreibt der junge Mensch:[94]

»Am Mittwoch (9. November) wurde ein polnischer Staatsangehöriger, Inhaber eines kleinen Ladens, von arischen Bekannten gewarnt, dass am Abend gegen halb elf Uhr ›etwas‹ geschehen solle. Derartige Warnungen waren schon häufig gekommen. Bei dem übernervösen Zustande unserer Menschen wäre es zu einer vollkommenen Panik gekommen, wenn wir die Warnung weitergegeben hätten.

Ich habe dann mit dem Verwalter im Gemeindehaus bis drei Uhr Wache gehalten. Anwesend waren ausserdem noch seine Frau und ein jüdisches Mädel, das im Wirtschaftsbetrieb tätig war. Es war alles ruhig, und die Strassen waren leer. Gegen zwei Uhr nachts kam ein junger Mann zum Haus gelaufen, der, als er es ruhig im Dunkeln da liegen sah, einen Augenblick zögerte und dann wieder wegging.

Gegen drei Uhr beschlossen wir, die Wache für diese Nacht einzustellen, da wir nicht vermuteten, dass zu so später Stunde die Volkswut noch überkochen würde. Ich wollte mich gerade hinlegen, als ich irgend ein Geräusch hörte, dass ich nicht mehr genau bestimmen kann. Ich ging sicherheitshalber noch einmal in das an der Strasse gelegene Zimmer zurück. Als ich den Raum betrat, hörte ich sofort den Lärm eines Motorradmotors. Ich lief ans Fenster und sah einen S.A.-Mann auf einem Motorrad sitzen; aus dem gegenüberliegenden Haus kam ein anderer, stieg auf den Soziussitz und gab dem Führer eine Adresse in der Nachbarschaft an. Beide Leute trugen die Dienstuniform mit heruntergelassenen Sturmriemen. Es war halb vier Uhr.

Ich ging auf die Strasse, um zu sehen, was vor sich ging oder gehen sollte. Ich konnte tatsächlich bemerken, dass von allen Seiten S.A.-Leute nach einem Sammelplatz eilten. Als ich dort entlang ging, sah ich einen unteren S.A.-Führer. Den grössten Teil der ankommenden Männer schickte er sofort weiter, um die noch Abwesenden zur Eile anzutreiben oder zu holen. Bei ihm stand ein Zivilist, der sich darüber beschwerte, dass es so lange dauere. Es wurde ihm entgegnet, dass man selbst auf dem Sturm-Büro erst gegen drei Uhr nachts benachrichtigt worden sei. Ich vermute, dass dieser Zivilist ein Mitglied der Geheimen Staatspolizei war, der die Listen der jüdischen Wohnungen und Geschäfte hatte.

Ich kehrte ins Haus zurück. Es war alles ruhig und die Strassen fast vollkommen menschenleer. Die S.A. wurde regelrecht zu dem besonderen Zweck aus den Betten geholt. Gegen zwanzig Minuten vor fünf Uhr kam ein alter Mann, besah sich das Haus von allen Seiten und schien einigermassen verwundert, dass da alles so still und ruhig war.

Um fünf Minuten vor fünf Uhr fuhr ein kleiner Wagen vor, aus dem vier S.S.-Leute in Uniform sprangen. Ich habe an einem die Abzeichen eines Obersturmbannführers (vier Sterne, ein Streifen)[95] erkannt, und dieser gab auch im weiteren Verlauf die Befehle. Es wurde kurz geschellt und an die Tür geklopft. Gleichzeitig wurde bereits begonnen, die Scheiben von aussen einzuschlagen. Einige S.S.-Leute kletterten herein und zerschlugen in der Küche das zum Spülen aufgestapelte Geschirr sowie Stühle, Tische und die sonstige Einrichtung …«

Und unterm Klirren von Scheiben und Geschirr verlassen wir unseren Gewährsmann.

Sehr gut, sicher unbewusst, hat er die Atmosphäre dieser Nacht geschildert, ihre Spannung, ihre Angst, aber noch mehr ihre Rätselhaftigkeit. Was treibt die Nazis eigentlich an? Warum sausen sie auf Motorrädern durch die Nacht, warum kommen sie mit schallenden Tritten, wenn alles schläft, was haben ihnen die Fensterscheiben und das Geschirr getan? Der Schreiber hat offenbar längst verlernt, so zu fragen; das ist eben so. Sie kommen, wann es ihnen beliebt, und wenn sie kommen, kracht und klirrt es.

Die S.S.- und S.A.-Männer mögen ähnliche Gedanken haben. Was tut das Ungeziefer noch immer bei uns; warum zieht es nicht ab, in welches Loch es mag? Das Ungeziefer fände schon Löcher. Statt dessen schiesst es und mästet sich an unserem Blut. Gut, wie ihr wollt; wir haben lange Geduld gehabt, jetzt wird für euch keine

Sonne mehr aufgehen. Wenn der neue Tag anbricht, seid ihr körperlich oder mindestens materiell und sozial nicht mehr da. Auch die S.S.-Leute haben vor dem, was sie da vernichten, vor diesem zitternden Menschenhäuflein noch eine Art von Angst. Untermenschen sind gefährlicher, als sie aussehen, die Finsternis ist ihre Helferin. Schlächter und Schlachttiere begegnen einander im Dunkeln, und jeder sieht den andern wie ein überlebensgrosses Nachtgespenst. Es ist Nacht in Deutschland; schlagt zu, Kameraden, es geht ums Leben eures Volkes.

Wie sie zuschlagen, das erzählen viele übereinstimmende Berichte.

Es sind durchweg Berichte von Opfern. Die Täter haben über ihre nächtliche Expedition fast nie erzählt; die seltenen Ausnahmefälle, die offenbar der hermetischen Zensur entgingen, sind freilich um so wertvollere Beweisstücke. Im Grunde bedürfte es ihrer kaum. Wer die folgenden Berichte aus verschiedenen Gegenden des Reichs in ihrer erschütternden Gleichmässigkeit unbefangen liest, wird an ihrer Glaubwürdigkeit nicht zweifeln. Ortsangaben und Namensnennungen mussten hier und in fast allen folgenden Berichten aus Gründen weggelassen werden, über die am Schlusse des Buches noch einiges gesagt wird.

Aus einer westdeutschen Provinzstadt, Bericht einer jungen Witwe:[96]

»… als ich im Nebenhause ein furchtbares Klirren und Poltern hörte. Ich rannte zum Fenster und hörte auch schon Stimmen[97] auf der Strasse sagen: ›So, jetzt in dieses Haus und zu …‹, es folgten Namen.[98] Ich hörte, dass man zu mir auch kommen wollte, schloss rasch meine Wohnungstür und meine Schlafzimmertür, holte meinen schlafenden Jungen aus dem Bett und schloss mich mit ihm im Badezimmer ein.[99] In meinem Hause wohnten ausser mir noch zwei jüdische Familien. Ich hörte unten furchtbares Zerschlagen und Schreien, worauf ich glaubte, auch die Menschen würden angegriffen. Dann wiederholte sich dasselbe auf meiner Nebenetage. Kurze Zeit darauf wurde meine Wohnungstür eingedrückt, und ca. zwanzig junge Menschen stürmten in meine Wohnung, welche mit Beilen und Spitzhacken alles zertrümmerten. Die Scheiben wurden eingeschlagen, die Bilder zerschnitten, die Lehnen und Sessel der Stühle zerhackt, die Tischplatten zerschlagen …«

Die Schreiberin ist eine Frau. Sie hört in der Nacht ein Schreien und Schlagen, ihre erste, instinktive Bewegung geht nach dem schlafenden Kinde. Eine Mutter mit ihrem Kind, allein in ihrer Wohnung, allein in der Nacht; plötzlich speit die Nacht zwanzig Unholde mit Beilen aus – so begann es.

Zwanzig Unholde mit Beilen. Manchmal waren Mädchen dabei, manchmal sogar Kinder. Hier ein Bericht aus einer anderen westdeutschen Stadt:[100]

»… Ein fast zwei Meter grosser S.A.-Mann stand in der Tür und sagte: ›So, Kameraden, jetzt man ran …‹ Bewaffnet mit Pickeln, Hämmern, Aexten, Holzprügeln und anderen schweren Dingen drang die Horde, vielleicht fünfzig Mann, darunter auch einige Mädels und Schulkinder, in das Haus. Mit einer unbeschreiblichen Wut und Wucht warfen sie alles zu Boden, stürzten die Schränke samt Inhalt um, ich höre jetzt noch das Krachen, wie sie einen mit Glassachen und Porzellan gefüllten, mit einer Glastür versehenen, ziemlich hohen Schrank zu Boden stürzten. In unserem Badezimmer stand eine eiserne Personenwaage, ein Ding, dessen Hauptstück ein anderthalb Meter hoher eiserner Schaft mit einer Wiegeskala dran war. Der Schaft war nachher krumm gebogen wie eine Gerte, daraus sieht man die Wut und die Kraft, mit der sie gehaust haben. In der Wohnung unter uns fiel ein Kronleuchter von der Decke …«

Aus der Nacht brach es herein, zwei Meter gross, fünfzig Gestalten, ein Orkan aus Menschen. Eine Stunde ist es her. Jetzt knistert, was vor einer Stunde noch Tisch, Stuhl und Bett war, als Schutt unter den Füssen, ein Haufen zersplitterten Holzes und zerfetzter Lumpen. Dieser Schutt aber ist das Ergebnis einer Weltanschauung. Der Menschenorkan war von seiner heiligsten Feier gekommen, von der Weihestunde um Mitternacht, und hatte den Eid vollzogen, den er eben geschworen.

Ein anderer Bericht aus einer süddeutschen Stadt, Zerstörung eines Einfamilienhauses:[101]

»Um halb zwei Uhr nachts erschienen etwa dreissig Leute in Uniform, teils mit schwarzen Mänteln. Man bemerkte unter ihnen auch einen, der das Abzeichen eines politischen Leiters trug. Die Bewohner erwachten durch das Getöse infolge des Aufsprengens der Haustür und sahen im Schlafzimmer sechs bis sieben Leute stehen, die laut brüllten: ›Seid ihr Juden?‹ Als sie dies bejahten, zwangen sie sie mit Knüppeln zum Aufstehen und Anziehen und jagten sie zum Hause hinaus. Während der Abwesenheit der Bewohner zertrümmerten sie[102] alles bis auf das letzte, zerschnitten alle Bilder, alle Matratzen, hackten alle Schränke auseinander, darunter antike Eichenschränke, alle Stühle, alle Kronleuchter, kurz, alles, aber auch restlos alles, was in dem ganzen Hause vorhanden war – bis auf einen Kronleuchter, der anscheinend vergessen wurde. Beim Flüchten aus dem Haus wurde Frau X. draussen von einer johlenden Menge von etwa zwanzig Leuten, dem Anschein nach richtiges Gesindel, mit dem ständig wiederholten Ruf empfangen: So habt ihr's mit den Sudetendeutschen gemacht! … Etwa eine halbe Stunde später erschienen S.S.-Leute und zertrümmerten auch den letzten unbeschädigten Kronleuchter. Beide Eheleute blieben, bis der Morgen graute, auf den Trümmern ihrer Einrichtung im Dunkeln sitzen. Bei jedem Schritt splitterte es und krachte es im Hause. Es war ein so trostloser Anblick, dass der Zeitungsmann, der am frühen Morgen die Zeitung brachte, verstört fortlief.«

Der Jude sitzt im Dunkeln und versteht nicht. Die S.S. marschiert dem Tag entgegen und weiss, was sie getan hat; auch warum sie es getan hat.

Die Untermenschen brauchen keine Kronleuchter. Was haben die Fäulniserscheinungen in Betten zu schlafen? Die Flöhe besitzen manchmal sogar Klaviere! Rache für vom Rath, nieder mit dem Spiegelschrank! Gott hat uns ihr Küchengeschirr in die Hand gegeben. Indem ich die Federbetten zerschneide, kämpfe ich für das Werk des Herrn. Hört sie doch winseln, die im Badezimmer eingesperrten Itzigs! Als ob die Schweine je badeten, herunter mit dem Gasofen, aber stell vorher den Haupthahn ab.

Man sollte einigen den Scheitel mit dem Beil ein bisschen gerade ziehen. Der Schwur lautet: »Gehorsam bis in den Tod.« Fünfzigtausend haben auf den Tod geschworen und die Beile zur Hand genommen. So musste geschehen, was geschah.

In einer norddeutschen Stadt erlebte ein hochbetagtes Ehepaar – der Mann einundachtzig, die Frau einundsiebzig Jahre alt –, nachdem ihre Wohnung sachgemäss in Atome verwandelt worden war, das Folgende (nach dem Bericht eines Verwandten):[103]

»Die verzweifelten alten Leute begaben sich, durch Scherben watend, wieder in ihre Behausung. Sie sassen auf einem umgestürzten Schrank, Stühle waren nicht mehr vorhanden. Nach etwa einer halben Stunde erschien ein zweites Rollkommando, diesmal mit Zivilisten gemengt. Die alten Menschen wurden die Treppe hinunter auf den Hof gejagt, die Frau in Nachthemd und Mantel, der alte Mann in Unterhosen. Mit ihnen trieb man zwei andere jüdische Familien hinab, die im Hause wohnten. Zu beiden Seiten der Treppe hatten Männer in Uniform Posten gefasst und schlugen mit Knüppeln auf die Passierenden ein. Der alte Mann erhielt eine blutende Kopfwunde. So standen sie mit den anderen jüdischen Hausbewohnern im Dunkeln auf dem Hof. Nach einer weiteren halben Stunde erschien die Horde auf dem Hof und erklärte, dass nun ›geschossen‹ würde. Die alten Leute, der achtzigjährige mit seinem blutigen Kopf und die alte Frau im Nachthemd, mussten sich in Positur stellen und wurden in ihren Stellungen und Haltungen immer wieder durch Ohrfeigen und Stösse korrigiert, bis man ihnen nach und nach begreiflich machte, dass nur Blitzlichtaufnahmen gemacht würden.«

Aus einer süddeutschen Mittelstadt:[104]

»Herr X., der nervenleidend ist, lag zu Bett, und seine Frau bat um Schonung. Es ist typisch für die Nazis, dass sie Krankheit immer für Simulation halten. Herr X. wurde aus dem Bett gerissen und durch die zersplitterten Scheiben der Vorplatztür hindurchgeworfen, so dass er am ganzen Körper von den Splittern Schnittwunden erlitt. Er ging dann barfuss und blutüberströmt auf die Polizeiwache und wurde von dort auf Veranlassung der Beamten ins Krankenhaus geschafft.«

Ein ähnlicher Vorgang wird aus einer westdeutschen Grossstadt berichtet. Dort führten mehrere S.S.-Leute einen einzelnen Verhafteten ab. Sie kamen an einem jüdischen Geschäft vorbei, dessen Fensterscheibe teilweise zertrümmert war, aber nach ihrer Meinung offenbar ungenügend. Sie packten ihren Häftling an Kopf und Füssen und warfen ihn durch die Scheibe, die nun vollends in Trümmer ging. Der Verhaftete erlitt mehrere Schnittverletzungen.

In einer anderen westdeutschen Grossstadt versuchte ebenfalls ein solcher Trupp sich eines Verhafteten, eines Rechtsanwalts K., auf schnelle Art zu entledigen. Sie stiessen ihn mit dem Kopf abwärts in ein im Strassenpflaster eingebautes Kanalrohr, das für gewöhnlich mit einem Gitter bedeckt war; das Gitter hatten sie abgehoben. Das Rohr war aber zu eng, die Arme des Opfers klemmten sich ein. Darauf wurde er wieder herausgezogen und später durch Messerstiche getötet.

Das seien extreme Fälle, könnte man sagen. Darum hier ein sozusagen durchschnittlicher Fall erzählt als Beispiel für viele: In einer hessischen Kleinstadt wurde ein jüdischer – sagen wir: Arzt samt seiner Frau über die Vortreppe seines Hauses hinuntergeworfen. Die Frau brach den Arm. Dann wurde der Mann mit Schlägen durch den Ort gejagt, auf freiem Feld brach er zusammen. Einer seiner Peiniger wollte ihn ins Wasser werfen, doch unterblieb das. Man nahm ihm die Uhr weg; er blieb liegen, offenbar für tot gehalten. Nach einiger Zeit kam er zu sich. Ein Sanitätsauto kam zufällig vorbei, der Misshandelte bat um Mitnahme. Dies wurde ihm gewährt, falls er dreissig Mark zahlen könne. Glücklicherweise hatte er seine Brieftasche behalten.

Noch ein durchschnittlicher Fall:[105] In einer süddeutschen Grossstadt wurde eine sechsundfünfzig Jahre alte Frau buchstäblich an den Haaren die Treppe hinuntergeschleift. Sie brach einen Arm.[106]

Dies sind zwei durchschnittliche, gar nicht ungewöhnliche Fälle aus dem Verlauf des »Unternehmens Isaak«, jener Expedition, der die Nationalsozialisten auch den Namen gaben: »den Juden den Laden nachsehen«. Wie leicht und schnell aus einem »nachgesehenen Laden« Mord wird, dafür noch ein paar Beispiele.

Bericht aus einer süddeutschen Grossstadt:

»Ein besonders fürchterlicher Trupp muss in unserer Strasse und in den angrenzenden Strassen gehaust haben. Zu uns kam diese Kolonne glücklicherweise nicht, wohl aber zu zwei Ehepaaren A. und B., die etwas weiter unten in zwei Häusern nebeneinander wohnten. Es waren in beiden Fällen Leute in den sechziger Jahren. Wie die Vorgänge bekannt geworden sind, darüber möchte ich nichts näheres sagen, da ich niemanden gefährden will. Zuerst drangen die Mörder bei dem Ehepaar A. ein, das im ersten Stock schlief. Sie rissen die beiden Leute aus den Betten und prügelten sie buchstäblich die Treppe hinunter bis auf die Strasse. Die beiden Alten waren im Nachthemd und mit blossen Füssen. Anscheinend schlugen die Nazis mit Totschlägern, das sind schwere Lederknüppel, unten mit Bleistücken beschwert; oder auch mit sogenannten

Stahlruten, das ist dünner, biegsamer Stahl, der in einer Lederhaut steckt. Bei dieser Schlägerei, die auf den Stufen vor dem Hause und in dem kleinen Vorgarten fortgesetzt wurde, erlitt der Mann offenbar einen Schädelbruch. Beide lagen auf dem Boden, aber die Schlägerei ging weiter. Man sprang mit den Füssen auf die Daliegenden. Anscheinend ist ein Nazi der Frau mit dem Stiefel direkt ins Gesicht gesprungen, sie hatte nachher einen gebrochenen Kiefer. Die Horde liess die beiden bewusstlos liegen. Das Dienstmädchen lief zu einem Arzt, und der veranlasste, dass die beiden ins Krankenhaus gebracht wurden. Ob Herr A. schon auf dem Transport ins Krankenhaus oder erst dort selbst gestorben ist, konnte Frau A. nicht in Erfahrung bringen, da sie die ganze Zeit bewusstlos war. Gestorben ist er jedenfalls. Bei der Beerdigung durfte ausser zwei Familienangehörigen und dem Rabbiner niemand am Grabe erscheinen. Dasselbe war übrigens auch bei allen übrigen Todesfällen aus dieser Nacht der Fall, von denen mir persönlich acht Fälle bekannt geworden sind, alles Leute aus meiner Bekanntschaft.

Im Hause nebenan führte die Horde die Eheleute B. auf ihren Balkon und befahl Herrn B., auf das Geländer zu steigen, wobei sie ihm hinaufhalfen. Dann befahlen sie ihm, hinunterzuspringen. Die Wohnung liegt im ersten Stock.[107] Als Herr B. das nicht tat, erhielt er einen Stoss, so dass er hinabstürzte. Die Horde verliess darauf eilig das Haus. Herr B. starb im Krankenhaus.«

Bericht aus einem[108] jüdischen Krankenhaus[109]:

»In der Nacht von dem 9. auf den 10. November wurde um vier Uhr morgens an dem schweren eisernen Tor des Vorgartens gelärmt. Eine Schwester sah aus dem Fenster. Sie nahm an, dass es wieder jüdische Flüchtlinge aus der Umgebung von X. seien. Das Krankenhaus hatte schon in den Tagen vor dem 9. November Flüchtlinge aufnehmen müssen, die in den kleinen Orten der Umgegend nachts ueberfallen und misshandelt worden waren. Manche waren, als die S.A. in ihre Häuser eindrang, in Angst und Verzweiflung aus dem Fenster gesprungen und zu Schaden gekommen. Andere kamen mit Vergiftungserscheinungen, die auf missglückte Selbstmordversuche schliessen liessen.

Diesmal handelte es sich aber nicht um solche Flüchtlinge, sondern ein Kommando S.A. verlangte Einlass. Ehe die Schwester noch ans Gartentor kam, war dieses mit Gewalt geöffnet worden. Als sie die Haustür aufmachte, brachen die S.A.-Leute im Laufschritt herein. Sie verlangten, dass alle Patienten aus den Betten heraus auf die Strasse sollten. Auf den energischen Protest des Personals öffneten sie die Türen zu allen Krankenzimmern, und jeder Kranke wurde einzeln, wie es hiess, ›durch besonders sachverständige S.A.-Männer‹ untersucht. Daraus kann man vielleicht schliessen, dass Aerzte unter der Horde waren. Frisch Operierte wurden in den Betten gelassen, aber alle Kranken, welche laufen konnten, mussten sich anziehen und das Haus verlassen. Die jüdischen Schwestern mussten mit. Es taten in dem Krankenhaus auch katholische Schwestern Dienst, und diese übernahmen die Wache.

Alle Menschen aus dem Krankenhaus wurden auf den …platz[110] getrieben. Dort befanden sich bereits viele andere Juden, die man aus den Häusern geholt hatte, es kamen aber noch mehr hinzu. Es war eine grosse Menschenmenge. In der Mitte des Platzes lagen die Thorarollen aus der Synagoge auf dem Pflaster; daneben stand der Rabbiner, der vorher verprügelt worden war. Eine Schar von etwa fünfzig Kindern, die aus dem jüdischen Waisenhaus kamen, wurde herangetrieben. Die Frauen standen isoliert für sich. Darunter bemerkte man eine Frau, welche zwei einjährige Zwillingskinder bei sich hatte. Nach etwa zwei Stunden, um sieben Uhr früh, wurden die Frauen entlassen. Die Männer wurden ins Gefängnis geschafft und später ins Konzentrationslager X[111].

Als die jüdischen Schwestern wieder ins Krankenhaus kamen, fanden sie alle freien Betten, aber auch die Fussböden in den Korridoren mit Kranken und Misshandelten belegt. Es waren Leute, die man in dieser Nacht verprügelt hatte und die durch städtische Sanitäter eingeliefert worden waren. Christliche Aerzte halfen uneigennützig bei der Behandlung. Es handelte sich in den meisten Fällen um Schädelverletzungen oder um Folgen von Selbstmordversuchen. Es waren Leute darunter, die sich erst die Pulsadern mit Glasscherben aufgeschnitten hatten und dann noch aus dem Fenster gesprungen waren. Andere hatten starke Mengen von Schlafmittel genommen. Im ganzen waren etwa hundert Personen, meist hoffnungslose Fälle, eingeliefert worden.

Noch in derselben Nacht mussten die katholischen Schwestern auf Anordnung der S.A. das Krankenhaus für immer verlassen. Eine Schwester äusserte sich dahin, dass sie etwas ähnliches in ihrem Dienst noch nie erlebt hätte; sie sei sich vorgekommen wie in einer Metzgerei.

Unter den Kranken befand sich ein Herr ... (folgt Name und Berufsangabe), der frisch an einem Bruch operiert worden war. Auch er war in der geschilderten ›fachmännischen‹ Weise untersucht worden. Bei ihrer Rückkehr fanden ihn die Schwestern tot, anscheinend an Embolie verstorben.«[112]

In diesem Bericht ist auch von Waisenkindern die Rede. Wieder ein normaler, keineswegs besonderer Fall. Aus vielen Orten haben wir Berichte von zerstörten Waisenhäusern und Kinderheimen; von Kindern, die nachts aus ihren Betten geholt und dann zwischen Trümmern und Scherben allein gelassen oder auf die Landstrasse hinausgetrieben wurden. In einem Fall zwang man sie um vier Uhr nachts aufzustehen, jagte sie auf den Hof, zerstörte die Einrichtung des Waisenhauses und liess sie dann wieder ins Haus.[113] In einem andern Fall mussten die Kinder, aus ihrem Heim vertrieben, zwei Stunden bis zur nächsten Stadt marschieren. In einer süddeutschen Stadt waren es Schüler einer Realschule, die das von den Kindern geräumte Waisenhaus im Innern zerstörten.

Wie die Kinder, so die Alten. Aus Altersheimen wurden Menschen im Alter zwischen siebzig und neunzig Jahren verjagt, manchmal am hellen Tage, manchmal auch mitten in der Nacht. In einem Fall durften sie mitansehen, wie ihre Betten angezündet wurden.

Dass man mit den unglücklichen Menschen allerlei Spässe trieb; einem das Gesicht schwärzte und ihn auf einen Karren setzte, den zwei andere im Laufschritt und unter Prügel durch den Ort ziehen mussten; dass man in einer westdeutschen Grossstadt Verhaftete beiderlei Geschlechts in Nachthemden und Pyjamas barfuss über die Glasscherben vor einer zerstörten Synagoge gehen liess – das sind fast geringfügige Beispiele der gewöhnlichen, stumpfsinnigen Barbarei.[114] Die folgenden vier Fälle sind mehr. Sie enthalten, jeder auf seine Art, eine Verbindung von Logik, Systematik und Vertiertheit, wie sie in der Zeitgeschichte wohl kein zweites Mal vorkommt.

Zunächst ein Fall, den eine Schweizer Zeitung erzählt hat:[115]

»Als in der Wohnung eines Juden die S.S. erschien, um ihn aufzufordern, die Trümmer seines völlig demolierten und geplünderten Geschäftes wegzuräumen, erklärte dieser, er sei infolge der Aufregungen und Misshandlungen der letzten Tage gänzlich ausserstande, diese Arbeit zu verrichten. Die S. S. ging aber auf seine Bitten[116] nicht ein, sondern gab ihm eine halbe Stunde Bedenkzeit, nach deren Ablauf er verhaftet werden würde. Eine Viertelstunde später sah man den Juden aus seiner Tür treten und zu dem Trümmerhaufen seines nebenan liegenden Geschäftes wanken, mit einer Schaufel in der Hand, auf der Brust eine Reihe höchster Kriegsauszeichnungen, unter anderem das Eiserne Kreuz I. Klasse. So stand er vor seinem demolierten Laden und erwartete die S. S., die auch nach wenigen Minuten eintraf. Es spielte sich nun folgendes ab: Der Jude erhielt einen Faustschlag ins Gesicht, dass er umfiel. Gleichzeitig rissen ihm die S. S.-Leute die Ehrenzeichen von der Brust und schrieen ihn an: ›Für diese Beschmutzung deutscher Kriegsorden wirst du noch büssen, du Judenschwein! Weisst du nicht, dass Juden das Tragen von Orden verboten ist?‹« (National-Zeitung, Basel, 19. November 1938, Morgenausgabe.)

Aus einer Stadt, die wir nur X. nennen wollen:

Im Villenvorort Y. lebt Fräulein Z., eine alleinstehende jüdische Dame. Vor Jahren erlitt sie einen schweren Unfall und verlor ein Bein. Seitdem trägt sie ein künstliches Bein. S. S.-Leute drangen bei ihr ein und nahmen die notwendigen Zerstörungen vor. Unter anderm zerbrachen sie der verkrüppelten Frau das künstliche Bein.

Aus einer österreichischen Stadt:

Eine S.A.-Horde »verhaftete« ein älteres jüdisches Ehepaar. Der Gatte, 72 Jahre alt, die Frau Mitte sechzig.[117] Die Opfer wurden im Auto fortgeschleppt. Dabei wurde spasseshalber die alte Frau wie eine Kühlerfigur auf die Motorhaube gesetzt. Man fuhr zu dem die Stadt durchströmenden Fluss, der breit, tief und ziemlich reissend ist. Die beiden wurden über die Uferböschung hinabgeworfen; es war Nacht. Glücklicherweise war die Böschung mit Gebüsch bestanden, in dem die alten Leute hängen blieben. Sie konnten sich schliesslich, von ihren Peinigern nicht mehr gesehen, in Sicherheit bringen.

Ebenfalls aus einer österreichischen Stadt:

S.A. verhaftete ein junges jüdisches Ehepaar. Die Frau bat um Erlaubnis, ihr zehn Monate altes Baby mitnehmen zu dürfen. Dies wurde ihr verweigert. Nach der Abführung der beiden wurde das

Baby in der leeren Wohnung eingeschlossen, die Wohnung versiegelt und ein Wachposten davor gestellt. Zwei Tage lang hörte man das Baby noch schreien. Dann wurde es still.

*

Dies Buch wünscht objektiv zu sein; es wünscht einen sachlichen Beitrag zur Naturgeschichte der Bestialität zu liefern. Darum sei festgestellt: wo im Verlauf des »Unternehmens Isaak« – so nannten die Nazis offiziös ihre Zerstörungsaktion – einzelne Trupps in einzelne Wohnungen eindrangen und einzelnen jüdischen Familien gegenüberstanden, waren schwere Vergehen gegen Körper und Leben nicht die Regel. Ohrfeigen, Fausthiebe, Schläge mit dem Knüppel, Arm- oder Knöchelbrüche kamen freilich häufig vor. Die deutschen Juden haben gelernt, solche Dinge nicht mehr als das Schlimmste zu empfinden; und es ist psychologisch bezeichnend, dass es den Geschlagenen oft widerstrebt, über ihre Misshandlungen zu berichten. Jedenfalls: die Nacht vom 9. auf den 10. November 1938 war eine Nacht der Zerstörung und Misshandlung, doch nicht eine Nacht des planmässigen Mordes.

Das Bild ändert sich aber sofort aufs fürchterlichste, wo ein grösserer S.A.- oder S.S.-Trupp[118] einen grösseren Trupp von Verhafteten in der Gewalt hat; wo also Masse auf Masse traf[119]: Dies ist seltener in der Nacht, dagegen häufig am hellen Tage der Fall, wenn die S.A. oder S.S. Verhaftete durch die Strassen[120] schleppt oder in die Lager transportiert. Dann geschehen Dinge wie sie ein Bericht aus Wien schildert:

»Es erschienen ein Gestapobeamter in Zivil und zwei oder drei höhere S.S.-Offiziere. Aus unserer Menge heraus meldete sich ein Mann mit den Worten: ›Ich bitte um Erbarmen für meine Brüder, sie sind Menschen.‹ Der Sprecher wurde herausgeholt. Wer sprach und wer schlug, konnte ich nicht sehen, da ich in der Masse zu weit rückwärts stand. Einer der Henkersknechte fragte den Juden: ›Was hast du gesagt?‹ Und nachdem der wiederholt hatte: ›Ich bitte um Erbarmen, es sind Menschen‹, schlug der bewaffnete S.S.-Offizier, geschützt von bewaffneten Posten, dem Juden ins Gesicht und schrie: ›Schweine seid ihr, du wirst sofort sagen: wir sind Schweine‹! Der Jude schwieg, der S.S.-Offizier schlug wieder, die anderen Offiziere lachten. Der Jude sagte: ›Wir sind Menschen‹ –

und wieder klatschten die Schläge in sein Gesicht. Nach etwa acht oder zehn Ohrfeigen sagte er: ›Wir sind Schweine‹.«

Im hellen Tageslicht, in der breiten Oeffentlichkeit, unter den Augen des Nebenmanns und vielleicht sogar des Publikums bricht eine Bestialität hervor, die im Dunkel der Nacht und selbst unterm Krachen der splitternden Möbel nicht völlig erwacht war. Bestialität ist ein Gemeinschaftsrausch. Diese Beobachtung sei allen empfohlen, die die Geschichte dieser Zeit zu verstehen wünschen.

Der Mob im Licht

Der anbrechende Tag verdoppelte die Wut der Zerstörer, er vermehrte namentlich ihre Zahl. Zunächst fielen sie über die jüdischen Geschäfte her. Die zahlreichen Berichte ausländischer Beobachter liefern ein besonders eindrucksvolles Bild von den Zerstörungen in der Reichshauptstadt. Man muss diese Berichte zitieren, denn sie stammen von Unparteiischen.

Der Kurfürstendamm, die grosse Prachtstrasse des westlichen Berlins, sah am Mittag des 10. November aus wie nach einem Luftbombardement. Das Pflaster mit Glas bedeckt, mit zerbrochenen Möbelstücken, umgestürzten Warenstapeln, zerrissenen Kleidern, verstreuten Schuhen, Handtaschen, zerbrochenem Porzellan, Weinflaschen; dazwischen mit gläsernem Lächeln der abgebrochene Kopf einer Schaufensterpuppe, Staubsauger, Topfpflanzen, Registrierkassen, Zylinderhüte, Schreibmaschinen, Hosenträger, Radioapparate, Tischbeine, Wanduhren, alles zerbrochen, zerstampft, zerpulvert, Stück für Stück mit Liebe vernichtet. Das schwere Möbelholz zeigt seine Eingeweide, die Bruchflächen des Glases glänzen, aus den zerborstenen Musikinstrumenten starrt das zersprungene Federwerk fremdartig in die Luft, Tausende und Abertausende von Gegenständen des täglichen Bedarfs enthüllen im Sterben zum ersten Mal das unbekannte Innere ihrer zerstörten Substanz. Es ist ein riesiger, klirrender, glänzender Massenmord an den Produkten der Zivilisation, und die unheimliche Atmosphäre einer befriedigten tierischen Lust lagert über der zerstörten Strasse. Nein, keiner befriedigten, es ist noch nicht zu Ende. Kleine Menschenhaufen stürzen sich mit dem fanatischen Schrei: »Deutschland erwache! Juda verrecke!« immer aufs neue in die halb geplünderten Läden, schleudern die schweren Ladenkassen gegen die Fensterscheiben, reissen die Regale um. Lebensmittel, Unterwäsche, Pelze fliegen durch die leeren Schaufensterhöhlen auf die Strasse, bereite Hände fangen sie auf. Ein kleiner Hotelpage, in der Uniform seines Hauses, kommt vorbei, er soll einen Brief zur Post bringen. Er sieht die prächtige Zerstörung, das Zerreissen und Zerfetzen. Er hört das krachende Glas, das brechende Porzellan; es hält ihn nicht mehr. Sein Auftrag ist vergessen, er packt den nächsten schweren Gegenstand und wirft. Er wirft abermals; er wirft ein drittes Mal (dies letzte nach einem Bericht des »Manchester Guardian« vom 11. November 1938).[121]

Plötzlich jagt ein schreiender Haufe vorbei. Vor ihm her flieht ein Mensch, Todesangst im Gesicht. Eine Menschenjagd; das kann man heute oft sehen.

»On two occasions I saw terrified Jews running before a small crowd of pursuers, led in every case by young men of the type who have been chiefly responsible for to-day's destruction.«[122]

Der Berliner Korrespondent der »Times« hat diese Szene beschrieben. Er erzählt weiter: »In one instance a woman was in the hands of a crowd, which had backed her against a wall«[123] (The Times, London, 11. November 1938).

Der Berliner Korrespondent eines andern grossen englischen Blattes berichtet:

»[A] Rumanian Jew in Dortmund was made to crawl a distance of 2.2 miles this morning, beaten continuously by hooligans.

Two Jews who were pursued by hooligans into the second storey of a Berlin house were seen to jump from a window to the pavement below. They suffered severe injuries« (The Daily Telegraph and Morning Post, London, 11. November 1938).[124]

Der Wiener Korrespondent desselben Blattes:

»I saw a girl of about 13 clinging to her father's hand and trying to protect him from the crowd behind them, appealing to them and screaming at them when they became aggressive. He was very pale in the face and seemed lame. They fell together once but were allowed to scramble to their feet and run away, gasping«[125] (The Daily Telegraph and Morning Post, London, 11. November 1938).

Derselbe Korrespondent, an derselben Stelle:

»I saw old men being chivvied along the streets by howling mobs, pushed down and kicked until they rose and ran again, staggering.«[126]

Greuelmärchen? In diesem Falle waren die Täter ausnahmsweise so unvorsichtig, sich ihrer Taten zu rühmen. Hier das Zeugnis einer deutschen Zeitung:

Die Essener »Nationalzeitung«, das Blatt Görings, lässt ihren Sonderkorrespondenten unterm 13. November aus Österreich berichten:

»In dankbarer Würdigung der gegebenen Anregungen ging man dazu über, den Juden auf der Strasse Bärte und Ringellocken abzuschneiden; Geschäftsleuten, die betrogen oder sich sonstwie unbeliebt gemacht hatten, eine zweckentsprechende staatsbürgerliche Erziehung angedeihen zu lassen und vor allen Dingen die Hebräer aus allen öffentlichen Lokalen in hohem Bogen hinauszuwerfen. Gab so ein Schlawiner keine befriedigenden Auskünfte, so wurde er zwecks Durchsuchung inhaftiert. Bei positivem Ausgang im Sinne des orthodoxen Ritus wurde er dann mit grösster Vehemenz vor die Tür befördert.«[127]

Unkundigen, die diese scherzhafte Sprache nicht ganz verstehen, diene zur Erläuterung: der Schreiber will mitteilen, dass manche Personen körperlich untersucht wurden, ob sie nach jüdischem Ritus beschnitten seien.

Eine eigentümliche Szene aus Berlin:

Zwei Offiziere der deutschen Wehrmacht sind unter der zuschauenden Menge. Sie schämen sich, wie viele rings sich schämen mögen. Sie erheben die Stimme, mahnen zur Vernunft. Der wütende Haufe verjagt sie unter Drohungen:[128] »They were forced to leave because of threats.«[129] Auch dies hat der erwähnte Berliner Korrespondent der »Times« beschrieben.

Zwei deutsche Offiziere fliehen vor einer fanatisierten Menge. Es ist mitten in Berlin, der Hauptstadt des Deutschen Reiches, im Jahr VI der Herrschaft Adolf Hitlers, auf einem Höhepunkt deutscher Weltmacht. Merkwürdiger Vorgang.

Der Berliner Korrespondent der »Times« berichtet weiter:

»Other gangs of young men, all in plain clothes, but evidently acting according to a systematic plan, toured the streets of Berlin, smashing the windows of every Jewish shop which they encountered ... A short time later another gang arrived and carried the work of destruction a step further, and this process continued until nothing was left of the shop or its contents. As this dispatch is written in the evening the destructive work is still in progress ... The active participants in this display were youths and little boys of the Hitler-Youth – the only uniformed body which I actually saw taking part in the destruction ... In another shop youths were amusing themselves by hurling dressmakers dummies', which they had stripped, through the large glass show-cases of a corset shop. A shop containing valuable furniture, prints, and porcelain came off particularly badly. Powerful young men picked up the delicate satincovered chairs and sofas and dashed them against the walls until they were reduced to matchwood, while others poured water and earth from the flowerpots outside over books, pictures, and carpets«[130] (The Times, London, 11. November 1938).

Sie holten sich Wasser, sie holten sich Erde und mit Sorgfalt und offenbar unendlichem Vergnügen schütteten sie beides auf Bücher, auf Bilder. So hatten sie ihre Freude.[131]

Sie, sie ... Wer waren »sie«? Wer schmetterte an die Wand, wer schmiss mit Dreck auf Kunstwerke?

»The leading part played in the destruction by the Hitler Youth – boys of the same age as Boy Scouts in England – is interesting. They were usually led by four or five lads a little older, but all went to work with a will, sometimes with axes, accompanying their efforts with concerted cries of ›Deutschland erwache! Juda verrecke!‹ (›Germany Awake! Perish Judah!‹)«[132] (The Times, London, 11. November 1938).

Knaben waren es, Beile hatten sie mitgenommen. Vor ihnen flohen die Offiziere.

Lehrer schickten an diesem Vormittag ihre Schüler nach Hause, damit sie beim Zerstören hülfen. Eine Anzahl solcher Fälle ist uns bekannt: da schlossen die Schulen und die Klassen zogen mit ihren Beilen los. Das geschah beispielsweise in Hietzing bei Wien, in Fürth und Ansbach in Franken, in Mainz.[133] Eine erschütternde und weit über den Fall hinaus aufschlussreiche Szene ist uns zuverlässig aus dem Dorf Okriftel bei Mainz erzählt worden.[134] Ein Neunjähriger kommt nach Hause gerannt und ruft: »Vater, gib mir ein Beil, heute schlagen wir bei den Juden alles kaputt.« Einen Augenblick lang spürt der Vater den Wunsch, seinen Jungen durch eine Ohrfeige zur Besinnung zu bringen. Er unterlässt es. Sein neunjähriger Hitlerjunge ist in diesem Augenblick stärker als er; eine Strafe würde aus dem Bürschlein einen durch seine kindlichen Parteifreundschaften gefährlichen Feind machen. Das ganze Trauerspiel der politisch zerrissenen und vergifteten deutschen Familie offenbart sich in dem kleinen Vorgang. Das Beil bekommt der Junge nicht, aber halten kann der Vater ihn auch nicht. Glückselig stürmt der Neunjährige davon; er wird schon ein Werkzeug gefunden haben, mit dem er bei den Juden alles kaputt schlug.

Es gibt Verbrechen, deretwegen man mit dem Täter mehr Mitleid hat als mit dem Opfer. Die Satinsessel, die Teppiche, die Wanduhren, Schreibmaschinen, Spiegelschränke, Kommoden, selbst die Bücher und Bilder sind ein verschmerzbarer Verlust, verglichen mit den Kinderseelen, die hier der Zivilisation verloren gehen. Lehrer führten sie auf die Strasse und lehrten sie, die tief im Menschen schlummernde Zerstörungslust an Spiegelscheiben und Schaufensterpuppen zu befriedigen. Sollte einer dieser Jugenderzieher binnen heute und zehn Jahren seine Tage mit einem Beil in der Hirnschale beschliessen, so möge er sich in seinen letzten Minuten nicht allzu sehr wundern; seine Lehre hat eben Früchte getragen.

Aber auch diese Schullehrer haben wieder ihre Entschuldigung. Sie folgten nur dem Beispiel aus den höheren, den akademischen Regionen.

Die deutschen Hochschulen sind heute noch zum guten Teil Stätten eines stillen Widerstandes gegen die Barbarbei. Heldenmut ist dort freilich selten, und eine Minderheit von nationalsozialistischen Dozenten und Studenten[135] terrorisiert die übrigen. In dieser Minderheit befinden sich wahre Prachtexemplare. Wir kennen zwei Fälle von ordentlichen Professoren an zwei süddeutschen Hochschulen – die Herren gingen nachts mit Beilen los und halfen Wohnungen zerstören. Aus anderen Hochschulorten sind uns, ohne Namensnennung, ähnliche Vorgänge berichtet worden. Bei der Zerstörung einer Synagoge in Westdeutschland fanden sich der Kustos des dortigen Heimatsmuseums und ein Mitglied des orientalischen Seminars einer benachbarten Universität ein – nehmen wir an, um zu retten, nicht um zu zerstören.

So hatte die Jugend ihre Vorbilder.

Und wenn nur – wie das in einer rheinischen Grossstadt geschah – Hunderte von Kindern tagelang von ihren Lehrern durch die zerstörten Judenwohnungen geführt wurden, damit sie da sähen und lernten, wie man »Volksfeinde« behandelt, es genügt vorerst als Anschauungsunterricht fürs zarte Alter. Bald werden sie reif sein für praktische Übungen.

Sehr praktische sogar. Die Männer mit dem Treueid und den Beilen waren nicht so dumm, einfach bloss die schönen Sachen kaputt zu schlagen; sie wollten auch etwas davon haben. Sicherlich nicht von allen, aber doch von ziemlich vielen lässt sich sagen, dass sie an ihren kräftigen Fäusten auch lange Finger hatten. Sie raubten und stahlen.

Zitieren wir auch hier zuerst ausländische Augenzeugen. Folgendes sah der Berliner Korrespondent des »Daily Telegraph«:

»A movement which began in the early business hours with women helping themselves to stockings and underwear which lay among the broken glass of wrecked shop fronts developed later into an insane pandemonium, in the course of which articles of value were thrown from upper windows of Jewish stores on the heads of the crowds below, where the booty was eagerly disputed«[136] (The Daily Telegraph and Morning Post, London, 11. November 1938).

Dieselbe Feststellung macht der Berliner Korrespondent des »Manchester Guardian«:

»In some parts of Berlin, foodstuffs, clothes, underclothings, and even furs were thrown out to the crowds.«[137] Der Korrespondent stellt fest, dass die Zerstörer selbst nicht plündern wollten, aber dass sie plünderten, indem sie der Menge auf der Strasse die Ware auf die Köpfe warfen.

Ein privater holländischer Beobachter sah Folgendes:[138]

»Herr X. sah am Donnerstag Morgen, als er das Haus verliess – der Vorgang spielt in Berlin –, dass in der Nähe seiner Wohnung ein Geschäft mit Galanteriewaren von einer Menge junger Burschen zerstört wurde. Beim Weitergehen kam er an das Korsettgeschäft Y., einem grossen Eckladen und sah, dass dort das gleiche geschah. Die Bevölkerung stand mit stummen Schrecken dabei. Keiner wagte dagegen aufzutreten. Schliesslich aber begann man zu plündern. Frauen schlugen sich um Unterkleider usw. Das gleiche stellte Herr X. bei einem[139] Schuhwarengeschäft fest.«

Bericht einer geplünderten Dame aus einer Grossstadt im Rheinland:[140]

»Kurze Zeit darauf wurden wir nach oben geschickt und es kamen privat Leute, die anfingen, in den Wohnungen zu plündern und zu rauben. Sie zogen die echten Teppiche heraus, sie holten sich die Herrenkleidung, Damenkleider, Wäsche, Silber. Kurz und gut, was sie erhalten konnten, wurde aus der Wohnung herausgetragen. Ich setze voraus, dass dies nicht überall geschah, sondern berichte in diesem Falle nur von uns in diesem Hause. Was noch ganz war, wurde von diesen Leuten zerschlagen, aber vor allen Dingen suchten sie für sich an Sachen heraus, was sie gebrauchen konnten … Der Hausmeister war selbst mit Gummiknüppel dabei, gab die silbernen Löffel und Gabeln seiner Frau und liess sie wegtragen.«

Bericht von den Verhaftungen in Wien:

»Was ein Jude an Geld und Schmuck besass, wurde ihm abgenommen. Man schreckte nicht davor zurück, kleinen Kindern die Ohrringe aus den Ohren zu nehmen.«

In westfälischen und rheinischen Städten, so in Dortmund und Düsseldorf, wurde am 10. November offener Strassenhandel mit dem Raub getrieben; ähnlich in Hamburg.[141]

Abermals: dies Buch wünscht objektiv zu sein. Darum sei vermerkt, dass zwar in manchen Gegenden und zumal kleineren Orten die S.A. selbst plünderte, in vielen Fällen jedoch erst Schlachtfeld-Hyänen dies widerwärtige Geschäft besorgten. Das Bild, auch das der privaten Berichte, ist nicht einheitlich. So scheint in Wien die S.A. in grossem Masse sich einfach gesindelhaft benommen und wie die Raben gestohlen zu haben; dagegen z.B. in Nürnberg, wo das Vorgehen sonst sehr roh und gewalttätig war, fallen die Eigentumsdelikte meist marodierenden Nachzüglern zur Last.[142] Es gab Orte, in denen nur wenig Wohnungen zerstört wurden, aber fast überall litten die Geschäfte. In den grösseren Städten geschahen die Untaten oft nachts, meist etwa von zwei Uhr an, gelegentlich schon abends um acht; an kleineren Orten liessen die Zerstörer sich Zeit bis zum Morgen.

Gegen offenbaren Diebstahl und Raub versuchten die nationalsozialistischen Befehlsstellen bisweilen einzuschreiten; sogar von

Verurteilungen ist berichtet worden. Dass sie Diebstahl und Raub nicht wünschen, darf man ihnen glauben. Sie werden trotzdem nicht die Verantwortung für das Menschenmaterial von sich abwälzen können, das sie sich ausgesucht haben, von dem sie sich Treue schwören liessen und das sie am 9. und 10. November 1938 auf Wehrlose hetzten.

Vor allem aber: dieselben nationalsozialistischen Führer, die das Stehlen und Rauben bisweilen öffentlich tadelten, haben kein Wort gegen Mord und Totschlag gesagt. Sie könnten es auch nicht, denn sie haben diese Dinge gewollt. Was ihre Pogrombefehle für Folgen hatten, das haben unsere Berichte zu schildern versucht. Es ist nur ein Bruchteil der Fälle, die dem Verfasser bekannt geworden sind; und diese wiederum sind sicher nur ein kleiner Bruchteil der Fälle, die sich ereignet haben.

Noch immer befinden sich die weitaus meisten der unglücklichen Opfer in Deutschland und damit in der Gewalt ihrer Feinde. Hartnäckig schweigen sie, überzeugt, dass Sprechen sie unbarmherziger Rache ausliefern würde. Hartnäckig schweigen auch die meisten derer, die inzwischen entrinnen konnten. Viele fürchten für ihre Angehörigen, die noch in Deutschland leben. Viele glauben grundsätzlich, dass öffentlicher Protest nur den Gegner reizen würde – ein Irrtum, denn die Gewalttaten entspringen einem wohlüberlegten, auf lange Sicht angelegten Plan, der mit oder ohne Reizung von aussen unbarmherzig durchgeführt wird.

Einer unserer Gewährsmänner berichtet: »Ein mir persönlich bekannter S.A.-Mann sagte mir, der Befehl zu diesem Pogrom sei schon vierzehn Tage vorher, also lange vor dem Mord an vom Rath, gegeben worden. An dem fraglichen Mittwoch seien um sieben Uhr die Befehle ausgegeben und die jungen Leute dann zu Alkohol geführt worden.«[143] Wie dem auch sei – das Pogrom stand zweifellos schon seit längerer Zeit auf dem Plan, der Schuss in Paris mag es beschleunigt haben; darüber unten mehr.

Die Unglücklichen schweigen und führen sachliche Gründe dafür an; aber der wahre Grund ist nicht sachlich. Sie schweigen, weil sie nicht reden können. Es gibt ein Mass von Qual, das den Mund verschliesst. Mancher mag zeitlebens den Eindruck der Drohung nicht loswerden, die sein Kerkermeister ihm mitgab: Wenn du sprichst – unser Arm erreicht dich auch im Ausland. Und wie viele haben nur den einen Wunsch: vergessen, möglichst schnell das Grauen vergessen; erzählen aber hiesse sich erinnern.

Es wird lange dauern, bis die Welt den vollen Umfang der Greuel erfahren wird. Was hier berichtet werden kann, sind nur Beispiele. Niemand vermag heute zu sagen, mit welchem Multiplikator sie vervielfacht werden müssten, um die Wirklichkeit wiederzugeben.

Die Tempel brennen

Am Morgen des 10. November 1938 standen fünfhundert[144] jüdische Gotteshäuser in Deutschland. Am Mittag waren es fünfhundert Brandstätten und Trümmerhaufen; rauchgeschwärzte oder umgestürzte Mauern, geborstene Kuppeln, verbranntes Gestühl. Binnen drei Stunden fielen in ganz Deutschland die Synagogen. Es war ein Meisterwerk der Planmässigkeit und der Disziplin; als ob ein einziger grosser Feuerbrand mit einem Strich über das Land hingewischt hätte. Dies macht der S. S. so schnell niemand nach.[145]

Sie arbeitete mit Petroleum und Bomben. Flüssiger Brennstoff wurde im Innern der Synagogen ausgegossen und angezündet; auf ganz ähnliche Art, wie im Februar 1933 der Reichstag angezündet worden war. Noch eindrucksvoller waren Sprengungen. Wie die Synagoge in der Leopoldgasse in Wien nach einer solchen Sprengung aussah, hat der Wiener Korrespondent der »Times« geschildert: »The force of the explosion was so great that huge pieces of granite and stone masonry weighing up to about half a ton were thrown at distances of several yards. The great Byzantine dome of the synagogue was wrecked«[146] (The Times, London, 11. November 1938).

In ganz Deutschland brennt und donnert es so, in den grossen wie in den kleinen Städten:

»Berlin. In den Synagogen, den Stätten, an denen die staats- und volksfeindlichen Lehren des Talmud und des Schulchan-aruch[147] verbreitet werden, wurde Feuer angelegt, das die Inneneinrichtung zerstörte.«[148] – »Die Münchner Bevölkerung hielt Gericht über Verbrechen langer Jahre. Die alte Synagoge in der Herzog Rudolfstrasse ging in Flammen auf.«[149] – »Graz. Unter Protestrufen zogen die Massen zur Synagoge und zum jüdischen Amtshaus[150] auf dem Marburger-Kai. Beim Angriff der empörten Volksmasse ging der Bau in Flammen auf.«[151] – »In den gestrigen Morgenstunden brach in der Synagoge in dem Danziger Seebad Zoppot Feuer aus. Die Synagoge brannte bis auf die Grundmauern nieder.«[152] – »In Eberswalde ist die Synagoge in Flammen aufgegangen; das gleiche Schicksal wurde den jüdischen Tempeln in Cottbus und in Brandenburg bereitet.«[153] Alles Zitate aus der deutschen Presse, aus den Zeitungen: Morgenpost (Berlin)[154], 12Uhr-Blatt (Berlin), Münchener Zeitung, Neues Wiener Tagblatt, sämtlich vom 11. November 1938.

Dass Gebetbücher, Thorarollen und andere Gegenstände des jüdischen Gottesdienstes weggeschleppt, verbrannt, zerrissen oder besudelt wurden, versteht sich von selbst. Ein nationalsozialistisches Provinzblatt nannte das mit tiefer Befriedigung und in zollhohen, fetten Buchstaben: »Jehovas Pleite«[155] (Amstettner Anzeiger, 17. November 1938).

Ueber ganz Deutschland geht das Feuer, alle Zeitungen beschreiben die Flammen. Sie beschreiben merkwürdigerweise nicht das Anzünden.

Private Berichte müssen aushelfen. Hier die Darstellung eines Augenzeugen und Mitbetroffenen aus einer Stadt von dreissigtausend Einwohnern, in der etwa dreihundert Juden lebten: [156]

»In X. begann die Aktion am 10. November damit, dass in der Frühe um 6.30 Uhr einige prominente Juden, auch Frauen, aus den Betten geholt wurden. Sie wurden vor die Synagoge geführt, mussten sie aufschliessen und waren Zeugen des Folgenden:

Uniformierte S.S.-Leute drangen in die Synagoge ein, verliessen sie jedoch schnell wieder. Gleich danach explodierten mehrere Bomben, und die Synagoge stand in Flammen. Die Fensterscheiben der benachbarten Wohnungen gingen in Trümmer.[157] Die Feuerwehr stand mit den Händen in der Tasche dabei und beschränkte sich auf das Abspritzen der anliegenden Häuser. Von der Synagoge stehen nur noch die vier Mauern.«

Knapper, aber im Inhalt fast gleich ist der folgende Bericht aus einem Dorf mit siebenhundert Einwohnern, darunter fünfundzwanzig Juden:

»Um 6.30 Uhr wurden sämtliche Männer und ein ›Judenknecht‹ von einem von auswärts gekommenen S.S.-Trupp vor die Synagoge geführt. Nachdem der Thoraschmuck von der S.S. abtransportiert war, wurde die Synagoge in die Luft gesprengt.«[158]

Diese Berichte erwähnen auch die Feuerwehr. In der Tat wurde überall die Feuerwehr alarmiert, aber überall unterliess sie es, das Feuer zu löschen; sie beschränkte sich vielmehr darauf, die Nachbargebäude zu schützen. Bisweilen tat sie etwas mehr und legte selbst das Feuer an.[159]

Uns liegt ein Bericht vor, der aus dem inneren Bereich der Feuerwehr einer grossen westdeutschen Stadt stammt. Er nennt Namen, Strassen, Dienstgrade; wir ersetzen diese Bezeichnungen durch Anfangsbuchstaben und verweisen auf den Schluss des Buches:[160]

»In die Feuerwehrkaserne A.-Strasse kam nachts um halb ein Uhr Oberbrandmeister B. zurück. Er hatte an der Vereidigung der neuen S.S.- und S.A.-Leute teilgenommen. Gegen zwei Uhr morgens weckte er den Fahrer des Offizierswagens C. Er gab ihm den Befehl, in die D.-Strasse zu fahren, dort den Brandingenieur E. (also einen hohen Feuerwehrbeamten) abzuholen und ihn sofort zum Polizeipräsidium zu bringen. Gleichzeitig ertönte in der Kaserne das Signal ›Fünf Striche‹, was ›Antreten!‹ bedeutet. Die Feuerwehrleute traten an und standen dann bis früh fünf einviertel Uhr bereit. Erst dann kam das Feuersignal. Vorher, um zweieinhalb Uhr, kam ein anderes Signal: Brandmeister F. und vier Feuerwehrmänner (der Bericht nennt sie mit Namen) bereit machen! Nicht in Uniform! Beile in den Wagen legen und mitnehmen! Die genannten Feuerwehrleute fuhren zur Polizeiwache G. Dort erschien der Polizeipräsident H. Nun wurde die Instruktion ausgegeben: Die Synagoge in der I.-Strasse wird in Brand gesteckt. Die Feuerwehrmänner haben sich auf den Schutz der benachbarten Häuser zu beschränken. Um dreiviertel vier Uhr kam das Brandschutzkommando vor der Synagoge an. Dort fand es bereits das ›ergrimmte Volk‹ vor: den Oberbürgermeister der Stadt J., den Kreisleiter der N.S.D.A.P. namens K. und den oben genannten Brandingenieur E., ferner Polizei in Zivil. Nachdem Wertobjekte und gottesdienstliche Gegenstände aus der Synagoge ausgeräumt worden waren, gab Brandingenieur E. den Befehl, Feuer zu legen. Kriminalbeamte brachten Benzinkannen ins Gebäude. Als um fünf einviertel Uhr das Feuer im vollen Gang war, gab Brandingenieur E. dem Feuerwehrmann L. den Befehl, den Feuermelder zu ziehen. Diese seit

Stunden bereit stehende Feuerwehr rückte schnell an, erhielt aber erst dann Befehl zum Löschen, als man plötzlich und fast zu spät entdeckte, dass direkt hinter der Synagoge eine Garage mit grossen Benzin- und Oelvorräten war. Jetzt wurde die Feuerwehr eilig eingesetzt. Zwei Feuerwehrleute, darunter Brandmeister F., wurden verletzt.«

So machte Jehova Pleite. So verlor er an einem Tage fünfhundert Tempel. Kriminalbeamte kamen mit Benzinkannen, die vereidigte Garde des Führers kam mit Bomben, der Polizeipräsident sandte die Brandstifter, und der Oberbürgermeister bewachte das Attentat. Fünfhundertmal geschah das an einem Tage in Deutschland.[161]

Der Feuerschein dieser fünfhundert brennenden Tempel hat die Welt in wahrhaft jedem Sinne erleuchtet. Religiös gesinnte Menschen aller Bekenntnisse waren tief erregt. Mündlich und schriftlich haben wir aus Deutschland oft und oft die leidenschaftliche und verzweifelte Frage vernommen: »Wann werden nur die Kirchen brennen?«

Das grosse Schweigen

Die Tempelbrände sind aber nicht nur deshalb merkwürdig, weil es Tempelbrände waren, weil Heiligtümer zerstört wurden und Jehova Pleite machte. Sie bieten auch ganz eigentümliche Aufschlüsse durch die Art, mit der sie der Oeffentlichkeit mitgeteilt wurden. Uniformierte S.S.-Leute kamen mit Bomben, Polizeipräsidenten und Oberbürgermeister rückten an; ringsum stand das versammelte Volk und sah zu. Und trotzdem meldeten die Zeitungen: Das Volk kam ..., die Tempel brannten. Wie das im einzelnen zuging?[162] Darüber kein Wort.

Diese Flucht in ein lügenhaftes Schweigen sagt über Absicht, Tat und Erfolg der Brandstifter vielleicht ebenso viel aus wie ihr Feuerwerk selbst. Es fehlte ihnen nicht der Mut, an wehrlose Mauern Feuer zu legen. Ihre Tat vor der Welt zu bekennen, waren sie zu feige.

Eine eiserne Zensuranweisung von oben muss alle Berichte zurecht gebogen haben, die in deutschen Zeitungen veröffentlicht wurden.[163] Als Beispiel möge dienen, was die amtliche Polizeikorrespondenz von Wien über die besonders zahlreichen Synagogenbrände dieser Stadt mitzuteilen wusste (zitiert nach dem Neuen Wiener Tagblatt vom 11. November 1938):[164]

»Die Volkswut richtete sich auch gegen die Synagogen der einzelnen Bezirke, in denen schliesslich Brände ausbrachen, so dass die Feuerwehr in folgenden Bezirken einschreiten musste: in der Schiffsamtgasse, Steingasse, Müllnergasse, Neue Weltgasse, Tempelgasse, Franz Hochedlingergasse, Stumpergasse, Untere Viaduktgasse, Schmalzhofgasse, Hubergasse, Siebenbrunnengasse, Neudeggergasse, Kluckygasse, Turnergasse, Schmalzgasse, Schopenhauerstrasse, Pazmanitengasse sowie am Humboldtplatz …

Bereits in den frühen Morgenstunden kam es in der Leopoldstadt zu grossen Demonstrationen. Ueberall ballten sich die Menschenmassen zusammen, die schliesslich in die Tempel eindrangen und die Einrichtung zerstörten. Zu besonders erregten Szenen kam es in Hernals und Ottakring. Die Empörung richtete sich hauptsächlich gegen das jüdische Bethaus in der Hubergasse. Vor diesem sammelte sich schon in den frühen Morgenstunden eine Menschenmenge von mehreren tausend Personen, die in erregten Worten ihren Abscheu zum Ausbruch[165] brachten. Polizei und Abteilungen der Parteiformationen beruhigten die Menschenmassen und veranlassten sie zum Weitergehen.«

Die S.A. beruhigte das Volk! Das Volk ging weiter, und davon brannte plötzlich das Gotteshaus. Der amtliche Polizeibericht kann es nur konstatieren:

»… zum Weitergehen. Gegen neun Uhr vormittags gewahrte man aus dem Innern des Bethauses dicke Rauchwolken aufsteigen. Ein Teil der Inneneinrichtung wurde von den Flammen zerstört, mehrere Lüster zerschellten auf dem Boden, die Vorhänge verbrannten. Man musste sich darauf beschränken, die umliegenden Häuser vor einem Uebergreifen der Flammen zu bewahren.«[166]

Sehr hübsch ist die Wendung: »Die Feuerwehr musste sich beschränken …« Ein anderes Mal wird formuliert:[167] Sie »hatte keine Möglichkeit mehr einzugreifen«.

Die Tempel sind ausgebrannt. Ihre Reste werden bald verschwunden sein. Andere Gebäude werden an ihrer Stelle stehen; Paläste der Partei, Bürohäuser. Aber die Geschichte ihrer Zerstörung wird und soll bleiben. Es wird und soll die Erinnerung daran bleiben, wie ihre Oberbürgermeister und Polizeipräsidenten [sie] anzündeten.[168] Es wird und soll die Erinnerung daran bleiben, wie sie plötzlich schwiegen, logen und die Schuld dem »Volk« zuschoben.

Das war nicht nur bei den Tempelbränden so. Das war ebenso bei der Zerstörung der Wohnungen, das war ebenso bei der Zerstörung der Geschäfte,[169] und selbstverständlich war es ebenso bei den Prügeleien und Morden. In jener westdeutschen Stadt, wo der Oberbürgermeister und Polizeipräsident das Anzünden der Synagogen überwachten, begleitete Polizei auch die Zerstörertrupps nachts durch die Strassen und zeigte ihnen, welche Geschäfte Juden gehörten. Aber in der Presse erschienen Berichte folgenden Stils: »Die Menschen strömten in München wie auch in anderen Städten des Reichs auf die Strasse. Arbeiter, Beamte und Geschäftsleute fanden sich zu spontanen antijüdischen Demonstrationen zusammen ... Mit tiefster Empörung im Herzen zogen die Menschen vor die jüdischen Geschäfte der Stadt, Schaufenster samt Inhalt gingen in Trümmern«[170] (Münchener Zeitung vom 11. November 1938).

Das ist durchgehend der Stil. Die Menschen ... das Volk ... Es gibt keine Partei, keine S.S. und keine S.A.; keinen Polizeipräsidenten, keinen Oberbürgermeister, keinen Gauleiter, auch keinen Reichskanzler. Niemand meldet sich, niemand will es gewesen sein.

Ja, das ist ein sonderbares Schauspiel. Es ist doch ein grosser, denkwürdiger Tag. Sie tun ein grosses, gottgeweihtes Werk. Sie zertreten der Weltpest den Kopf; dann werden sie zornig und nennen jeden einen Verleumder und Greuelhetzer, der es weiter sagt, dass sie der Weltpest den Kopf zertreten hätten.

Adolf Hitler[171] sagte einmal: »Indem ich mich des Juden erwehre, kämpfe ich für das Werk des Herrn.« Nun haben sie für das Werk des Herrn gekämpft, dessen könnten sie sich rühmen; sie tun es aber nicht.

Niemand steht auf und sagt: »Ich war dabei, als wir die Synagogen anzündeten; jawohl, ich war dabei, als wir das deutsche Volk von den Judenschädlingen befreiten; ich habe das Beil in der Hand gehabt und die Judenläden zertrümmern helfen.« Nirgendwo in ihren Reden oder Artikeln findet sich auch nur ein andeutender Hinweis dieser Art. Alles hat das harmlose Volk getan.

Dabei hat dieses Volk doch gesehen, wer es wirklich getan hat. Was mag dieses Volk im Stillen denken, wenn es in seinen Zeitungen liest: die Rolle der S.S. und der S.A. habe darin bestanden, das Feuer der brennenden Synagogen eindämmen zu helfen? Ein Volk, das noch nicht blind ist, muss schon sehr stumm sein, wenn man ihm das vorsetzen darf.[172]

So schreiben ihre Zeitungen, so reden ihre Minister:

Erstens: es ist gar nichts vorgekommen: »Wenn trotz der so berechtigten Wut aller Deutschen keinem Juden ein Haar gekrümmt wurde …«[173] (Völkischer Beobachter, Berliner Ausgabe, 11. November 1938).

Zweitens: es ist zwar etwas vorgekommen, aber niemand hat es von oben angeordnet, organisiert oder vorbereitet: »Man erklärt«, sagt Dr. Goebbels, »die spontanen Reaktionen des deutschen Volkes seien durch organisierte Mannschaften durchgeführt worden; wie wenig Ahnung doch diese Zeilenschinder von Deutschland haben! Wie erst hätten die Reaktionen ausgesehen, wären die organisiert gewesen! … Die Reaktion des deutschen Volkes auf den feigen Meuchelmord in Paris wurde weder organisiert noch vorbereitet, sondern sie brach spontan aus der Nation heraus«[174] (Reichsminister Dr. Josef Goebbels in einem von der ganzen deutschen Presse nachgedruckten Artikel, zitiert nach dem Völkischen Beobachter, Norddeutsche Ausgabe, 12. November 1938).

Kein Haar wurde den Juden gekrümmt, schreibt der Völkische Beobachter. Man spürt es dem Satz förmlich an, dass er schon seit Jahr und Tag in Blei stand, um bei der nächsten passenden Gelegenheit ins Blatt gegeben zu werden; Wahrheit hin, Wahrheit her. Indessen der Provinzpresse entwischt in ihrer treuherzigen Freude an dem nächtlichen Vergnügen das Geständnis: »Aehnliche Vorfälle ereigneten sich bei dem Juden Kahn, der schon lange durch seine Frechheit die Mescheder (das sind die Einwohner des Ortes Meschede) gereizt hatte. Auch hier wurde, als der Aufforderung nach Oeffnung der Türe keine Folge geleistet wurde, der Zutritt erzwungen und dem Juden ein verdienter Denkzettel gegeben. Auch in Schmallenberg und Ramsbeck wurde den Juden, die hier ehedem eine grosse Rolle gespielt haben, der Laden nachgesehen, und wo sie sich sträubten, wurden Vergeltungsmassnahmen angewandt«[175] (Westfälische Landeszeitung, Dortmund, 11. November 1938).

Angeblich vom »Volk«.

Aber wann und wo wäre je ein empörtes Volk nachts um vier Uhr in verschlossene Häuser eingedrungen? Um diese Stunde schlafen auch die empörtesten Volksmassen. Das vielsagende Geständnis, dass die »Rache« in dunkler Nacht begann, entschlüpft bisweilen der eben zitierten Zeitung gleichfalls: »Diesen Volksschädlingen war schon lange der Kampf angesagt. In der Nacht von Mittwoch auf Donnerstag entlud diese Spannung sich«[176] (Westfälische Landeszeitung, Dortmund, 11. November 1938).

Wann und wo hätte je ein empörtes Volk über ein ganzes grosses Land hinweg von der Maas bis an die Memel, von der Etsch bis an den Belt[177] fünfhundertmal in der gleichen Stunde Petroleumkannen und schwere Bomben bereit gehabt; wann und wo hätte es je zur gleichen Stunde fünfhundertmal Feuer gelegt, ohne dass ein einheitlicher Plan und ein einheitlicher Befehl vorgelegen hätte? Wenn an ein oder zwei vereinzelten Stellen mit dem Anzünden der Synagogen, mit dem Plündern der Wohnungen begonnen worden wäre, und wenn dann das ganze Land nach und nach dieses Beispiel befolgt hätte – das wäre noch glaubwürdig. Aber die Einheitlichkeit und Gleichzeitigkeit der Brände und Zerstörungen widerlegt völlig das Märchen von der spontanen Volkswut.

Es war nichts organisiert und vorbereitet? Dem schlecht informierten Reichspropagandaminister sei zu seiner besseren Unterrichtung mitgeteilt, was beispielsweise in der Stadt Nürnberg geschah. Dort erschienen in den frühen Abendstunden in Häusern, wo jüdische Familien wohnten, nationalsozialistische Funktionäre in Zivil und fragten an, welche Mietsparteien des Hauses Juden seien und welche nicht. Manche jüdische Familien hatten bei dieser dienstlichen Gelegenheit das Vergnügen, Leute bei sich zu sehen, mit denen sie sonst in irgend welchen geschäftlichen oder Arbeitsbeziehungen standen. Sie vermuteten, dass diese Anfragen mit der Bestandsaufnahme des jüdischen Vermögens zusammenhingen. Nach Mitternacht kamen dann die Geschäftsfreunde mit Beilen wieder. Eine jüdische Dame sah auf diese Weise einen Architekten, der ihr vor Jahren das Haus gebaut hatte, in diesem von ihm erbauten Haus die Möbel entzweischlagen.

Merkwürdig auch, wie viele Beile so plötzlich vorhanden waren, obwohl doch nichts organisiert oder vorbereitet war.[178] Das Rätsel lässt sich lösen. Am Abend des 9. November war auf dem Adolf Hitlerplatz (früher unter dem Namen des Marktplatzes von Nürnberg weltbekannt) ein Aufmarsch der S.A., an dem Zehntausende (nach einer Angabe dreissigtausend)[179] S.A.-Männer teilnahmen. Der Gauleiter Julius Streicher hielt eine anfeuernde Rede. In früheren Jahren erhielt bei dieser Gelegenheit jeder S.A.-Mann eine Fackel. Diesmal erhielt jeder ein Beil.

Einen ähnlichen Vorgang wissen wir aus der Stadt Saarbrücken;[180] dort wurden die Beile nachts auf dem Schlossplatz verteilt.[181]

Es liessen sich Seiten mit derartigen Berichten füllen, aber die Geschichte von der fehlenden Vorbereitung und der spontanen Volkswut, die der Reichspropagandaminister Dr. Goebbels der Welt erzählt hat, ist zu dürftig, um eine umfangreiche Widerlegung notwendig zu machen.

Am Nachmittag des 10. November fand im Führerbau zu München eine Konferenz statt. An ihr nahmen nach Zeitungsberichten teil: der Führer und Reichskanzler Adolf Hitler, sein Stellvertreter Rudolf Hess, der Reichsführer der S.S. Heinrich Himmler; eine Meldung nennt auch Dr. Josef Goebbels.

Was auf dieser Konferenz besprochen wurde, wissen wir nicht. Aber ihr Ergebnis kennen wir wenigstens teilweise und wir haben uns auf den letzten Seiten schon mit ihm beschäftigt: es war der Entschluss, die Greuel der letzten vierundzwanzig Stunden dem empörten Volk in die Schuhe zu schieben. Die Beweggründe dieses Entschlusses lassen sich nur vermuten. Man mag an jene Szene aus dem Buche Daniel denken, wo der König von Babylon – in den Ausdrucksformen seiner Zeit natürlich – gleichfalls Jehova »Die Pleite« verkündet und im selben Augenblick die drohende Flammenschrift des »Mene, Tekel …« an der Wand sieht.[182] Ist es den Führern des Dritten Reiches wegen der brennenden Synagogen unbehaglich geworden? Oder wegen der Mordtaten, von denen sie sicher bereits Kenntnis hatten? Oder wegen der Glasscherben auf dem Kurfürstendamm? Oder wegen der Räubereien und Diebstähle? Oder bloss wegen der schönen Schreibmaschinen, Lederwaren und teuren Kunstwerke, die da kaputt gingen? Weswegen auch immer – es ist ihnen jedenfalls unbehaglich geworden. Nur so erklärt sich die Kundgebung, die unter dem Namen von Dr. Goebbels, Reichsminister für Volksaufklärung und Propaganda, am Abend des 10. November durch den Rundfunk gejagt, in Form von Plakaten angeschlagen und von den Zeitungen veröffentlich wurde:

»Die berechtigte und verständliche Empörung des deutschen Volkes über den feigen jüdischen[183] Meuchelmord an einem deutschen Diplomaten in Paris hat sich in der vergangenen Nacht im umfangreichen Masse Luft verschafft. In zahlreichen Städten und Orten des Reiches wurden Vergeltungsaktionen gegen jüdische Gebäude und Geschäfte vorgenommen.

Es ergeht nunmehr an die gesamte Bevölkerung die strenge Aufforderung, von allen weiteren Demonstrationen und Vergeltungsaktionen[184] gegen das Judentum, gleichgiltig welcher Art, sofort abzusehen. Die endgiltige Antwort auf das jüdische Attentat in Paris wird auf dem Wege der Gesetzgebung, bezw. der Verordnung dem Judentum erteilt werden.«[185]

Hier ist abermals die Legende von dem Volk, das in kalter Nacht aus seinen Betten aufsteht und seiner Empörung Luft verschafft. Darüber braucht kein Wort mehr verloren zu werden.[186] Die Frage bleibt, warum die Empörung so rasch und so streng gedämpft werden musste. Liefen die Dinge anders als erwartet? Ist an der Aktion etwas missglückt? Das führt uns an die tiefere Frage heran, aus welchen Gründen das ganze »Unternehmen Isaak« eigentlich gemacht wurde. Warum die S. S.-Männer sich so begeistert dazu aussenden liessen, wissen wir freilich schon. Aber warum ihre Oberen sie aussandten, ist damit noch nicht erklärt. Wir werden die Lösung finden, wenn wir einen Blick auf die Ereignisse werfen, die sich nach dem 10. November abspielten.

In den Folterlagern

Seit dem Vormittag des 10. November begannen die Massenverhaftungen. In der Regel wurden die Verhafteten in eines der vier grossen Lager Dachau bei München, Sachsenhausen oder Oranienburg bei Berlin oder Buchenwald bei Weimar gebracht. Ihre Behandlung in allen diesen Lagern war nach übereinstimmenden Berichten grauenvoll; zahlreiche solche Berichte liegen uns vor. Wir haben aus ihnen die folgenden ausgesucht. Es sind solche Berichte, deren Verfasser durch ihre Person besondere Gewähr dafür bieten und durch ihre Tonart zeigen, dass sie in Ruhe und mit möglichster Sachlichkeit zu schildern versuchen.

»Ich wurde am 11. November in … verhaftet und nach dem als Konzentrationslager eingerichteten früheren Zuchthaus verbracht. Die die Verhaftung vornehmenden alten Beamten teilten mir mit, dass alle Juden verhaftet wurden. Von dort aus wurden wir per Eisenbahn abends um acht Uhr verladen und kamen nachts gegen drei Uhr in der Nähe von Oranienburg[187] an. Die Station liegt etwa zwei Kilometer vom Lager entfernt. Wir mussten die Strecke im Laufschritt zurücklegen. Da wir viele alte Leute bei uns hatten, fielen mehrere um. Sie erhielten von der Begleitmannschaft, alles junge S.A.-Burschen, Kolbenstösse und Fusstritte.

Im Lager wurden erst die Namen aufgerufen und eingeschrieben. Dann mussten wir von etwa morgens um fünf Uhr bis mittags zwei Uhr angetreten auf dem Hof stehen. Wer sich rührte, erhielt Fusstritte und Schläge ins Gesicht. Dieses Stehen dauerte somit rund neun Stunden. Unser Ersuchen, austreten zu dürfen, wurde abgelehnt und mit den gemeinsten Beschimpfungen von Seiten der Bewachungsmannschaft beantwortet. Mittags endlich genehmigte ein Vorgesetzter, dass wir gemeinsam zur Latrine geführt wurden. Essen wurde erstmalig vierundzwanzig Stunden nach unserer Verhaftung verteilt. Das Essen war gut.

Wir mussten unsere gesamte Kleidung abgeben und erhielten dafür lumpenähnliche Konzentrations-Kleidung, bestehend aus ausgedientem Militärzeug, Drillichkleidung und ähnliches. Gleichfalls wurde uns unser sämtliches Geld abgenommen. Juden haben in Sachsenhausen[188] grundsätzlich Rauchverbot und dürfen sich nicht selbst verköstigen, können auch in der Kantine nichts kaufen.

Am nächsten Tag wurde exerziert. Für uns jüngere Leute, vielfach Frontkämpfer, war dies zu ertragen. Aeltere Leute blieben liegen und wurden mit Fusstritten behandelt, mit Kolbenstössen, mit Ohrfeigen und mit Faustschlägen ins Gesicht, immer begleitet von den rohesten und unflätigsten Beschimpfungen. Es befand sich in meiner Abteilung u.a. Kaufmann X. aus X.[189], über siebzig Jahre alt, ebenso der frühere Anwalt Y.[190], gleichfalls über siebzig. Beide wurden auf die geschilderte Weise misshandelt.

Beim Exerzieren wurde, wenn die Leute nach Einzelübungen in die Reihe zurückkehrten, den Gefangenen ein Fuss gestellt, dass sie hinschlugen; alsdann wurden sie mit den Nagelschuhen von der Bewachungsmannschaft in den Rücken und ins Gesäss auf die roheste Weise getreten.

Beim Appell schritt der Lagerkommandant die Front ab. Zuweilen blieb er stehen, beschimpfte irgend einen der Angetretenen auf die gemeinste und nicht wiederzugebende Weise. Zu einem meiner Nachbarn sagte er ohne Grund: ›Jetzt muss ich mir für dich dreckige Judensau extra die Handschuhe ausziehen.‹ Und nach dem er dies in aller Ruhe getan hatte, schlug er dem Bedauernswerten mit aller Kraft mehrfach ins Gesicht und auch noch unter das Kinn.

An einem Tag mussten alle Insassen antreten und der Bestrafung zusehen, die an einem Gefangenen vollzogen wurde, der versucht hatte zu fliehen. Der Betreffende wurde auf einem Bock festgebunden und von zwei S.A.-Männern, die sich besonders hierfür gemeldet hatten, mit schweren Ochsenziemern bearbeitet, bis er die Besinnung verlor. Das Opfer musste selbst jeden Schlag laut zählen, bis es infolge seiner Besinnungslosigkeit verstummte; aber auch dann hörten die Bestien mit ihrer Misshandlung nicht auf.

Der Stubenälteste berichtete, dass, wenn das Opfer notdürftig geheilt wäre, die zweiten fünfundzwanzig Schläge verabfolgt würden.

Selbstmordversuche kommen täglich vor. In meiner Abteilung öffnete sich ein alter Mann in einem unbeobachteten Augenblick die Pulsader. Bei der Arbeit sollen die Bewachungsmannschaften zuweilen die Arbeitenden an die Absperrung zu locken versuchen, um sie dann niederzuknallen. Die elektrisch geladenen Drahtverhaue werden zeitweilig ausser Strom gesetzt, da die Leute, um in ihrer Verzweiflung ihrem Leben ein Ende zu machen, in diese Drahtverhaue laufen.

Ich wurde dann[191] aus dem Lager entlassen, weil meine Auswanderung schon geordnet war. Bei der Entlassung wurde die übliche Abschiedsrede gehalten. ›Greuelpropaganda‹ im Ausland auf Grund der Erlebnisse im Lager würde auch im Ausland verfolgt, da die nationalsozialistischen Auslandsorganisationen ›so vorzüglich organisiert wären, dass sie auch im Ausland zupacken würden[192].‹

Zur Zeit (16. November 1938) sind in Sachsenhausen[193] wohl zwölftausend Menschen, hauptsächlich Juden.[194] Mit mir zusammen wurden elf entlassen.

Für den Beisetzungstag von vom Rath wurde angeordnet, dass die gesamten Gefangenen von früh morgens an in strammer Haltung anzutreten hätten und dass dann an diesem Tag keinerlei Nahrung verabreicht würde.«[195]

Ein[196] zweiter Bericht aus Sachsenhausen[197] legt[198] für die Glaubwürdigkeit des anderen Zeugnis ab:[199]

»In der Nacht vom Donnerstag auf Freitag, den 10. November 1938, erfolgte meine Verhaftung. Meine Wohnung ist unbeschädigt geblieben.

Wir kamen erst in das Zuchthaus Fuhlsbüttel. In einem dunklen Raum, in einer Anzahl, die das Fassungsvermögen etwa um das Fünffache überstieg, verblieben wir ohne Nahrung den ganzen Tag und wurden dann im offenen Wagen in einer Nachtfahrt nach Sachsenhausen befördert, wo wir nachts um zwei Uhr ankamen. Unterwegs erlebte ein Bremer junger, siebzehnjähriger Mann einen Nervenzusammenbruch, weil er mit hatte ansehen müssen, wie S.S.-Leute seine Mutter, die aus Schmerz über seine Fortführung schrie, erschossen und dann liegen liessen.

Bei unserer Ankunft in Sachsenhausen empfing uns eine grosse Anzahl S.S.-Leute. Sofort begann ein derartiges Treten, ein Schlagen mit Gewehrkolben und Knüppeln, dass die uns begleitende Schutzpolizei erst fassungslos dabeistand und dann beschleunigt sich entfernte und zurückfuhr. Ich kann diese Dinge nicht im einzelnen beschreiben.

Wir mussten dann in Fünferreihen marschieren, d.h. laufen; wir sollten noch später merken, dass wir während der ganzen Haft sozusagen zu schnellem Laufen verurteilt waren – eine raffinierte Quälerei. Die körperliche Anstrengung dieses Laufens und das unausgesetzte Schlagen und Stossen durch die S.S. waren derart, dass zwei von unserer Gruppe auf dem fünfzehn Minuten langen Marsche tot liegen blieben.

Dann aber begann erst das Furchtbarste, was sogar alle Misshandlungen als gering erscheinen liess: wir mussten neunzehn Stunden lang im Lager stehen. Bei einzelnen dehnte sich diese Zeit bis zu fünfundzwanzig Stunden aus. Wenn einer zusammenbrach, Fusstritte und Schläge mit Gewehrkolben. Neunzehn Stunden stehen! ...«[200]

Hier ist zu bemerken: stehen müssen ist eine der furchtbarsten Quälereien, die es gibt. Alle Berichte aus allen Lagern sprechen davon. Ebenso grausam ist die entgegengesetzte Tortur, von der weiter unten die Rede ist: laufen müssen. Der Zwang zu stundenlanger Unbeweglichkeit oder zu stundenlanger Bewegung zerbricht mehr im Menschen als eine kurze Misshandlung. Die S.S., im Bewachen von Gefangenen jahrelang geschult, weiss das.[201]

»Dann wurde der Rabbiner vorgerufen, am Bart gezerrt und geschlagen; ihm wurde ein Schild in die Hand gegeben mit der Aufschrift: ›Ich bin ein Landesverräter und mitschuldig am Tode vom Raths‹. Dieses Schild musste er mit gestrecktem Arm zwölf Stunden umhertragen.

Die S.S.-Leute, von denen kaum einer über einundzwanzig Jahre alt war, hatten es vor allem auf alte, dicke, besonders jüdisch aussehende und sozial höherstehende Juden, z.B. Rabbiner, Lehrer, Anwälte, abgesehen, während sie sportlich aussehende jüngere Juden milder behandelten. So wurde ein früherer höherer juristischer Beamter, der sich mit seinem Titel meldete, besonders scharf angefasst und mit ihm der Inhaber eines grossen Restaurationsbetriebes.

Wir wurden nun am Bart und Kopfhaaren geschoren und mussten wieder sechs Stunden ohne Essen, Trinken und Kopfbedeckung im Freien im Regen stehen. Wir waren mithin zwei Tage und Nächte ohne Schlaf und Essen und mussten die längste Zeit stehen.

Jede Tätigkeit im Lager musste sich im Laufschritt abspielen, sowohl der Weg zur wie von der Arbeit; und auch, soweit möglich, bei der Arbeit. Lief jemand nicht, so schrieen die S.S.-Leute: ›Immer laufen, Pinkel, lauf, dickes Judenschwein.‹ Erschöpften und Misshandelten durfte nicht geholfen werden, ›das Schwein muss liegen bleiben‹. Ins Revier (Krankenabteilung) kam man meist nicht; aber selbst wenn jemand hinkam, kümmerte sich niemals der Arzt um ihn, sondern nur die Sanitäter, die äusserst geschickt und hilfsbereit uns zur Seite standen.

Leise konnte man sprechen, es galt aber als allgemeines Gebot, dass, wer sich unterhielt, erschossen werden konnte.

Die Arbeit, zu der wir im Laufschritt geführt wurden, vollzog sich ausserhalb des Lagers in den Klinker-Werken, die zum Konzern der Hermann Göring-Werke gehören. Sie bestand im Schleppen von Sand und Zementsäcken.

Zum Sandtragen mussten wir Gefangenen die Jacken ausziehen und dann wieder so anziehen, dass der Rückenteil nach vorn war. Dann wurde die Jacke hochgenommen und rücksichtslos Sand eingeschaufelt, den wir dann mit gestreckten Armen im Laufschritt etwa fünf Minuten weit schleppen und in die Lore abwerfen mussten. Dann ging es wieder im Laufschritt zurück. Zementsäcke von einem Zentner wurden unterschiedslos sechzig- und fünfundsechzigjährigen Leuten auf den Nacken geworfen, sie mussten diese Last dann denselben Weg in strammem Schritt schleppen, sie niederwerfen und zurücklaufen. Zuweilen wurde der Sand auf sogenannten Tragbahren geschleppt. Das war noch furchtbarer, da das Holz derart in die Hände einschnitt, dass bei meinen Händen das Fleisch bis auf die Knochen durchschnitten wurde. Ich kam dann auch schliesslich, nachdem ich fünf bis sechs Tage Dienst getan hatte, ins Revier, wo meine Hände und Füsse von den erwähnten Sanitätern ordentlich behandelt wurden.

Hervorheben will ich noch, dass die S.S.-Leute uns selbstverständlich unterschiedslos mit ›Du‹ anredeten und dass besonderes Entsetzen unter uns herrschte, wenn bekannt war, dass S.S. aus Wien Dienst tat.

Beim Rückmarsch von der Arbeit liefen wir in Fünferreihen, Zusammenbrechende wurden geschlagen und dann auf einer Bahre innerhalb der Fünferreihen getragen, damit die Bevölkerung auf den Strassen, die wir passieren mussten,[202] nicht etwa mehrere Bahren ausserhalb der Reihen bemerkte. Wer nicht stramm genug beim Exerzieren war, musste ›rollen‹, d.h. sich so lange im Sande um sich selbst drehen, bis er bewusstlos war. Diese Unglücklichen liefen dann oft gegen das elektrisch geladene Gitter und wurden vom elektrischen Schlag getötet oder durch den Posten, der das Überschreiten der Grenze feststellte, erschossen.

Schliesslich[203] kam die Nachricht von unserer Freilassung, und zwar wurden wir zu siebzig zurücktransportiert. Als wir zur Entlassung beim Kommandanten angetreten waren, unterhielten sich die höheren S.S.-Beamten darüber, ob es nicht zweckmässig wäre, den einen oder anderen besonders dicken Juden zu schlachten oder zu verbrennen. Diese Unterhaltung war als Scherz gedacht.

Damit war der Leidensweg aber noch nicht zu Ende. Am Morgen nach der Bekanntgabe mussten wir von sechs Uhr morgens bis sechs Uhr abends ohne Kopfbedeckung im strömenden Regen stehen, dann am folgenden Tage wiederum von elf bis drei, ohne Essen und ohne austreten zu dürfen. Schliesslich wurde bekannt gegeben, dass die Juden keine Fahrkarten bekämen, und dabei bemerkt: ›Ihr könnt zu Fuss laufen, meinetwegen bis Stargard.‹ Wir haben dann für die Unbemittelten unter uns bezahlt.«[204]

Nun ein Bericht aus dem Konzentrationslager Dachau bei München. Dachau gilt als ein »gutes« Lager, es gibt z.B. dort keine Zwangsarbeit. Die S.S. zeigt auch dort Lust zum Misshandeln. Aber die Gefangenen dieses ältesten aller deutschen Konzentrationslager haben in fünfjähriger Übung ein System der kollektiven Selbstbeherrschung entwickelt, das auf eine geradezu suggestive Art den Quälern – man möchte sagen: den Mut nimmt. Eine merkwürdige Erscheinung, die wahrscheinlich auch ausserhalb der Konzentrationslager für das Verhältnis zwischen Unterdrückern und Unterdrückten bedeutungsvoll ist. Der Berichterstatter erzählt davon; es ist eine der aufschlussreichsten Stellen seines Berichts. Im Übrigen erkennt er bereitwillig das Gute an, wo es sich findet; so rühmt er das Essen. Doch selbst der Bericht aus diesem »guten« Lager schliesst mit dem Geständnis: lieber der Tod, als länger diese Qual!

Hier der Bericht:[205]

»Die Verhaftungen in München begannen ab nachts drei Uhr. Meist wurden die Leute in anständiger Weise aus den Wohnungen heraus verhaftet und zur Politischen Polizei geführt. Dort wurden die Personalien aufgenommen, alles in anständiger Weise. Dann begann der Abtransport nach Dachau in Autobussen. In München wurden auch Kranke verhaftet, selbst aus den Betten in Krankenhäusern holte man sie heraus. Auch sie wurden nach Dachau gebracht, ebenso Greise im Alter bis zu fünfundsiebzig Jahren.

Bei der Einlieferung ins Lager mussten wir uns in Reihen aufstellen, dann gingen die S.S.-Leute durch die Reihen und teilten Faustschläge und Ohrfeigen aus. Jeder einzelne bekam seine Prügel und Ohrfeigen. Unzählige Leute haben davon blaue und geschwollene Augen davongetragen. Ich werde das nie vergessen, wie die Burschen durch die Reihen gingen und einen Menschen nach dem andern ohrfeigten.

Speziell die Rabbiner wurden schlecht behandelt. Einem orthodoxen Rabbiner mit schwarzem Bart wurden die Haare einzeln ausgerissen.

Nach den Prügeln, die wohl von oben herab befohlen waren, wurden wir weggeführt zur Aufnahme eines vierfachen Photos. Bei dieser Gelegenheit bekam der eine oder andere wieder ein paar heftige Ohrfeigen. Dann wurden wir wieder in ein anderes Haus geführt. Dort wurden die Taschen entleert. Jeder nahm seine eigenen Dinge aus den Taschen mit und gab es an der Garderobe ab. Mitnehmen durfte man nur Taschentücher und das Silbergeld. Ueber das übrige Geld wurde eine Empfangsbescheinigung erteilt. Ich betone bei dieser Gelegenheit, dass ich meine sämtlichen abgelieferten Sachen restlos zurückerhalten habe. Es hat nichts gefehlt, auch kein Geld. Dann mussten wir uns nackt ausziehen. Die Kleider wurden ebenfalls an der Garderobe abgeliefert.

Wir wurden durch einen Saal getrieben, wo ungefähr zehn Leute auf Hockern sassen, arische Gefangene, die schon jahrelang dort waren und denen man sich gegenübersetzen musste. Im Nu waren mit einer Maschine jedem einzelnen die Haare geschnitten, die Leute mit Bärten wurden auch rasiert. Dann wurde Kleidung gefasst. Diese bestand aus Hose, Rock, einem kurzen Hemd, Strümpfen und Schuhen. Es waren blau-weiss gestreifte Drillichanzüge; auf den Jacken waren ein rotes Dreieck und darüber ein gelbes, die zusammen den jüdischen Davidstern bildeten, aufgenäht.[206] Später mussten wir dann noch eine mit Druckbuchstaben fertiggestellte Gefangenennummer selbst aufnähen.

Diese Kleidung war, wie wir später erfuhren, schon seit längerer Zeit vorbereitet, falls es Krieg gäbe und alle Juden interniert würden.

In einem weiteren, sehr hygienisch eingerichteten Saal wurde geduscht und gewaschen, und danach ging es zur ärztlichen Untersuchung. Arische Gefangene, die sich zum Teil schon jahrelang im Lager befinden, übten eine Art Aufsicht. Diese arischen Gefangenen benahmen sich durchaus würdig und hochanständig.

Ein arischer Gefangener nimmt nochmals die Personalien auf, fragt nach Kinderkrankheiten und früheren Gebrechen oder vorhandenen Leiden. Man tritt dann beim Arzt vor und erhält in der Zwischenzeit zum Teil wieder Prügel. Wer sich nun beim Arzt, wenn er an die Reihe kommt, nicht mit ›Schutzhaftjude‹ und seinem Namen meldet, bekommt wiederum Prügel. Der Arzt fragt nicht viel, lässt die Leute sich herumdrehen, und wer nicht rasch genug davoneilt, bekommt einen Fusstritt. Hat jemand eine Operationswunde am Körper, so kann er bestimmt damit rechnen, Ohrfeigen zu bekommen.

Dann mussten wir uns anziehen, wurden gesammelt und mussten zu je zweihundert Mann abzählen, die dann in eine der Lagerbaracken geführt wurden. Diese Baracken sind hygienisch einwandfrei. Die Stuben sind eigentlich für fünfzig bis siebzig Leute bestimmt und müssen eben jetzt zweihundert Leute aufnehmen. In den Stuben selbst war es aber auszuhalten, denn sie sind gut geheizt, und das Strohlager ist nicht das schlechteste.

Nach einer kurzen Einteilung wurden wir auf den grossen Platz geführt, und dort mussten wir von morgens zehn bis nachts halb ein Uhr stehen. Es war kalt. Die nach uns Ankommenden bekamen keine Mützen mehr und froren an den geschorenen Köpfen. Das Stehen war furchtbar. Denn während dieser Zeit gingen immer S.S.-Leute um die Abteilungen herum und schlugen den einen oder anderen. Vierzehneinhalb Stunden standen wir und wurden geschlagen.

Während wir standen, kamen immer und immer weiter endlose neue Reihen von Juden an. Da sahen wir, dass wir zuerst Angekommenen gegenüber den Neuankommenden noch gut behandelt wurden. Die S.S.-Mannschaften müssen sich anscheinend auf Befehl von oben so benehmen. Wenn ein S.S.-Mann mal eine Zeitlang stumpfsinnig herumstand und nichts tat, so näherte sich ihm ein Vorgesetzter; daraufhin begann er sofort wieder mit lauten Beschimpfungen, Püffen und Ohrfeigen.

Nachts um halb ein Uhr wurden wir dann in die Stube geführt, wobei uns gesagt wurde, dass es zu spät zum Essenfassen sei. Man könne aber noch etwas warmen Tee haben. Er reichte aber nicht für alle.

Am anderen Morgen um fünf Uhr mussten wir aufstehen. Wir waren völlig ausgehungert. Wir bekamen warmen Kaffee und Kommissbrot, das beides sehr gut schmeckte. Gegen halbsieben Uhr musste zum Appell gegangen werden, wozu man schon um sechs Uhr antrat. Das dauerte einige Stunden, teils stillgestanden, teils rührt euch. Wieder gab es Prügel. Das dauerte so den Tag über.

Zwischendurch wurden vor den Barackenlagern Namen verlesen. Abends um halbsieben Uhr ging es wieder zum Appell, der wieder einige Stunden dauerte, mit Prügeln. Immer noch trafen endlose Züge von Juden ein. Im ganzen befinden sich im Lager etwa fünfzehn bis achtzehntausend Juden.

Etwa am dritten Tag hörten die Misshandlungen auf. Unsere Truppe hatte sich zu einer gegliederten Masse entwickelt, die wusste, dass nur eiserne Disziplin, eisernes Stillstehen und Geradeausschauen beim Nähern von S. S.-Leuten vor Schlägen bewahrte.

Je zweihundert Leute unterstehen einem Stubenältesten, einem sogenannten Capo. Den Namen trägt er auf einer Armbinde. Dieser Capo ist ein arischer Gefangener, der in den meisten Fällen bereits vier bis fünf Jahre, also seit Beginn des Regimes, inhaftiert ist, meistens ein früherer Kommunist. Der Mann muss natürlich Zucht und Ordnung unter seine Leute bringen, ist darum manchmal etwas grob, aber in nahezu allen Fällen ein durchaus gutmütiger und anständiger Mensch. Unser Capomann sagte einmal zu uns: ›Wer das vergisst, was er hier erlebt hat, dem gehört ins Gesicht gespuckt.‹ Er fuhr dann fort, dass man die Willenskraft aufbringen müsse, durchzuhalten. ›Und wenn die S. S. nur sehen, dass man Willen hat, dann lassen sie einen auch in Ruhe. Aber Disziplin muss herrschen.‹

Zu leiden hatten wir vor allem unter der Kälte, und besonders zu leiden hatten die bereits krank Eingelieferten, von denen wohl der grösste Teil in der Zwischenzeit bereits gestorben ist und weiter sterben wird.

Keiner traut sich ins Revier, d.h. zum Arzt, nachdem verschiedene furchtbare Fälle bekannt geworden sind. Z.B. konnte ich beobachten, dass zwei arische Krankenträger einen Mann, der von S.A.-Leuten getreten und geschlagen war, bis er ohnmächtig wurde und sich nicht mehr erheben konnte, ins Revier trugen. Nach einer knappen Viertelstunde kamen die beiden Krankenträger mit dem Kranken auf der Bahre zurück, schmissen ihn rücksichtslos auf die Erde und entfernten sich. Der Arzt hatte gesagt, dem Mann fehle nichts. Diejenigen, die ins Revier geschafft werden, sterben meistens. Es ist natürlich niemand beim Tode anwesend.

Zu den Appellen morgens und abends mussten sämtliche Leute antreten, auch die Kranken. Es gab natürlich viele Leute, die keinen

Schritt mehr machen konnten. Sie wurden von zwei Kameraden getragen und stellten sich, gestützt oder getragen, hinten an. Es waren Dutzende, die so antreten mussten. Die menschlich fühlenden Capos liessen diese kranken Leute in der Zeit zwischen den Appellen in den Stuben im Stroh liegen. Natürlich bemühten sich die Kameraden, ihnen das Leben so gut wie nur möglich zu gestalten. Auch Schwerkriegsverletzte, selbst solche mit nur einem Bein, befanden sich im Lager.

Zwischen den beiden Appellen morgens und abends waren die Gefangenen sich selbst überlassen. Sie stellten sich unter Befehl von früheren Chargen, Offizieren, und exerzierten in den engen Lagerstrassen. Wer über die Lagerstrasse hinausging oder nach dem Abendessen, nach dem Befehl: schlafenlegen! die Baracke verliess, auf den wurde rücksichtslos geschossen. Mehrere derartige Fälle habe ich miterlebt. Auch schoss die S.S. nachts in die in den Baracken befindlichen Waschräume, sobald jemand mit Licht sich darin aufhielt. Auf den Türmen an den beiden Eingängen zum Lager befanden sich Maschinengewehre, die dauernd auf die Gefangenen gerichtet waren.

Mancher hat gebetet: wenn sie unter uns nur aufräumen würden!

Die arischen Gefangenen wurden genau so schlecht behandelt wie die Juden.«

Vielleicht das grauenvollste, jedenfalls das berüchtigste deutsche Konzentrationslager wurde im Laufe des Jahres 1938 Buchenwald bei Weimar.[207] Es besteht erst seit etwa Jahresfrist. Buchenwald ist eine moralische Anklage gegen die Reichsregierung, auf die es nicht den Hauch einer Antwort oder Ausflucht gibt.

Nachdem die Konzentrationslager sechs Jahre bestehen, können ihre Greuel nirgends mehr auf untergeordnete Stellen abgewälzt werden. Das System ist einheitlich, die Lagerordnungen sind einheitlich, die Strafen des Auspeitschens, Erschiessens oder Erhängens sind schriftlich in Paragraphen niedergelegt, und die Strafordnungen der verschiedenen Lager gleichen sich so, dass es offenbar eine zentrale Mustervorschrift für das Prügeln, Hängen und Schiessen geben muss.[208]

In Buchenwald ist etwas Schlimmeres geschehen. Hier wurde nicht nur eine Horde roher und bewaffneter »Übermenschen« auf einen Haufen arme »Ungeziefer« losgelassen – macht mit ihnen, was ihr wollt. Hier wurde planmässig mit allen technischen Mitteln eine Hölle geschaffen; oder vielmehr: mit allen technischen Mängeln. Hier wurde auf engem Raum, ohne ausreichendes Wasser, ohne ausreichende Behausung, ein Massengrab für Lebende angelegt. Selbst ohne alle Quälerei müssten sie, buchstäblich wie Sardinen übereinandergeschüttet, ersticken und verkommen. Einer, der dieser Hölle entrann, gebildeter Mann, wie schon sein Stil verrät,[209] und genauer Beobachter mit dem Willen zur Sachlichkeit, berichtet:[210]

»Ich bin an dem Donnerstag Abend, an dem die Synagogen brannten und die Geschäfte und Wohnungen zertrümmert wurden, von der Gestapo verhaftet worden mit der Begründung: ›In Verbindung mit den Ereignissen dieses Tages müssen wir Sie in Schutzhaft nehmen‹. Ich wurde in das Untersuchungsgefängnis überführt und blieb dort einen Tag. Behandlung dort durchaus korrekt, vielleicht kann man sogar sagen freundlich. Gegen Abend Entlassung, sodass zunächst in uns der Gedanke aufkam, wir würden nach Hause entlassen.

Wir wurden aber eines Besseren belehrt dadurch, dass auf einmal eine Reihe von Autobussen vorfuhr, in die wir verladen wurden. Abtransport nach Z.[211], dort Empfang durch grosse Massen Schupos (Schutzpolizisten), die uns laut anschrieen, uns im übrigen aber ungeschoren liessen. Verladen in einen Personenzug, Befehl: ›während der Fahrt darf kein Fenster geöffnet werden; bei einem Fluchtversuch wird ohne Warnung geschossen.‹ Fahrt nach Weimar.

Beim Ausladen dort die ersten Handgreiflichkeiten. Wir mussten in der Unterführung antreten, Gesicht gegen die Wand, wurden eng zusammengepresst, gestossen und geschlagen. Nachdem der Transport abgezählt war, wurden wir mit Schreien und Fluchen angetrieben, in grösstmöglicher Eile die Treppe hinauf zu rennen. Auf der Treppe setzte es die ersten Fusstritte. Hier zeigte sich, dass die Jungen und Gewandten verhältnismässig gut durchkamen, während die Aelteren oder körperlich Behinderten die Püffe abbekamen.

Dann werden wir in Autobusse verladen, wieder unter lautem Schreien und vielen Beschimpfungen. Beispiel: Ein S.S.-Mann fragt: ›Was seid ihr?‹ Natürlich keine Antwort, weil die Frage nicht verstanden wird. Ohrfeige. ›Wir sind alle Betrüger, musst du sagen! Wie musst du sagen?‹ Ohrfeige. Endlich erfolgt die gewünschte Antwort. Ohrfeige. ›Willst du wohl lauter sprechen, du Judenschwein!‹ Usw.

Im Autobus auf einmal Befehl: ›Brillen absetzen, Köpfe herunter!‹ Sofort Faustschläge in alle Nacken, die erreichbar waren, bis alle die Köpfe tief gebeugt hielten. In dieser Stellung mussten wir während der ganzen Fahrt verharren. Wagte einer, den Kopf zu heben, gab es sofort einen Faustschlag in den Nacken.

Ankunft in Buchenwald; Befehl zum Aussteigen, Kommando: Hüte ab. Nun mussten wir zwischen zwei Reihen von S.S.-Männern hindurchlaufen, von denen ein Teil mit Fäusten schlug und mit Füssen trat, ein anderer Teil mit Schlagringen und Peitschen auf uns einhieb. Ein feister Wachtmeister hatte eine kurzstielige Peitsche in der Hand, die der Nagaika der Russen glich und zweifellos auch mit Draht durchflochten oder mit Bleistückchen besetzt war. Er hieb damit auf die Köpfe, und meist spritzte nach jedem Hieb das Blut. Wieder war es hier so, dass die gewandten Jüngeren mit ein paar Püffen davon kamen, während die Älteren die zum Teil schwer Leidtragenden waren und blutend und hinkend aus der Gasse hervorkamen.

Antreten auf dem Platz vor der Kommandantur, dort erhielt jeder seine Nummer und wurde einer Baracke zugewiesen. Im Laufschritt mussten wir zur Baracke und wurden dort sofort auf die Pritschen (primitive Lager) kommandiert. Hier tröstete uns ein älterer Gefangener: ›Nun könnt ihr euch beruhigen, hier seid ihr geborgen.‹

Ich habe von meinem Platz aus zweiundzwanzig Leute mit blutenden Köpfen gezählt. Meist waren es blutende Striemen, bei einzelnen war aber die Haut gespalten, und die Kopfschwarte lag bloss. Einer von den älteren Gefangenen tauchte ein Handtuch in Wasser und legte es zur Kühlung auf die Köpfe der Verwundeten. Da er aber weder viele Handtücher noch viel Wasser hatte, musste er nach zehn Minuten den primitiven Verband wieder abnehmen, um ihn einem anderen aufzulegen. Grundsätzlich gab es in Buchenwald eine Wundbehandlung für Juden nicht. Sie hatten keinen Anspruch auf Verbandmaterial, auf Medikamente oder überhaupt auf ärztliche Hilfe.

Im Lager waren vier Baracken, in deren jeder schätzungsweise zweitausend Mann untergeordnet werden mussten. Die Pritschen waren in vier bis fünf Stockwerken übereinander, so dass, wenn alle auf der Seite lagen und alle Gänge und der Mittelraum noch belegt waren, die meisten wenigstens liegen konnten. Immerhin genügte der Raum nicht ganz, eine Anzahl musste die Nacht über stehen. Zwei Tage später wurde eine fünfte Baracke fertig, so dass man schliesslich mit einer Belegung von vielleicht rund zehntausend Mann rechnen konnte.

Waschgelegenheit gab es nicht. Bereits am zweiten Tage waren die Hände dunkelgrau und klebrig, sodass man sich ekelte, das Brot damit anzufassen. Das Lager soll an Wassermangel leiden. Jedenfalls musste damit auch in den Sanitätsbaracken so gespart werden, dass die Krankenwärter sich beklagten, sie könnten ihre Kranken kaum waschen.

Eine andere Folge des Wassermangels: Juden hatten das Anrecht auf Kaffeeempfang einmal am Tag. Die uns zugeteilte tägliche Kaffeemenge betrug meist nur vier bis fünf Schluck, so dass wir alle Durst litten und bei der ungeheuren Staubentwicklung in den Baracken oft kaum sprechen konnten.

Für die fünf Baracken mit ihren zehntausend Menschen gab es eine Latrine von vielleicht zehn Metern Länge. Die übliche Kriegslatrine: ein Baumstamm in Sitzhöhe mit einer entsprechenden Grube dahinter. Es ist selbstverständlich, dass diese Latrine für solche Menschenmassen nicht genügte, was sehr schnell zu einer Verschmutzung der ganzen Gegend führte.[212]

Am ersten Tage mussten wir den grössten Teil des Tages auf den Pritschen liegen, denn es gab nur zwei Möglichkeiten: entweder antreten auf dem Platz vor der Kommandantur oder liegen auf den Pritschen. Einen Tagesraum oder auch nur Raum, um sich ausserhalb der Baracken einigermassen zu bewegen, gab es nicht. Einmal am Tag gab es eine warme Mahlzeit, die recht gut zubereitet und auch der Menge nach durchaus genügend war, von vielen aber ihres Durstes wegen nur zum Teil verzehrt wurde.«

Auch dieser Schreiber bemüht sich geflissentlich, das Gute zu nennen und anzuerkennen. Er lobt das Essen. Er macht gewissermassen darauf aufmerksam: seht, ich will die Dinge nicht schwärzer färben, als sie sind. Wir mussten nicht hungern. Wir hatten nur Durst, wir wurden nur geschlagen, wir mussten nur im Stehen schlafen, wir erkrankten nur an der Ruhr, wer floh, wurde nur erschossen und wer blieb, hatte sonst Gelegenheit zu sterben:[213]

»Am zweiten Tag antreten sechs Uhr früh, Versuch einer Ordnung in Abteilungen, die aber gänzlich misslingt, weil keine geordnete Befehlsgebung und überhaupt keine Befehlsübermittlung vorhanden war.

Infolge der Unklarheit der Befehle häufige Konflikte. Wenn es einer falsch macht, wird er mit einer Latte oder einem Holzknüppel geschlagen. War der Betreffende Soldat, dann nimmt er die Hacken zusammen und hält's Maul, dann ist es gut. Steht er nicht stramm, oder versucht er in unsoldatischer Weise sein Missverständnis zu erklären oder zu entschuldigen, gibt es neue Hiebe mit dem Knüppel, und da hängt es nun vom Zufall oder von der Laune des Schlagenden ab, ob der Schlag etwas stärker oder schwächer fällt, ob er auf die Schulter, den Rücken oder den Kopf und den Nacken trifft. Stärkere Schläge auf Kopf und Nacken machen den Betreffenden leicht ›groggy‹[214]. Dann wird die Situation für ihn gefährlich. Denn fängt er zu taumeln an, kommt unweigerlich der Befehl: ›Nimm die Hacken zusammen! Willst du dich anständig anstellen!‹ und da er das nicht kann, folgen erneute Schläge bis zum Umfallen. Umgefallene werden entweder mit Fusstritten zum Wiederaufstehen gebracht oder liegen gelassen. Manchmal sah man Dutzende von ihnen herumliegen.

Schliesslich wurden wir etwa um zehn Uhr verhältnismässig ungeordnet auf den Platz vor der Kommandantur geführt, und dort fing man an, die Gefangenen, nach Städten geordnet, mit Namen aufzurufen. Eine kurze Unterbrechung zum Kaffeeempfang, eine etwas längere Unterbrechung zum Empfang der warmen Mahlzeit. Sonst ging diese Prozedur ohne Unterbrechung weiter bis um halbsieben Uhr abends, so dass wir an diesem Tag rund zwölf Stunden gestanden haben. Selbstverständlich ist, dass die Aelteren und die nicht Gedienten das nicht aushielten, sondern dutzendweise umfielen.[215]

An diesem Tage waren wieder neue Züge mit Gefangenen gekommen, eine neue Baracke war bewundernswert schnell aufgebaut, aber nicht fertig geworden.[216] Ich gehörte zu denen, die in dieser Baracke untergebracht werden sollten. Man trieb uns in die

Baracken hinein, bis wir ziemlich eng zusammengepfercht standen. Dann Befehl: ›Alles hinlegen!‹ unterstützt vom Schwingen der Peitsche über unseren Köpfen, und wo man gerade stand, musste man sich in den Dreck werfen. Die Menschen lagen natürlich zum Teil über einander und durcheinander, dass man sich kaum bewegen konnte. In dieser Nacht setzte bei vielen Durchfall ein.

Die in der Nähe des Eingangs versuchten hinaus zu kommen, baten die Wache darum, austreten zu dürfen, was ihnen manchmal unter lautem Schimpfen und Schlägen gestattet, manchmal auch verweigert wurde. An der Latrine standen sie in langer Schlange. Es kam häufig vor, dass es einer nicht so lange halten konnte, und dass er sich dann wohl oder übel entschliessen musste, wo er gerade stand, die Hose fallen zu lassen und die Gegend zu verunreinigen, Grund genug für die Aufsicht, auf die Schweinejuden zu schimpfen und loszuschlagen. Stundenlang konnte man in dieser Nacht fast ohne Unterbrechung das Klatschen der Schläge und das Aufschreien der Betroffenen hören. Einmal fiel ein Schuss. Es ist klar, dass sich unter diesen Umständen immer weniger Leute hinaustrauten und immer mehr es vorzogen, in der Baracke zu bleiben und alles in die Hose laufen zu lassen. Die, die weiter vom Eingang entfernt lagen, hatten diese Methode sowieso schon anwenden müssen, weil sie nicht bis zum Eingang hatten vordringen können.

Am nächsten Tage wieder um sechs Uhr antreten. Wieder Stehen vor der Kommandantur bis um elf Uhr, wieder viele Kollapse, besonders bei den Darmkranken. Um elf Uhr Befehl: ›Alles links um machen und hinsetzen‹, sodass man den linken Nebenmann zwischen seinen Beinen hatte. Vier Stunden lang mussten wir in dieser Haltung bleiben, die auf die Dauer wohl noch anstrengender ist als das Stehen.

Es wurde uns gesagt: ›Erkennungsmarken sind ein Ehrenzeichen des Soldaten. Ihr kriegt das nicht. Aber wir raten euch, steckt euch einen Zettel in die Tasche mit der Adresse eurer Frau darauf, damit wir wenigstens wissen, wohin wir die Asche zu schicken haben.‹«

Dass Gefangene in einem solchen Lager den Verstand verlieren, wird niemanden überraschen. Der Verfasser schildert den Fall eines alten Herrn[217], der bereits in der ersten Nacht zu schreien anfing: »Juden, helft mir, man will mir ans Leben!« Er schrie und schrie, bis sich ein Rollkommando aus vier älteren Gefangenen, von denen einer das grüne Dreieck der gemeinen Verbrecher trug, auf ihn stürzte:

»Als der Alte stereotyp weiter schrie, schlugen die Vier zu. Vielleicht eine Minute lang prasselten die Faustschläge auf seinen Kopf, der danach eine blauschwarze Masse war, an der man die Stelle von Nase und Augen kaum mehr erkennen konnte. Der Alte war halb bewusstlos und schwieg natürlich. Darob grosse Befriedigung beim Rollkommando: ›Ja, mit solchen Leuten wissen wir schon umzugehen, wir haben schon manchen zum Schweigen gebracht. Wenn's nicht anders geht, muss halt einer mal dran glauben, anstatt dass tausend oder zweitausend leiden müssen.‹«[218]

Hier ist die Erklärung dieser rohen Selbstjustiz. Das Rollkommando fürchtet, dass die S.S. mit Prügeln oder Schiessen wahllos zwischen die zweitausend Menschen fahren wird, wenn nicht rasch Stille eintritt. Die Leute mögen ihre Erfahrungen haben.

Der Berichterstatter fährt fort: »Nach etwa einer halben Stunde hatte sich der Alte wieder so weit erholt, dass er von neuem in seinen Schrei ausbrach: ›Lasst mich am Leben!‹ worauf wieder eine ähnliche Szene einsetzte. Der Alte, von unglaublicher Zähigkeit, überstand das mehrfach. Als wir morgens um sechs Uhr antreten mussten, lag er auf dem Boden der Halle im Staub und röchelte immer noch. Lange kann es aber nicht mehr gedauert haben.«[219]

Dann wird geschildert, wie das Rollkommando einen Mann mit Schreikrämpfen zum Schweigen bringt: »Das Schreien geht weiter. Darauf holt sich der andere eine Latte, mit der er den Schreienden zunächst so verdrischt, dass die Schläge laut durch die Halle klatschen und alles, was etwa noch geschlafen haben sollte, aufwecken. Das Schreien geht trotzdem weiter. Nun bindet der andere ein paar Lappen um die Spitze der Latte, setzt sich neben den Schreienden, und im geeigneten Moment stösst er ihm den Knebel tief in den Rachen. Das Schreien hört nun natürlich auf, man hört den Menschen nur noch röcheln. ›Siehst du, mit Leuten wie dir können wir auch umgehen. Siehst du, jetzt bist du ganz schön ruhig.‹ Der Knebel wurde etwas herausgezogen, dann wieder hineingestossen und so fort, bis der Gefangene wohl fast erstickt war; dann wurde er ganz herausgezogen. Nachdem der andere sich erholt hatte, fing er wieder zu schreien an. Ich glaube, kann es aber nicht ganz bestimmt behaupten, dass man ihn diesmal still machte, indem man ihn würgte. Jedenfalls war der Mann am Morgen tot.«[220]

Der Berichterstatter schildert noch einige ähnliche Fälle und schliesst diesen Teil seines Berichtes:[221] »Ergebnis dieser Nacht: drei, vielleicht auch vier Tote in meiner Baracke. Da es in den anderen Baracken ganz ähnlich zugegangen sein soll, darf man annehmen, dass mindestens fünfzehn bis zwanzig Tote in dieser Nacht im Lager zu verzeichnen waren …[222]

In der folgenden Nacht spielte das Verbringen von unruhigen Geistesgestörten nach der Waschküche eine besondere Rolle. Was dort geschah, habe ich natürlich nicht selbst gesehen, habe auch in dieser Nacht vor Erschöpfung vier Stunden bewusstlos geschlafen. Ich habe gehört, dass das Vorgehen in der Waschküche etwa so gewesen sein soll, dass man unter den üblichen Drohungen den Kopf des Gefangenen in einen Kübel unter Wasser tauchte und ihn bis fast zum Ersticken darin festhielt. Ein Gefangener sprang, entweder in seiner Verwirrtheit oder auch in der Absicht des Selbstmordes, gegen den elektrisch geladenen Stacheldrahtzaun, ein anderer soll in der Latrine gefunden worden sein.

Jeder Vorgesetzte oder jeder ältere Gefangene, der Vorgesetztenfunktion gelegentlich oder regelmässig versieht, prügelt grundsätzlich.

Eine Strafe, die häufig angewendet wird, sind die Prügel auf dem Prügelbock, der vor der Kommandantur steht und von dem man es oft klatschen hört. Dabei kommt es oft vor, dass die Haut des Gesässes platzt und blutet.

Eine andere Strafe, die ich täglich gesehen habe, ist das Stehenlassen der Gefangenen vor der Strafwand der Kommandantur. Sie bleiben da so lange stehen, bis sie umfallen. Diese Strafe wird erschwert dadurch, dass man dem Betreffenden einen Sandsack umhängt mit verschiedener Belastung.

Noch eine andere Strafe: Das Anschliessen mit der Hand an eines der Fenstergitter und ebenfalls stundenlanges Stehenlassen. Verschärft kann diese Strafe werden bis zum Anschliessen beider Hände an das Gitter in einer Höhe, dass der Betreffende mit den Fussspitzen noch eben den Boden berührt, was praktisch einem Aufhängen an den Händen gleichkommt.

Schliesslich: Zwei Gefangene werden an beiden Handgelenken mit einer Fessel versehen und um einen Baum herum so aneinander geschlossen, dass sie sich kaum bewegen können. Wenn sie erschlaffen, hängt dann der eine an den Handgelenken des andern und verursacht ihm durch das Gewicht grässliche Schmerzen.«

Soweit der Bericht.

Die Regierung, die dieses Buchenwald geschaffen hat, betreibt gleichzeitig in der ganzen Welt Kulturpropaganda. Sie hat einen Minister für Kultur. Sie hat alle deutschen Dichter, Künstler und Schriftsteller zu einer gewaltigen Organisation zusammengefasst, die sie Reichskulturkammer nennt.[223] Sie fördert die schönen Künste, Dichtung, Malerei, Musik und namentlich Architektur. Ihr Oberhaupt hat in einer berühmten Rede geäussert, er wünsche nicht, dass die Kunst das Grässliche darstellt.

Was ist denn grässlich? Wenn die S.S. Flöhe und Untermenschen ausrottet, so ist das nicht grässlich. Wenn zu Wien Menschen wie Pakete von Hand zu Hand durch einen Saal geworfen werden, so findet die S.S. das nicht schlimmer als das Aufschütten lebender Fische in einem Fischdampfer; bloss lustiger. Wenn jüdische Häftlinge gezwungen werden, sich so lange gegenseitig zu ohrfeigen, bis sie umfallen, so nimmt der gut durchgebildete S.S.-Mann daran weniger Anstoss, als an einem südeuropäischen Hahnenkampf, der natürlich eine grausame Tierquälerei ist. Wenn Gefangene in einer Dezembernacht solange mit kaltem Wasser begossen werden, bis sie die tödliche Lungenentzündung empfangen, dann sind eben wieder ein paar weniger, und es geht noch zu langsam. Wenn Gefangene mit Händen und Füssen derart um einen Baum oder Pfahl herumgeschnürt werden, dass sie wie lebende Säcke daranhängen …

Genug des Schauers. Wir wollen diese Berichte abbrechen. Nicht, dass es an weiterem, geprüftem Material fehlte; es liegt vor uns in trauriger Fülle.[224] Aber wer die Wahrheit wissen will, dem haben die bisherigen Berichte genug gesagt. Und wer sie nicht wissen will, den wünschen wir nicht mit den Leiden unglücklicher Menschen zu unterhalten.

Auch ist mit den Folterlagern das Elend dieser Menschen nicht zu Ende. Es ist wahrscheinlich noch nicht einmal auf seinem Gipfel.

Dem Hungertode entgegen

Während die Misshandelten in den Konzentrationslagern schrieen oder röchelten, während versprengte Kinder an den Reichsgrenzen umher irrten, verhungerte Menschenwracks sich in Wäldern umher trieben oder auf nächtlichen Eisenbahnfahrten Sicherheit suchten, – währenddessen fiel bereits der nächste Schlag, so grausam die wilden körperlichen Ausschreitungen des 10. November und der folgenden Tage auch waren, der wohlberechnete wirtschaftliche Genickstoss, der ihnen folgte, ist in seinen Folgen weit grausamer.

Göring führte ihn. Dieser Mann mit den zahllosen Machtstellungen, Vollmachten und Titeln, dieser preussische Ministerpräsident, Reichsminister für Luftfahrt, Oberbefehlshaber der Luftwaffe, Reichsjagdmeister, ausserdem Generalfeldmarschall, dieser bunte Machthaber betrachtet zur Zeit als sein wichtigstes Amt den »Vierjahresplan«; das heisst, praktisch die unbeschränkte Gewalt, die er über die deutsche Wirtschaft hat und mit deren Hilfe er Land und Volk in eine einzige riesige Kriegsmaschine zu verwandeln trachtet. Es ist ein ungeheurer Verbrauch von Menschenkraft, Stoff und Geld. Deutschland hat beispielsweise nur in verschwindenden Mengen brauchbares Eisenerz und muss drei Viertel seines Bedarfes aus dem Ausland einführen. Daher liess Göring alte, längst vergessene deutsche Erzgruben mit schlechten und geringen Erzvorkommen wieder aufmachen und für diese fast unbrauchbaren Erze riesige Hüttenwerke bauen, um aus dem Wust des schlechten heimischen Rohstoffes das spärliche Eisen herauszuschmelzen. Mit grossen Kosten für den Staat wurde ein Riesenkonzern errichtet, dem man den Namen »Hermann Göringwerke« gab – ein gewaltiges Verlustgeschäft, das der deutsche Steuerzahler bezahlt.

Göring braucht also Geld. Er ist sichtlich entschlossen, es überall zu holen, wo er es findet, und bei jedem, der welches hat; den Anfang aber macht er bei den Untermenschen. So stand dann am 12. November 1938 im Reichsgesetzblatt folgende Verordnung:

»Die feindliche Haltung des Judentums gegenüber dem deutschen Volk und Reich, die auch vor feigen Mordtaten nicht zurückschreckt, erfordert entscheidende[225] Abwehr und harte Sühne. Ich bestimme daher auf Grund der Verordnung zur Durchführung des Vierjahresplanes vom 18. November 1936 das folgende:

Den Juden deutscher Staatsangehörigkeit in ihrer Gesamtheit wird die Zahlung einer Kontribution von einer Milliarde Reichsmark an das Deutsche Reich auferlegt. Die Durchführungsbestimmungen erlässt der Reichsminister für Finanzen im Benehmen[226] mit den beteiligten Reichministern.

Berlin, 12. November 1938
Der Beauftragte für den Vierjahresplan: Göring
Generalfeldmarschall.«[227]

So nahm Göring den deutschen Juden mit einer kurzen Verordnung eine Milliarde ab.

Das sollte bezahlt werden von einem jüdischen Gesamtvermögen, das rings in Deutschland zum grossen Teil in Trümmern lag; das mit Aexten zerhackt, durch Feuer zu Asche gemacht worden war, das aber bisweilen auch[228] von den Erneuerern Deutschlands einfach als gute Beute mit nach Hause genommen war – nach einem Beispiel, das uns aus Oberhessen mitgeteilt worden ist: »… am Tage darauf kam ein Lastauto vor das Haus gefahren, und sämtliche Möbel, von denen kein Stück bisher beschädigt war, wurden aufgeladen. Da das Lastauto nicht ausreichte, holte man auch den Privatwagen aus der Garage und belud ihn mit dem Rest. Möbel und Wagen sah man niemals wieder.«

Was der Kreisleiter Schulze[229] noch nicht auf solche Weise geholt hatte, das holte sich jetzt Göring.

Es gab also doch noch jüdisches Vermögen? Die Nationalsozialisten haben gerne mit diesem jüdischen Vermögen geprunkt: »Seht, sie haben noch Geschäfte, sie verdienen.« Wenn also das »Volk« mit den Beilen die Fenster der Juden einschlug, dann nahm es eigentlich nur eine Art Geschenk zurück; ein Geschenk, das darin bestand, dass es ihnen bisher die Geschäfte so grossmütig gelassen hatte.

Nun, diese Geschichte vom jüdischen Vermögen in Deutschland ist eines der hinterhältigsten Blendwerke, mit denen die Welt je irre geführt worden ist. Wenn viele Juden in Deutschland noch Geschäfte besassen, dann nicht deshalb, weil man sie ihnen grossmütig gelassen, sondern weil man die Juden gezwungen hatte, sie gegen ihren Willen zu behalten. Auch das gehört zu den Paradoxen, die nur im Dritten Reich möglich sind.

Irgendwo in einer deutschen Grossstadt – wiederum macht

die notwendige Rücksicht auf Menschenleben es unmöglich, den Schauplatz dieser wahrheitsgetreuen Geschichte näher zu bezeichnen – befindet sich ein mittleres Industrieunternehmen, das zwei Juden gehört. Die Firma versendet viel Ware ins Ausland, bringt also dem deutschen Reich die so sehr begehrten Devisen. Um den Auslandsabsatz zu pflegen, müssen die Inhaber von Zeit zu Zeit ihre ausländische Kundschaft besuchen. Das geht so vor sich, dass jedes Mal einer von den beiden die Erlaubnis zur Ausreise erhält. Der andere muss sich in dieser Zeit zur Verfügung des nationalsozialistischen Gauwirtschaftsberaters halten und dient gewissermassen als Geisel für seinen Sozius, falls dieser seine deutschen Reichtümer im Stiche lassen und nicht mehr unter die Fittiche des nationalsozialistischen Wohlwollens zurückkehren sollte. Beiden Inhabern ist der Zustand unerträglich. Sie möchten ihre Firma verkaufen oder auflösen und sind bereit, jeden Vermögensverlust hinzunehmen, wenn sie Deutschland verlassen dürfen. Aber sie dürfen nicht. Ihre persönliche Tätigkeit ist zu wichtig für den deutschen Export; sie werden gezwungen, zu bleiben und unter dem Schutz der nationalsozialistischen Langmut und Güte weiter zu fabrizieren.

Ein kleiner jüdischer Fabrikant in einer anderen grossen Stadt möchte seinen Betrieb zu einem Spottpreis an einen Arier verkaufen. Der Arier hat das Unglück, kein Parteigenosse zu sein. Die zuständige Behörde, nämlich die Deutsche Arbeitsfront,[230] erteilt ihre Genehmigung zu dem Verkauf nicht. Der Jude wird verurteilt, weiterhin sich am Schweisse des deutschen Volks zu mästen; da er in seiner Verstocktheit nicht will, bleibt ihm nichts weiter übrig, als das Geschäft aufzulösen, sein Warenlager zu verschleudern und seine deutschen Arbeiter zu entlassen.

Mit solchen dünnen oder dicken Nadelstichen wird seit Jahr und Tag in tausendfacher Weise das jüdische Vermögen zerschrottet. Noch blinken die Schaufensterscheiben, noch flimmert die Leuchtreklame über den Läden, deren Inhaber sich tausendmal des Tages wünschen, diesen Scheinbesitz los zu sein, um irgendwo in der Welt als Menschen unter Menschen sich eine neue Existenz aufzubauen. Ja, das könnte ihnen so passen! Die Forelle im Fischbassin wäre auch lieber draussen im freien Wasser.[231] Die Juden sollen nur warten, ihr Tag kommt schon.

Er ist gekommen.

Ueber den Umfang des jüdischen Reichtums machen die Führer des Deutschen Reiches widersprechende Angaben. Der Propagandaminister, Dr. Göbbels, sagte am 14. November 1938 zu einem Vertreter des englischen Reuterbureaus, es seien acht Milliarden Reichsmark. Sein Kollege, der Wirtschaftsminister, Dr. Funk war am selben Tage in öffentlicher Rede etwas bescheidener: sieben Milliarden. Der Berliner Korrespondent der »Times« weiss, ebenfalls am selben Tage, mitzuteilen: »Even party members who profess to be well informed on such matters do not place the sum at more than 2,600.000.000, and it seems likely that the larger figure was quoted to impress the German people with the wealth of the Jews[232], in relation to which, as the newspapers assert this evening, the fine and damages, amounting to perhaps 2,600.000.000[233], ›are only a fraction‹. Jewish businesses are changing hands with great rapidity and at extremely low prices. At least one case is known of a large industrial concern which was finally sold at one five-hundredth part of its value«[234] (The Times, London, 15. November 1938).

Der Fall scheint besonders krass. Er ist es nicht. Hier ein anderes Beispiel, nicht erfunden und konstruiert,[235] sondern Zug für Zug dem Leben entnommen, genauer Bericht eines Falles, der sich zugetragen hat: ein jüdischer Kaufmann besass ein Vermögen von 1,400.000 Mark in barem Gelde, d.h. als Bankguthaben. Er war also in vollem Masse das, was die Nazis einen reichen Juden nennen. In der Zeit nach dem 10. November 1938 gelang ihm die Auswanderung. Zunächst musste er zwanzig Procent seines Vermögens abgeben als Beitrag zu dem Tribut an Göring. Das waren 280.000 Mark. Dann verlangte die Behörde als Gebühr für die Ausstellung eines Passes an ihn und seine Frau nicht weniger als 420.000 Mark. Bereits hiermit war das Vermögen des reichen Juden auf die Hälfte, von 1,4 Millionen auf 700.000 Mark zusammengeschmolzen. Von diesen 700.000 Mark musste er, streng nach einem seit Jahren bestehenden Gesetz, fünfundzwanzig Prozent als Reichsfluchtsteuer bezahlen. Damit verlor er abermals 175.000 Mark, sein Vermögen betrug also noch 525.000 Mark. Diesen Betrag aber durfte er, wiederum nach den Gesetzen, nicht etwa mitnehmen. Er musste ihn vielmehr – wie das alle Auswanderer müssen – an die staatliche

Golddiskontbank abtreten, die ihm dafür einen entsprechenden Betrag von Reichsmark im Ausland zur Verfügung stellte. Und was ist ein entsprechender Betrag? Abermals streng gesetzlich und genau nach den Vorschriften: sechs Prozent des im Inland der Golddiskontbank angebotenen Vermögens; weniger als ein Sechszehntel des Vermögens, von dem ihm schon fast zwei Drittel abgenommen waren. Das waren in diesem Falle 31.500[236] Mark. Mit 31.500 Mark Vermögen kam der Mann, der wenige Wochen zuvor noch scheinbar anderthalbfacher Millionär gewesen war, im Auslande an.

Die grosse Masse der deutschen Juden sind aber keine anderthalbfachen Millionäre. Die grosse Masse sind auch nicht etwa durchschnittlich Begüterte mit vielleicht 100.000 Mark Vermögen. Wenn man der gewaltsamen amtlichen Ueberschätzung des jüdischen Vermögens, die der Berliner Korrespondent der »Times« auf Grund von Angaben sachverständiger Nationalsozialisten dreimal zu hoch fand, die Schätzung sachkundiger neutraler Beobachter entgegensetzt, so gewinnt man im Gegenteil den Eindruck einer ausgesprochenen Armut. Der wirtschaftlich gut unterrichtete Berliner Korrespondent, der »Neuen Zürcher Zeitung«, meinte am 16. November 1938: »Von den rund 160.000 Juden, die in Berlin leben, besitzen 124.000 ein Vermögen von weniger als 5000 Mark.« Nun drängt sich in Berlin zweifellos eine Masse ärmsten Judentums zusammen, die vor den Verfolgungen und Entbehrungen der Provinz nach der Reichshauptstadt flüchtet. Aber wer irgendwie Einblick in die Existenzverhältnisse des deutschen Judentums überhaupt hat, der weiss es längst und erkennt es immer wieder an allen Symptomen der Lebensführung, dass die grosse Masse dieser einstmals rührigen und geschäftstüchtigen Bevölkerung in den letzten Jahren ungeheuer verarmt ist. Wer etwa noch 100.000 Mark besitzt, käme im Falle der Auswanderung, nachdem er Tribut, Pass, Fluchtsteuer bezahlt und sich den Rest von der Golddiskontbank hat sechszehnteln lassen, als Bettler jenseits der Grenze an. Aber die wenigsten haben noch 100.000 Mark.

Und wenn sie nun nicht auswandern, und wenn sie vielleicht noch einen Scheinbesitz haben, und wenn sie mit diesem unerfreulich gewordenen Besitz sich schleppen und sorgen und nicht wissen, wann er ihnen kalt und glatt weggenommen werden wird – jetzt erfahren sie es. Hier ein erbauliches Beispiel, gerade aus den

Tagen des deutschen Pogroms; und abermals, wie man gleich sehen wird, nicht erfunden oder konstruiert:

In Nürnberg wurden jüdische Besitzer von Häusern, Fabriken und sonstigen Geschäften in den Tagen nach dem 10. November in das Gebäude der Deutschen Arbeitsfront, in der Weidenkellerstrasse gelegen, gebeten. Dort liess man sie, Männer und Frauen, Jung und Alt durcheinander, auf dem Hofe oder im Gebäude antreten und zwei bis drei Stunden lang »exerzieren«: hundert Kniebeugen machen, laufen, sich hinwerfen, und was derlei Vergnügungen mehr sind. Wenn sie, atemlos, nicht mehr weiter konnten, mussten sie im Sprechchor hundertmal hintereinander sagen: »Wir Juden sind eine Mörderbande«. Nach zwei bis drei Stunden wurden sie dann für genügend reif erachtet, ohne Widerstand eine Urkunde zu unterschreiben, deren ungefährer Wortlaut war: »Ich stelle mein da und da gelegenes Haus, Grundbuch Nr. ... zum Preise von ... der Deutschen Arbeitsfront anheim.« Der eingesetzte Preis war im Durchschnitt ein Zehntel des sogenannten Einheitswertes, das heisst, des bei der Besteuerung zu Grunde gelegten Wertes. Mehrere Notare, deren Name nichts zur Sache tut, wurden zur Verfügung gehalten, um die Urkunde sofort notariell zu beglaubigen. Es gab Unglückliche, die sich schon vor dem Exerzieren bereit erklärten, die Abtretung zu unterschreiben; ihnen wurde bedeutet, dass das nicht angehe, einige Stunden Leibesübungen würden ihnen keinesfalls schaden. Viele Dutzende, viele Hunderte jüdischer Einwohner von Nürnberg haben diese Prozedur durchmachen müssen; und sie werden bezeugen, dass dies zum Harmlosen gehörte, was einen deutschen Juden in jenen Tagen treffen konnte.

Uebergriffe untergeordneter Stellen? Nein. Diese untergeordneten Stellen vollzogen die amtlichen Gesetze und erfüllten den Willen des Gesetzgebers.

Dieser Gesetzgeber hat wahrlich nicht auf die Schüsse von Paris gewartet. Keine Rede davon, dass er die Juden für irgend eine Widersetzlichkeit »strafen« wollte. Sie könnten sich unter der Herrschaft Adolf Hitlers so glücklich fühlen, wie sie in Wahrheit unglücklich sind – ihr letztes Hab und Gut würde ihnen doch genommen, ihre Wohnungen würden doch zerstört, ihre Tempel würden doch verbrannt. Seit Jahr und Tag hatten die Nationalsozialisten verkündet, dass dies ihr Plan sei und dass sie ihn durchführen würden. Viele deutsche Juden haben es nicht glauben wollen; haben sich nach jeder neuen Grausamkeit eingeredet, dass eine noch grössere Grausamkeit nun doch nicht möglich sei. Wenn dann die Nationalsozialisten in Rede und Schrift der Welt mitteilten, wie grausam sie demnächst sein würden, dann haben viele deutsche Juden das für agitatorische Uebertreibungen gehalten,[237] haben es nicht hören wollen oder schnell wieder vergessen. Und was deutsche Juden nicht einmal ernst nahmen – wie sollte die Welt es ernst nehmen? Die Nationalsozialisten haben diese Vergesslichkeit gut benutzt; so oft sie einen neuen Schlag niedersausen liessen, sagten sie nicht: wir tun jetzt, was wir schon immer[238] vorhatten, sondern: wir tun nur, wozu die Juden uns herausfordern.

Ihre eigenen Reden und Schriften widerlegen sie.

Seit Jahren verbreiten die Nationalsozialisten in Deutschland eine antisemitische Schrift Martin Luthers.[239] Warum Luther, dessen theologische Inspiration von dem jüdischen Apostel Paulus und namentlich aus dessen Römerbrief stammt, der mit Hilfe von jüdischen Gelehrten die fünf Bücher Mosis, die Psalmen, das Hohelied Salomonis und die Propheten ins Deutsche übertragen hat, in späteren Jahren Antisemit wurde, sei hier nicht erörtert. Es gehört zu den mannigfachen und schon von vielen Zeitgenossen beklagten Wandlungen des bedeutenden Mannes, der aus einem Volksreformator sich in einen Fürstendiener verwandelte und durch die grosse Volkserhebung des deutschen Bauernaufstandes von 1524 so ausser Fassung geriet, dass er den Fürsten hysterisch zuschrie: sie sollten stechen, schlagen und morden – dies eine der unglücklichsten Wendungen der deutschen Geschichte, die aus dem selbstbewussten deutschen Volk für Jahrhunderte ein Heer furchtsamer Untertanen gemacht hat. Luther gab nun auch Ratschläge zur Ausrottung der Juden: »Erstlich: dass man ihre Synagogen oder Schulen mit Feuer anstecke und, was nicht verbrennen will, mit Erde überhäufe und beschütte, dass kein Mensch einen Stein oder Schlacke sehe, ewiglich.

Zum zweiten: dass man ihre Häuser desgleichen zerbreche und zerstöre … Dafür mag man sie etwa unter ein Dach oder einen Stall tun, wie die Zigeuner …

Zum Dritten: dass man ihnen alle Betbüchlein und Talmudien[240] nehme …

Zum Vierten: dass man ihren Rabbinen bei Leib und Leben verbiete, hinfort zu lehren …

Zum fünften: dass man den Juden das Geleit und Strasse ganz und gar aufhebe, denn sie haben nichts auf dem Lande zu schaffen …

Zum Sechsten: dass man ihnen … alle Barschaft und Kleinodien aus Silber und Gold nehme, und zur Verwahrung beiseite lege …«[241]

Da steht es: Synagogen verbrennen, Wohnungen zerstören, Pässe abnehmen, in Konzentrationslager »Stall« einsperren und schliesslich das gesamte Vermögen beschlagnahmen. Die Nationalsozialisten decken diesen Plan mit der Autorität Luthers. Was im 16. Jahrhundert ein Plan war, haben sie dann im 20. ausgeführt.

Luthers Schrift gehört seit Jahrzehnten[242] zum festen Bestand der antisemitischen Literatur in Deutschland. 1933 wurde sie neu herausgegeben. Immer wieder wurde sie in der nationalsozialistischen Presse zitiert. Zuletzt brachte die parteiamtliche »Nationalsozialistische Korrespondenz« am 18. November 1938 einen Auszug.

Aus der Rede wurde Tat. Am 26. April 1938 erliess die Reichsregierung eine Verordnung, nach der alle deutschen Juden bis zum 1. Juni ihr Vermögen bei der Behörde anmelden mussten. Man wollte wissen, wieviel die Wegnahme einbringen würde. Dies war der Plan, und ein Blatt, das dem Generalfeldmarschall Göring nahesteht, hat das des langen und breiten erläutert. Die »Berliner Börsenzeitung« stellte am 18. November 1938 in einem eigentümlich kalten, pseudomilitärischen Stil fest: »… dass sich der Nationalsozialismus in der Behandlung der Judenfrage nicht schlafen gelegt hat, dass er vielmehr schon seit geraumer Zeit in Ruhe Vorbereitungen getroffen hat, der politischen Konsequenz in seinem Verhalten zum Judentum nunmehr auch die wirtschaftliche folgen zu lassen und damit die Totalität seiner Haltung auch in dieser Frage zu erreichen. Denn darüber, dass der Nationalsozialismus auch die wirtschaftliche Konsequenz früher oder später verwirklichen würde, konnte sich nur der Nichtkenner des nationalsozialistischen Wesens hinwegtäuschen. Schon lange vor den jetzt eingeleiteten Massnahmen deutete dem aufmerksamen Leser die in diesem Jahre erhobene[243] Inventarisierungsverordnung der Regierung, wonach das gesamte bewegliche und unbewegliche Vermögen der Juden deutscher Staatsangehörigkeit anzugeben war, die kommende Heranziehung des jüdischen Besitzes zur Wirtschaftsleistung und die erforderliche Ausschaltung des jüdischen Einflusses auf die Wirtschaft an, wie die staatliche Wirtschaftslenkung, ja das deutsche Volk überhaupt, sie für notwendig und richtig erachten[244]. In der einen oder anderen Form wäre also über kurz oder lang sowieso der besondere Einsatz des jüdischen Kapitals und damit die Sterilisierung des jüdischen Einflusses auf unser Wirtschaftsleben zum Nutzen unserer Gesamtwirtschaft erfolgt.«[245]

Dieses furchtbare Deutsch besagt in einfachen Worten, dass die Wegnahme des jüdischen Vermögens (»Heranziehung des jüdischen Besitzes zur Wirtschaftsleistung« und »Einsatz des jüdischen Kapitals«) schon lange geplant war. Wenn es dann hiess, diese Wegnahme solle eine Sühne für die Schüsse von Paris sein, so war das einfach gelogen; denn, so fährt die genannte Zeitung fort:

»Die Schüsse in Paris auf einen Mitarbeiter des deutschen Botschafters haben nun allerdings den vorzeitigen Start von Massnahmen ausgelöst, die in Anbetracht der Schwere und besonderen Niedertracht dieses jüdischen Racheaktes den Charakter der Sühne angenommen haben, die Rücksichten ausschliesst.«

Vorzeitiger Start von Massnahmen! Hier steht das Geständnis: es sollte alles genau so kommen, wie es dann kam; nur kam es nunmehr etwas rascher, weil man den schönen Vorwand des Pariser Attentats nicht vorübergehen lassen durfte.

Um den Plan des Vermögensraubs zu entwerfen, hatte man nicht auf die Schüsse von Paris gewartet; ja, genau besehen, hatte man mit dem Raub selbst auch nicht gewartet. Als Dr. Walter Funk, der Reichswirtschaftsminister, am 14. November 1938 bei seiner Rede im Haus der Flieger zu Berlin behauptete, die deutschen Juden hätten noch 7 Milliarden in Vermögen, da konnte er hinzufügen: von diesen sieben Milliarden habe man ihnen während der letzten drei Monate bereits zwei Milliarden abgenommen; natürlich streng legal im Wege des Kaufs zu einem Zehntel des Wertes, durch Fluchtsteuer und Passgebühren und vermittels jener sinnreichen Maschine zum Schutze des Privateigentums, die sich Golddiskontbank nennt.

Zwei Milliarden haben wir ihnen schon abgenommen, sagte Funk. Nun nahm Göring die dritte Milliarde. Das sind, wohlgemerkt, nur die amtlichen deutschen Ziffern; wer will nachrechnen, wie hoch der Wert der Beute wirklich war? Wenn wir den amtlichen deutschen Zahlen folgen, wären also 4 Milliarden an jüdischem Vermögen übrig geblieben. Aber von diesem Vermögen war wiederum ein guter Teil in jener klassischen Nacht mit den Beilen zertrümmert, geschlagen und durch Petroleum in Asche verwandelt worden. Wie gross dieser Verlust durch sinnlos zerstörende Wut gewesen ist, darüber wird man zuverlässige Angaben sobald nicht bekommen. Der Berliner Korrespondent der »Neuen Zürcher Zeitung« schätzte am 16. November 1938: »Der Schaden durch die Zerstörung der Schaufenster, die Beschädigung von Gebäuden und die Vernichtung der Inventare und Stocks geht über eine Milliarde Mark weit hinaus und dürfte sich der Zwei-Milliardengrenze nähern oder sie gar erreichen.«

Nehmen wir vorsichtshalber nur einundeinhalb Milliarden an. Das wäre ein Gesamtverlust von vier und einhalb Milliarden. Es bliebe – immer die amtliche deutsche Zahl von ursprünglich sieben Milliarden zugrunde gelegt – ein Rest von zweieinhalb Milliarden. Das bedeutet: das jüdische Vermögen in Deutschland ist in drei Monaten plus einer Nacht auf wenig mehr als ein Drittel zusammengeschrumpft.

Der Aderlass geht weiter. Mit gewohnter Umsicht hat Göring am 12. November eine weitere Verordnung herausgegeben, die besagt:

»Alle Schäden, welche durch die Empörung des Volkes über die Hetze des internationalen Judentums gegen das nationalsozialistische Deutschland am 8., 9. und 10. November 1938 an den jüdischen Gewerbebetrieben und Wohnungen entstanden sind, sind von den jüdischen Inhabern oder jüdischen Gewerbetreibenden sofort zu beseitigen.

Die Kosten der Wiederherstellung trägt der Inhaber der betreffenden jüdischen Gewerbebetriebe und Wohnungen. Versicherungsansprüche von Juden deutscher Staatsangehörigkeit werden zu Gunsten des Reiches beschlagnahmt.«[246]

Der erste Teil der Verordnung ist nur der Ausfluss des schlechten Gewissens. Die Täter konnten die Leichen nicht mehr sehen; das anstössige Strassenbild mit den zerbrochenen Fenstern und den geplünderten Läden sollte so schnell wie möglich verschwinden.

Die Juden sollten es zahlen. Betrug ihr Schaden bisher schon einundeinhalb Milliarden, so wurde ihnen derselbe Schaden nochmals aufgewälzt. Sie mussten abermals in den Rest ihrer Vermögen hineingreifen, aus ihren Mitteln ersetzen, was fremde Fäuste zertrümmert hatten. Falls sie etwa versichert waren und die Versicherung sogar funktioniert hätte, so nahm ihnen das Reich ausdrücklich weg, was hier allenfalls zu ihren Gunsten abgefallen wäre. Zu den einundeinhalb Milliarden Verlust aus den[247] Zerstörungen kamen nun, theoretisch errechnet, nochmals einundeinhalb Milliarden Verlust durch die Wiederherstellung.

Halt! könnte hier einer sagen, das ist nun doch eine ABC-Schützenrechnung. Wenn man mir etwas nimmt und ich es auf meine Kosten wieder beschaffen muss, dann habe ich es nicht zweimal verloren, sondern nur einmal. Denn was ich mir wieder beschafft habe, das habe ich ja eben noch. Man kann nicht einen Verlust zweimal in Rechnung stellen.

Doch, den deutschen Juden wird derselbe Verlust zweimal in Rechnung gestellt. Sie müssen erst ihre zertrümmerten Geschäfte wieder instandsetzen, und dann werden sie ihnen endgültig abgenommen. Dafür sorgt eine dritte Verordnung Görings, ebenfalls vom 12. November 1938:

»Auf Grund der Verordnung zur Durchführung des Vierjahresplanes vom 18. Oktober 1936 wird folgendes verordnet:

§1. Juden ist vom 1. Januar 1939 ab der Betrieb von Einzelhandelsverkaufstellen, Versandgeschäften oder Bestellkontoren sowie der selbständige Betrieb eines Handwerks untersagt, ferner ist ihnen mit Wirkung vom gleichen Tag verboten, auf Märkten aller Art, Messen oder Ausstellungen Waren oder gewerbliche Leistungen anzubieten, dafür zu werben oder Bestellungen darauf anzunehmen. Jüdische Gewerbebetriebe, die entgegen diesem Verbot geführt werden, sind polizeilich zu schliessen.«[248]

Kurz gesagt: kein Jude darf mehr ein eigenes Geschäft haben. Am 10. November hat ihm das empörte Volk spontan den Laden zerschlagen und die Ware fortgetragen. Dann hat er den Laden wieder einrichten, neue Ware kaufen müssen. Nachdem er dies zur Zufriedenheit, vielleicht mit seinem letzten Gelde getan hat, nimmt der Beauftragte für den Vierjahresplan ihm kalt, streng gesetzlich und ohne spontane Empörung den zertrümmerten, wiederhergestellten, wieder aufgefüllten Laden zum Zwecke der »Ausschaltung der Juden aus dem deutschen Wirtschaftsleben« endgültig ab.

Der Beauftragte für den Vierjahresplan hat Humor.

Er bestimmt weiter, dass ein Jude auch nicht mehr Betriebsführer eines Unternehmens sein kann; dass einem Juden, der als leitender Angestellter in einem Wirtschaftsunternehmen tätig ist, mit einer Frist von sechs Wochen gekündigt werden kann; schliesslich dass ein Jude nicht Mitglied einer Genossenschaft sein kann.[249] Diese paar dürren Sätze stellen ein Programm der völligen Vernichtung dar.

Kein Jude darf mehr ein eigenes Geschäft betreiben. Wenn er sein Brot verdienen will, kann er es nur noch als Arbeiter oder Angestellter.

Aber auch das kann er nicht mehr. Görings Gesetz bestimmt, dass jeder leitende Angestellte, wenn er Jude ist, binnen sechs Wochen entlassen werden kann. Bei Angestellten oder Arbeitern, die keine Leiter sind, bedarf es keines Gesetzes, sie können nach den geltenden Gesetzen und der geltenden Rechtsprechung überall binnen längstens sechs Wochen entlassen werden; vielfach mit kürzerer Frist.

Nun könnte man einwenden: sie können, aber sie müssen nicht. Görings Verordnung zwingt keine Firma, ihre jüdischen Angestellten auf die Strasse zu setzen, wenn sie nicht will.

Dazu ist erstens zu sagen, dass die grosse Masse der jüdischen Arbeitskräfte in abhängigen Stellungen in jüdischen Geschäften angestellt war, wo sie praktisch ihre letzte Zuflucht hatten. Jüdische Geschäfte aber wird es nach dem 1. Januar 1939 nicht mehr geben. Eine nichtjüdische Firma aber, die jüdische Angestellte überhaupt beschäftigen würde, hätte nicht das Recht, sich deutsches Geschäft zu nennen und als solches von der allmächtigen Deutschen Arbeitsfront anerkannt zu werden. Bisher haben viele Firmen noch auf diese Auszeichnung verzichtet, wie sich ja in der ganzen deutschen Geschäftswelt und überhaupt im deutschen Volk ein heftiger stiller Widerstand gegen den antisemitischen Kurs von oben bemerkbar machte. Seit dem 10. November indessen ist der Druck übermächtig geworden; keine »arische« Firma wird es künftig wagen, einen Juden zu beschäftigen. Gesetze, die es ausdrücklich verbieten, werden bestimmt nicht mehr lange auf sich warten lassen, sind aber kaum noch nötig.

Mit andern Worten: kein Jude darf mit selbstständiger Arbeit sein Brot verdienen. Kein Jude darf in abhängiger Stellung sein Brot verdienen. Ueberhaupt kein Jude darf sein Brot verdienen.

Ja, sollen die Juden denn Hungers sterben? Sollen sie krepieren wie Spatzen im Winterfrost?

Genau das sollen sie. Man braucht es nicht nur zu vermuten, die Nationalsozialisten haben es offen angekündigt.

Wenn man von den Nationalsozialisten, ihrer Herrschaft über Deutschland und von ihrem unerbittlichen Willen zur Vernichtung spricht, soll man nie an jene Millionenschar durchschnittlicher Parteigenossen denken, unter denen sich wie in jeder zufällig zusammengewehten Riesenmasse gerechte und ungerechte, brutale und gutmütige, klarblickende und beschränkte, anständige und weniger anständige Zeitgenossen befinden. Diese Masse entscheidet nicht, sie führt allenfalls Befehle aus; und die nicht immer sehr genau. Der wahre nationalsozialistische Wille aber ist verkörpert in jener schwarzen Schar, die in der Mitternachtsstunde vom 9. auf den 10. November ihrem obersten Führer den Eid schwor, bis in den Tod seinen Willen zu erfüllen; die dann die Beile nahm, Menschen übers Balkongitter warf und in Buchenwald ihre Pflicht tat. Diese Schar verkörpert und vollzieht den Willen des Regimes. Sie spricht ihn auch aus.

Die S.S. gibt, wir sahen es schon, eine Zeitschrift heraus, »Das Schwarze Korps« genannt.[250] Seit langem sind im »Schwarzen Korps« regelmässig die Dinge angekündigt oder wenigstens angedeutet worden, die bald darauf Tatsache wurden. Woche für Woche geht eine halbe Million von Exemplaren des »Schwarzen Korps« ins Land; wenn in Deutschland noch irgendwer das Verlangen hat, wenigstens andeutungsweise zu erfahren, was in den oberen Regionen gedacht oder vorbereitet wird, dann hält und liest er das Blatt.

»Das Schwarze Korps, Zeitung der Schutzstaffel der N.S.D.A.P., Organ der Reichsführung S.S.« brachte in der 47. Folge seines vierten Jahrganges vom 24. November 1938 auf Seite 1, unter der fetten Ueberschrift »Juden, was nun?«, einen Artikel, der folgende Stelle enthielt:[251]

»Weil es notwendig ist, weil wir das Weltgeschrei nicht mehr hören, und weil uns schliesslich auch keine Macht der Welt daran hindern kann, werden wir also die Judenfrage nunmehr ihrer totalen Lösung zuführen. Das Programm ist klar. Es lautet:

Völlige Ausscheidung, restlose Trennung!

Was bedeutet das?

Das bedeutet nicht nur die Ausschaltung der Juden aus der deutschen Volkswirtschaft, die sie durch ihren Mordanschlag und durch ihre Kriegs- und Mordhetze verwirkt haben.[252]

Das bedeutet viel mehr!

Es kann keinem Deutschen zugemutet werden, dass er länger mit Juden, als mit einer abgestempelten Rasse von Mördern und Verbrechern und Todfeinden des deutschen Volkes, unter einem Dach lebt.

Die Juden müssen daher aus unseren Wohnhäusern und Wohnvierteln verjagt und in Strassenzügen oder Häuserblocks untergebracht werden, wo sie unter sich sind und mit Deutschen so wenig wie möglich in Berührung kommen. Man muss sie kennzeichnen und ihnen ferner das Recht nehmen, in Deutschland über Haus- und Grundbesitz oder über Anteile an diesen zu verfügen, denn es kann einem Deutschen nicht zugemutet werden, dass er der Gewalt eines jüdischen Grundherrn untersteht und diesen durch seiner Hände Arbeit ernährt.[253]

Das in jeder Beziehung auf sich beschränkte Parasitenvolk wird aber in dieser Isolierung, da es zu eigener Arbeit weder willens noch fähig ist, verarmen. Mögen die Juden heute auch noch Milliarden ihr eigen nennen, mag es unter ihnen auch noch viele hundert Millionäre geben, mag der einzelne sogenannte ›arme‹ Jude auch noch hinreichend viel verschoben und versteckt haben, so werden sie, da ihnen die Lebensader des Parasiten abgeschnitten ist, ihr Kapital doch sehr bald aufgezehrt haben.«

In der den Nationalsozialisten eigenen Sprache wird hier mitgeteilt, dass die Juden langsam verhungern werden. Sie drücken das so aus, dass sie sagen, man werde sie langsam »ihre Milliarden aufzehren« lassen. Dass diese Milliarden nur in der nationalsozialistischen Phantasie – und vermutlich nicht einmal dort – existieren, wurde oben dargelegt. Wie die Juden »eigene Arbeit« leisten sollen, da sie weder Betriebe besitzen noch (nach »völliger Ausscheidung, restloser Trennung«) in arischen Betrieben arbeiten dürfen; noch schliesslich Grund und Boden besitzen können, den sie etwa als Bauern bearbeiten würden. – Wie sie unter solchen Voraussetzungen überhaupt arbeiten sollen, das ist das Geheimnis des »Schwarzen Korps«. Es ist auch eine blosse Redensart; Juden sollen gar nicht durch eigene Arbeit am Leben bleiben, sondern sie sollen verhungern.

Und selbst damit haben wir den Plan und den Weitblick der Nationalsozialisten noch unterschätzt. Sie kennen die menschliche Seele und sehen voraus, dass es mit dem Verhungern nicht glatt gehen wird. Vielmehr fährt das »Schwarze Korps« fort:

»Und wenn wir, was sich als notwendig erweisen wird, die reichen Juden zwingen werden, ihre ›armen‹ Rassegenossen zu erhalten, werden sie allesamt, ihrer ureigensten blutbedingten Veranlagung gemäss, in die Kriminalität absinken.

Dann möge aber niemand glauben, dass wir dieser Entwicklung ruhig zusehen können. Das deutsche Volk hat nicht die geringste Lust, in seinem Bereich Hunderttausende von Verbrechern zu dulden, die durch Verbrechen nicht nur ihr Dasein sichern, sondern auch noch Rache üben wollen!

Am wenigsten haben wir Lust, in diesen Hunderttausenden verelendeten Juden eine Brutstätte des Bolschewismus und eine Auffangorganisation für das politisch-kriminelle Untermenschentum zu sehen, das durch den natürlichen Ausleseprozess am Rande unseres eigenen Volkstums abbröckelt.

Wollten wir das dulden, so wäre das Ergebnis eine Verschwörung der Unterwelt, wie sie vielleicht in Amerika, gewiss aber nicht in Deutschland möglich und denkbar ist.

Im Stadium einer solchen Entwicklung ständen wir daher vor der harten Notwendigkeit, die jüdische Unterwelt genau so auszurotten, wie wir in unserem Ordnungsstaat Verbrecher eben auszurotten pflegen: mit Feuer und Schwert. Das Ergebnis wäre das tatsächliche und endgültige Ende des Judentums in Deutschland, seine restlose Vernichtung.«

Es wird empfohlen, den letzten Absatz nochmals zu lesen. Man erinnere sich gewisser Taten, die in der Nacht vom 9. auf den 10. November 1938 geschahen. Man setze voraus, dass es keine Verworfenheit gibt, die grundsätzlich unmöglich wäre. Sechshunderttausend Menschen durch Raub in den Hunger, durch den Hunger in Verzweiflung, durch Verzweiflung zu unberechenbaren Ausbrüchen und durch diese Ausbrüche unter das wartende Schlachtmesser zu treiben – das ist der kalt ausgedachte Plan. Ein Massenmord wird gewünscht; ein Massaker, wie es die Geschichte trotz Mithridates[254] und Tamerlan[255] vermutlich noch nie sah. Unter welchen technischen Formen diese Massenhinrichtungen sich vollziehen sollen, können wir nur vermuten.

In dem Buche »Mein Kampf« hat der Verfasser auf Seite 772 den Rat gegeben, die zu tötende Menschenmenge, »unter Giftgas zu halten«[256]; er spricht dort freilich nur von zwölf- oder fünfzehntausend. Inzwischen ist der Vernichtungswille in den leitenden Schichten des Regimes zweifellos gewachsen; zum guten Teil deshalb, weil sie ihre bisherigen Taten, entgegen der eigenen Erwartung, ohne wesentlichen Widerstand oder gar Strafe begehen konnten. Niemand wird sich nach den Erfahrungen der letzten Jahre heute noch erlauben, einen Satz aus »Mein Kampf« nicht sehr ernst zu nehmen. Von hohen Führern des Regimes wird heute gern die Wendung »auf den Knopf drücken« gebraucht, wobei sich die Zuhörer nie recht klar sind, ob sie das Gesagte ganz ernst nehmen sollen; erläuternd wird – immer noch unter der Maske der eventuellen Scherzhaftigkeit – gesagt: alle Juden werde man in einem grossen Raum versammeln und dann durch Knopfdruck das Gas auslösen.

Das Gas hat ohnedies eine tragische Funktion in der erlöschenden Existenz des deutschen Judentums. In den Tagen nach dem 10. November 1938 besuchten in Berlin Angestellte der städtischen Gaswerke jüdische Wohnungen und teilten mit: es sei beabsichtigt, von jedem jüdischen Haushalt die Hinterlegung einer Pfandsumme von fünfzig Mark à conto der Gasrechnung zu verlangen. Mit fünfzig Mark schienen die voraussichtlichen Kosten eines einfachen Selbstmordes durch Gas gedeckt. Ob die Gebühr dann wirklich erhoben wurde, ist dem Verfasser nicht bekannt.

Dagegen weiss er folgendes:

Die häufigen Selbstmorde durch Gas in jüdischen Familien gefährdeten bisweilen das Leben nichtjüdischer Hauseinwohner. In Offenbach am Main, einer im Freistaat Hessen gelegenen Stadt, hatte sich ein jüdisches Ehepaar mit Leuchtgas vergiftet. Das Gas erfüllte die Wohnung. Der Briefträger kam und drückte auf die Klingel; hierbei entstand ein elektrischer Funke, die Gasmasse explodierte, und vier Hausbewohner kamen ums Leben. Darauf wurde allen Juden Hessens drei Wochen lang das Gas gesperrt.[257]

Wo war das deutsche Volk?

Wir tun hier einen tiefen Blick in das Geheimnis nationalsozialistischer Staatskunst. Die grosse Frage dieser Staatskunst ist: Wie gewinnt man die Masse?

Grundsätzliche Antwort: Man muss sie bewegen.

Zweite Frage: Wie macht man das? Zweite Antwort: Man muss in ihr ein gemeinsames Gefühl erwecken, das sie mit uns verbindet.

Dritte Frage: Welches ist das stärkste und am leichtesten zu erregende Gefühl der Masse? Dritte Antwort: Furcht.

Vierte Frage: Bewegt Furcht die Masse? Vierte Antwort: Ja, sogar stark; aber freilich sammelt Furcht nicht, sondern zerstreut, zersetzt also die Massenkräfte und ist infolgedessen nur von begrenztem politischen Wert, namentlich, was die Dauer der Wirkung betrifft.

Fünfte Frage: Lässt sich also die Furcht nicht zur Gewinnung der Masse benutzen? Fünfte Antwort: Doch. Man muss nur die Furcht, indem man ihr ein sehr einfaches und sehr deutliches Ziel gibt,[258] in ein anderes, gleichfalls sehr starkes Gefühl verwandeln.

Sechste Frage: Wie heisst dieses Gefühl? Sechste Antwort: Hass.

Siebente Frage: Wie erweckt man also in der Masse Hass? Siebente Antwort: Indem man ihr einen Feind zeigt.

Achte Frage: Wer soll der Feind sein? Achte Antwort: Grundsätzlich kann es jeder sein. Es empfiehlt sich aber, als Feind eine Person oder einen Personenkreis zu wählen, die jedem in der Masse wohl bekannt sind, sodass diese eine klare und bildhafte Vorstellung vom Feinde hat. Es soll ferner ein Personenkreis sein, der der direkten körperlichen Einwirkung der Masse leicht erreichbar ist und dem sie sich, sofern sie ihm nur als Masse entgegentritt, immer und unbedingt überlegen fühlt. Dies Letzte ist das Wichtigste.

Neunte Frage: Warum ist dies Letzte das Wichtigste? Neunte Antwort: Weil zwar Furcht den Hass gebiert, aber nur Verachtung ihn am Leben erhält. Darum muss man der Masse zuerst Furcht vor dem Feinde beibringen, dann aber sie davon überzeugen, dass sie viel stärker ist als der Feind.

Zehnte Frage: Wie geschieht das am besten? Zehnte Antwort: Indem man der Masse öfters Gelegenheit gibt, den Feind zu überfallen, ihn zu schlagen, zu treten und zu demütigen.

Elfte Frage: Und wenn die Masse den Feind schliesslich vernichtet? Elfte Antwort: Dies wird sich auf die Dauer nicht vermeiden lassen; man darf es aber erst dann gestatten, wenn man einen neuen, ebenso brauchbaren und wirksamen Feind gefunden hat, den man an die Stelle des Vernichteten setzen kann.

Zwölfte Frage: Wann wäre das der Fall? Zwölfte Antwort: Im Kriege.

Der Dialog liesse sich fortsetzen. Es würde sich dann herausstellen, dass natürlich auch der Krieg nur gegen einen schwächeren Feind geführt werden darf.

Der Krieg schien im September 1938 da zu sein.[259] Der schwächere Feind war eingekreist und versprach ein leichtes Opfer zu werden. Die Erzeugung von Hass und Verachtung war nach allen Regeln einer bewährten Kunst im Gange. Das nationalsozialistische Staatsoberhaupt nannte das Staatsoberhaupt des Feindes einen Lügner. Sein Stellvertreter Göring sprach vom ganzen Volke des Feindes wie von hergelaufenem Gesindel. Die nationalsozialistische Presse sprach schlicht von Mördern.

Das deutsche Volk sollte gegen die Tschechen glühen und wüten. Aber über diese künstlich angefachte Glut und Wut legte sich wie ein feuchter, schwarzer Nebel die Furcht vor dem Kriege, mit dem es nun ernst schien; nicht vor dem kleinen Kriege gegen die Tschechen, sondern vor dem grossen Kriege gegen die halbe Welt. Das deutsche Volk fürchtete diesen Krieg genau so wie die anderen Völker: hier war kein Unterschied der Stimmung und der Kraft. Die Führung wollte Hass wecken, sie weckte Furcht.

Eine Masse wurde dicht an den Krieg herangeführt und fühlte nun, dass sie aus Menschen bestand, die nicht für eine Sache sterben wollten, die sie nicht verstanden. Nachträglich wurde an der deutschen Westgrenze eine Anzahl nationalsozialistischer Würdenträger gemassregelt, weil sie in der Panik Frauen, Kinder und Habseligkeiten ins Landesinnere versandt hatten.[260] Sie trieben es nicht anders als viele Menschen jenseits der Grenze, in Strassburg, Metz und selbst Paris. Dies ist das Entscheidende: sie trieben es nicht anders. Aus der Uniform, dem Lederzeug und dem Silberbeschlag kroch der Mensch hervor und sagte: ich will aber leben. Das »Schwarze Korps«, das man in dieser Hinsicht gar nicht ernst genug nehmen kann, schrieb wütend:

»Wir haben unter uns Leute gesehen, die sich[261] als ›Kämpfer‹ gebärdeten und die dann in den spannungsreichen Tagen mit Gesichtern herumliefen, als hinge unser Schicksal nicht ab von unserer eigenen Haltung, sondern von den Meinungen eines Juden, der die Mikrophone des Strassburger Senders begeiferte. Kurz und gut, wir haben gesehen, wie aus einzelnen Kämpfern elende Tröpfe wurden.«

Wenn schon den »Kämpfern« elend zu Mute war – wie erst den schlichten Volksgenossen?

Die spannungsreichen Tage brachten einen grossen Triumph, aber es war zu viel Angst dabei gewesen. Der Feind, der Lügner, das Gesindel wurde ohne Blutvergiessen besiegt und eigentlich vernichtet; aber so brauchbar wie die Juden hatte dieser Feind sich doch nicht erwiesen. Einen Augenblick lang hatte er nicht ganz so hilflos, nicht ganz so unterlegen dagestanden. Besser war es, zu den Juden zurück zu kehren; die hatte man immer.

Und jetzt verstehen wir, warum die Juden langsam verelenden, verhungern und in die Kriminalität hinabsinken müssen; warum die Flöhe und Untermenschen nicht sofort und mit einem Schlage beseitigt werden. Der Nationalsozialismus braucht die Juden. Er muss dem deutschen Volke weiterhin einen Feind zeigen können. Daher sein Plan, die Juden in eine materielle und moralische Zerrüttung hineinzutreiben, in der sie schon durch das Elend des äusseren Anblicks zu einem Gegenstand des Widerwillens und Abscheus werden müssen.

Dann wird ihnen der letzte Strick um den Hals gelegt werden. Dann wird zum letzten Male ein grosser, theatralischer Vorwand gefunden oder fabriziert werden. Wie sich für den erlogenen Reichstagsbrand vom 27. Februar 1933 ein törichter, bestochener und vielleicht hypnotisierter Täter fand,[262] so wird er sich jetzt noch viel leichter finden. Ein Schuss wird fallen, eine Kugel ihr Ziel verfehlen, und dann kann der letzte Teil des Planes durchgeführt werden, den abermals das »Schwarze Korps«, mit noch grösserer Deutlichkeit, mitteilt:

»An dem Tage, an dem sich eine jüdische oder von Juden gekaufte Mordwaffe gegen einen der führenden Männer Deutschlands erhebt, gibt es in Deutschland keine Juden mehr! Wir hoffen, uns deutlich genug ausgedrückt zu haben.«[263] (Das »Schwarze Korps«, 1. Dezember 1938, 48. Folge, 4. Jahrgang).

Und jetzt verstehen wir den tieferen Sinn der Exzesse des 9. und 10. November. Der Antisemitismus ist bisher die stärkste Triebkraft des Nationalsozialismus gewesen. Es hat sich aber herausgestellt, dass nach fünf Jahren nationalsozialistischer Herrschaft dieser Antisemitismus noch nicht genügend tief in das deutsche Volk eingedrungen ist. Durch eine aufpeitschende Tat sollte dies nachgeholt werden. Stärker als Reden, Zeitungsartikel und Gesetze sollten die Trümmer und Scherben des jüdischen Besitzes, die zerschlagenen und verängstigten Gestalten der jüdischen Bevölkerung auf die Phantasie der Volksmassen wirken. Durch das anfeuernde Beispiel der Sprengkolonnen sollte die Masse mitgerissen werden; sie sollte sich am Anblick der Zerstörung berauschen, nötigenfalls sich auch an der Beute bereichern, das Feuer der brennenden Synagogen sollte die Gemüter entflammen. Die Massen sollen in den Taumel des antisemitischen Handelns hineingerissen werden,[264] damit sie auf diese Weise antisemitisch fühlen lernten.

Und das ist nicht gelungen. Eine Fülle von Zeugnissen spricht es aus.

Die breiten Massen des deutschen Volkes haben sich an den Verbrechen des 9. und 10. November – von örtlichen Ausnahmen abgesehen – nicht beteiligt: sie haben wenigstens teilweise sie missbilligt.[265]

In seiner vorsichtigen Schreibweise berichtet der Berliner Korrespondent der »Times«:

»The crowd which looked on showed, as far as could be judged, a mixture of astonishment, amusement and disapproval. There were few spontaneous demonstrations by the onlookers, who were content to leave the work to those who had undertaken to do it. Many Germans, however, expressed strong dislike of the methods employed, and one working man remarked to me, that as a German he would not like to see the photographs that would appear to-morrow in the foreign newspapers.«[266] (The Times, London, Nov. 11, 1938.)

Der Bericht ist sicher typisch für Berlin. In einer Viermillionenstadt findet man für jedes Unternehmen eine »Masse« für das Edelste wie für das Gemeinste. Und »Masse« ist nie identisch mit einer sozialen Schicht; sie kann sich über alle Klassen erstrecken, so berichtet der Korrespondent des »Daily Telegraph« aus Berlin:

»Racial hatred and hysteria seemed to have taken complete hold of otherwise decent people. I saw fashionably dressed women clapping their hands and screaming with glee, while respectable middle-class mothers held up their babies to see the ›fun‹. Women who remonstrated with children who were running away with toys from a wrecked Jewish shop were spat on and attacked by the mob.«[267] (The Daily Telegraph and Morning Post, London, 11. November 1938).

Namentlich in Oesterreich hat, nach allen vorliegenden Berichten, ein nicht kleiner Teil der Bevölkerung die Ausschreitungen mitgemacht oder mit Sympathie begleitet. Aber Oesterreich ist seit Jahrzehnten ein Land des Antisemitismus, weit mehr als Deutschland. Die österreich-ungarische Monarchie der Vorkriegszeit war erfüllt von gegenseitigem Hass vieler kleiner Nationalitäten deutschen, slawischen, ungarischen, italienischen Stammes. In diesen vielfältigen Nationalitätenhass wurden auch die österreichischen Juden einbezogen. Darum ist der österreichische Antisemitismus mit dem reichsdeutschen nicht zu vergleichen und übertrifft ihn seit jeher an Breite und Stärke.

Ein anderer englischer Beobachter aus Berlin sagt:

»The crowds watched the burning of the synagogues on the whole with apathy, though there were numerous supporters of the incendiaries.«[268] (Manchester Guardian, 11. November 1938).

Der Mob aller Klassen war unterwegs, und er vermag, wenn es darauf ankommt, stattliche Kontingente zu stellen. Er kann in düsteren Augenblicken sogar das Volk repräsentieren; er muss es nicht. Ob er es an jenem 10. November 1938 tat, darüber gibt der blosse Anblick der Strassen und der dort ziehenden, stehenden, gaffenden oder schreienden Menge keinen beweiskräftigen Aufschluss. Denn die Strasse war am 10. November nicht frei, sondern beherrscht von der S.S., von der S.A. und der Hitler-Jugend. Mit ihren Keulen, Bomben und Benzinkannen. Wer die Strasse mit derart absoluter Gewalt beherrscht, wird ihr immer ein gutes Glück seines eignen Charakters aufprägen. Der zustimmende Teil der Menge wird schreien, der ablehnende schweigen, und nur die besonders mutigen[269] werden offen widersprechen. Die Schreier aber werden gehört, die Schweigenden wenig beachtet und leicht übersehen.

Zahlreiche öffentliche und private Zeugnisse berichten von dem geheimen Protest der Bevölkerung, der sich in Worten wie in Taten ausdrückte. So erzählt der Münchener Korrespondent des »Daily Telegraph«:

»There is great indignation to-day among Bavarians at the savage treatment of the Jews. I have spoken to many Munich residents and all of them, with the exception of Nazis, have expressed the utmost horror at the brutality of the mob«[270] (The Daily Telegraph and Morning Post, London, 12. November 1938).

Ein Schweizer Augenzeuge berichtete der Basler »National-Zeitung« aus der Grenzstadt Lörrach:

»Zur Ehre unserer badischen Nachbarn sei es gesagt: die Bevölkerung verabscheut mehrheitlich diesen kommandierten ›Volkszorn‹. Bisher überzeugte Antisemiten unserer badischen Nachbarschaft haben uns aufs bestimmteste versichert, dass sie beim Anblick solcher organisierten Rohheit[271] für immer vom Antisemitismus kuriert seien«[272] (National-Zeitung, Basel, 14. November 1938, Nr. 530).

Ein englischer Journalist stellte in München fest: »Many shopkeepers and, indeed, the greater part of the population, feel nothing but sympathy for the persecuted Jews.«[273]

Auf eine gewisse Unpopularität der Pogrome selbst in den Reihen der Partei lässt vielleicht eine Beobachtung schliessen, die an vielen Orten in Westdeutschland gemacht wurde. Dort wurden die S.A.- und S.S.-Verbände zwischen den einzelnen Orten ausgetauscht, sodass die Mannschaften nicht in ihren Heimatsorten zu plündern und anzuzünden brauchten. Befürchtete man, sie könnten sich vor den ihnen persönlich bekannten Opfern genieren? Oder vor ihren Freunden, Bekannten und Verwandten, die an den Greueln nicht teilnahmen?

Wenn irgendwo, dann wird man gerade in dieser Frage auch die Stimme der unglücklichen Opfer hören müssen. In den uns vorliegenden Berichten überwiegt durchaus der Eindruck, dass die nichtuniformierte, nicht von der Partei erfasste Bevölkerung zum grössten Teil die Ausschreitungen nicht mitgemacht und zum grösseren Teil sie missbilligt hat. Hier ein paar Aeusserungen.

Eine Beobachtung aus Aachen: »Die Stimmung der Bevölkerung ist passiv, verabscheut aber diese Aktionen.«[274]

Aus der Eifel (Rheinland): »Aus den kleinen Orten in der Eifel wird berichtet, dass die christliche Bevölkerung alles tut, um die in den Wäldern umherirrenden Juden zu versorgen. Sie sorgen für Essen und bringen die so unglücklichen Menschen unter eigener Lebensgefahr des Nachts in ihren Wohnungen unter. Besonders wurden drei Arbeiterfamilien in K. erwähnt.«[275]

Ebenfalls aus der Eifel: »Die unter freiem Himmel kampierenden jüdischen Menschen hätten verhungern müssen, wenn nicht die christliche Bevölkerung vielfach heimlich nachts Lebensmittel auf die Dungstätten gelegt hätte.«[276]

Dass christliche Familien verfolgte Juden versteckten, wird unter anderm auch aus München berichtet:[277] »The condition of most Jews here is one of misery, terror and despair. Many of them are still in hiding to avoid arrest, and searches have been made by the police in the dwellings of humane ›Aryans‹ with whom it is supposed that they may have found refuge«[278] (The Times, London, 15. November 1938).[279]

Der Berliner Korrespondent des »Manchester Guardian« meldet am 10. November die Verhaftung »of more than a hundred Aryan Germans who ventured to express their disapproval of these scenes.«[280]

Einige Beobachtungen zweier Holländer (beides reine Arier), die berufstätig in Deutschland lebten, erscheinen in ihrer Nüchternheit, man möchte sagen: Unbeteiligtheit, besonders einleuchtend. Beide machten ihre Beobachtungen in Berlin.

Der erste meint: »Der grösste Teil der Bevölkerung sah der Aktion völlig uninteressiert zu. Ein kleinerer Teil freute sich, dass endlich aufgeräumt wurde. Ein noch kleinerer Teil schämte sich. Zu offenem Protest scheint es nirgends gekommen zu sein.«[281] Aber derselbe Berichterstatter schildert eine Szene:

»Bei dem Einschlagen der Scheiben eines jüdischen Ladens in der X.-Strasse sagte ein älterer Zuschauer zu einem andern: ›Schauen sie den Mob, lauter Lausejungen.‹ Die Bemerkung wurde von dem andern an einen Polizisten weitergegeben; der Mann wurde sofort verhaftet.«[282]

Der zweite holländische Beobachter hatte folgenden Eindruck:

»Die Bevölkerung sprach sich einzeln und nur im geheimen gegen die Pogrome aus. In der Arbeiterbevölkerung war man entsetzt über die Schändlichkeit und fürchtete überdies, der Arbeiter werde die Verluste an Material durch Steuern entgelten müssen. Man sagte selbst in sogenannten nationalsozialistischen Kreisen, es sei in der Spartakistenzeit (1918/19)[283] in Berlin nicht so wüst zugegangen.«[284]

Bilanz: Begangen wurden die Ausschreitungen von einer Truppe unter Befehl; begleitet wurden sie von einer Bevölkerungsgruppe, die durch alle sozialen Schichten reicht, aber den meisten Beobachtern in ihrer Masse als »Mob« erscheint, also von einer Gruppe, die aus asozialen Elementen besteht oder stark von ihnen durchsetzt ist. Die Mehrheit der Bevölkerung verharrt passiv; es ist eine Nichtbeteiligung, die von der Verständnislosigkeit bis zur Ablehnung geht. Offener Widerspruch ist begreiflicherweise selten. Entschiedenheit und Mut sind die Eigenschaften dieser eingeschüchterten und irregeführten Masse nicht.

Auch wo eine Mehrheit stumm verurteilt, wird immer nur eine Minderheit offen protestieren.

Diese offen Protestierenden müssen aber zahlreich gewesen sein; so zahlreich, dass das mehrfach erwähnte »Schwarze Korps« ihnen einen aufgeregten Leitartikel widmet. Es tat das in der Nummer vom 17. November 1938 (vierter Jahrgang, 46. Folge) unter der Besorgnis verratenden Ueberschrift: »Dieses Pack ist schlimmer!« Mit dem Pack waren die Deutschen gemeint, die die Greuel des 10. November offen missbilligten, selbst dann, wenn sie Antisemiten waren. So nämlich schildert diesen Typ das »Schwarze Korps«:[285]

»Es gibt unter uns eine liebenswerte Sorte Mensch, die, begabt mit der weitschauenden Güte eines Weihnachtsengels, für alles, was jemals geschah oder geschieht, hinterher eine weil mühelosere und vor allem gefälligere, ja, allerweltsgefälligere Lösung findet. Sie sind nicht so sehr grundsätzlich und entschieden gegen irgendetwas – so ein stures Opponieren steht ja Weihnachtsengeln nicht zu Gesicht. Nein, sie haben gegen Erfolge an sich nichts einzuwenden, sie möchten hinterher nur immer gewunschen haben, dass man einen anderen Weg zum Erfolg hätte einschlagen sollen.

Sie sind beispielsweise schon dafür, dass man dem mordlüsternen Judentum eine unmissverständliche Warnung überreicht, aber – ›hätte man das nicht auf diese Art machen können, dass man der Pariser Regierung eine ernsthafte Note überreicht, worin energische Massnahmen gegen die Hintermänner des Mörders Grünspan gefordert werden, statt unschuldigen Juden erhebliche Glaserkosten zu verursachen und in den Synagogen unrituelle Räucherfässer zu schwingen? Jetzt wird die Weltmeinung wieder gegen uns sein …‹

So stehen sie mit wohlwollender Bekümmernis in den sonst so gütigen Gesichtern vor vernagelten Schaufenstern.«

Alle Feinheit dieser Schilderungskunst vermag nicht zu verbergen, dass der Verfasser sich ärgert. Er könnte es auch kürzer gestehen: es gibt Deutsche, die sagen, es sei eine Schande, dass man Unschuldige totschlägt, verstümmelt und beraubt, weil irgendwo jenseits der Grenze ein Schuss gefallen ist. Natürlich würden diese Deutschen ihm keinen Leitartikel entreissen, wenn sie nur wenige wären. Aber es müssen viele, sogar beängstigend viele sein. Denn so schreibt der Leitartikler des »Schwarzen Korps« weiter:

»Jeder von uns hatte in den letzten Tagen wohl mit einem solchen treuherzigen Vertreter urchristlicher und beinahe schon vorderasiatischer Nächstenliebe mehr oder weniger gründliche Gespräche, weil sie in jedem Fleischerladen, an jedem Zeitungsstand und an jedem Kaffeehaustisch ungerufen auftauchten wie weiland die frommen Missionare in der ungastlichen Wildnis Germaniens.«[286]

Jeder von uns! Wieviele sind denn »wir«? Da der Verfasser zu seinen Lesern und Beziehern spricht, sind »wir« offenbar fünfhunderttausend; und jeder von den fünfhunderttausend hat einen getroffen, der ihm offen sagte, dass er gegen die Greuel sei! Wieviele mag es ausserdem geben, denen »wir« gar nicht begegnet sind, und um ein wie vielfaches grösser muss erst die Zahl derer sein, die überhaupt nichts sagen, aber sich ihr Teil denken. Der Verfasser hatte wohl recht, wenn er schrieb, »dieses Pack sei schlimmer« – als die Juden nämlich – denn es ist das deutsche Volk selbst. Jede Nummer des »Schwarzen Korps« ist seitdem mit jener billigen, an der Wehrlosigkeit des Gegners sich austobenden Ironie dem deutschen Volk gewidmet, das den 10. November nicht mitgemacht hat.

Das bleibt ein Trost in den Greueln dieses Novembers. Die Mehrheit des deutschen Volkes empfand diese Greuel so, wie die übrige Welt sie empfand.

An und für sich: wer sind die deutschen Juden, dass die Welt um sie weinen sollte? Aber sie hat es getan. Eine solche Fülle von Schmerz, Empörung und Entsetzen wurde überall laut, wie die Täter des 10. November sie sicher nicht erwarteten; die meisten der Opfer, nach bitteren Erfahrungen, auch nicht.

»I myself could scarcely believe that such things could occur in a twentieth-century civilization,«[287] sagte Präsident Roosevelt am 15. November vor der Presse, und ein tausendfaches Echo von Protesten der hervorragendsten Männer des öffentlichen Lebens bewies, dass er mit nüchternen Worten die Meinung Amerikas ausgedrückt hatte.

In England fasste die Church of England Assembly nach einer Rede des Erzbischofs von Canterbury folgende Resolution: »That this Assembly welcomes and desires to associate itself with the expression which His Grace the Chairman has given to the feelings of indignation felt by Christian people of this country when they read of the deeds of cruelty and destruction perpetrated on Jewish people in Germany and Austria.«[288] Ein Hilfsfond für die Verfolgten wurde geschaffen, buchstäblich das ganze Land spendete; den Vorsitz übernahm Lord Baldwin, der sieben Jahre lang, zuerst als stellvertretender Ministerpräsident, später als Ministerpräsident die Regierung Englands geleitet hatte.[289]

Auch in Holland wurde ein Hilfsfond begründet. Die Königin und ihr Schwiegersohn, Prinzgemahl Bernhard, traten ihm bei.[290]

Aus allen Ländern, die nicht geradezu unter dem nationalsozialistischen Stiefel leben, liesse sich ähnliches berichten. Es war in der ganzen Welt ein mächtiger moralischer Aufstand gegen die Barbarei.

Es geschah nicht nur wegen der deutschen Juden. Es geschah, weil die Welt so deutlich wie noch nie erkannte, welche Rotte hier vom »dritten Reich« aus auf die ganze Menschheit losgelassen wurde. Die Welt fühlte, dass mehr bedroht ist, als nur die sechshunderttausend Märtyrer in Deutschland. Sie fühlte, dass hier ein

Massenmord sich vollzog, der doch nur erst ein Beginn war. Sie ahnte, dass hier ein neues Zeitalter mit einer seit langem vergessenen Grausamkeit heranzog. Sie sah, wie der personifizierte Mord von der Welt Besitz ergriff und sich anschickte, die ganze Erde in die beiden Lager der Mörder und der Opfer zu teilen.

So wurden die deutschen Juden die Märtyrer und Kreuzträger des Weltgewissens.

Was sein muss

Am Tage nach der Schreckensnacht kamen in irgendeiner deutschen Stadt[291] drei Individuen zu einem bis dahin begütert gewesenen Juden und forderten ihn auf, zur Polizei zu kommen. Sie fuhren ihn in seinem eigenen Wagen weg. Unterwegs schlugen sie ihn blutig, nahmen ihm aus seiner Brieftasche einen Tausendmarkschein, warfen ihn auf die Strasse und fuhren davon.

Angehörige des Misshandelten kannten einen Nationalsozialisten in hoher Position, einen sogenannten alten Kämpfer, Inhaber aller erdenklichen Ehrenzeichen der Partei. Sie wagten es, ihm den Fall zu erzählen. Darauf der hohe Nationalsozialist, starren Gesichts: »Was gestern war, musste sein. Was heute passiert, ist Strassenraub.« Der Misshandelte erhielt Wagen und Tausendmarkschein wieder.

Was gestern war, musste sein! …

Es musste sein, dass

ein lebender Mensch mit dem Kopf abwärts in ein Kanalrohr gestossen und dann durch Messerstiche getötet wurde;

ein sechzigjähriger Greis vom Balkon auf die Strasse geschleudert und so getötet wurde;

einem andern Greis der Schädel so zerschlagen wurde, dass er nach wenigen Stunden starb;

einer alten, am Boden liegenden Frau ein S.A.-Mann ins Gesicht sprang, dass ihr der Kiefer brach;

in Spitälern Kranke aus den Betten gerissen wurden, von denen einer auf dem nackten Fussboden zu Tode blutete;

Hunderten von Menschen im ganzen Lande buchstäblich Arme und Beine gebrochen wurden;

Waisenkinder nachts auf die Strasse gejagt wurden;

gehetzte Menschen wie die Tiere durch die Wälder irrten;

das Hab und Gut von Hunderttausenden, in vielen Fällen ihr letzter Besitz überhaupt, mit Aexten in kleine Splitter gehackt wurde;

Zehntausende in die Konzentrationslager abgeschleppt wurden, wo viele Hunderte unter den Schlägen, der Kälte, den Entbehrungen und oft in der letzten Verzweiflung unter den Kugeln ihrer Wächter starben.

Das alles, du korrekter, den Strassenraub verabscheuender, du sicherlich dir selbst sehr ehrenhaft vorkommender Würdenträger – das alles musste sein.

Wir nehmen dich beim Wort. Ja, es musste sein.

Es musste sein, weil euch das Volk langsam entglitt, weil es die Not, die eure wahnsinnige Wirtschaft ihm aufbürdet, in diesem Winter härter spürt denn je; weil es anfängt, euren Absichten und eurem Glück zu misstrauen; weil ihr es durch den Krieg, in den ihr es beinahe gestürzt hättet, sehr nachdenklich gemacht habt; weil zum erstenmal einer eurer sogenannten aussenpolitischen Triumphe keinen Menschen in Deutschland mehr interessiert; weil aber die dabei durchlaufene Gefahr das gesamte Volk tief erschreckt hat; weil dies Volk beginnt, euch als Abenteurer und Kriegsanzünder zu durchschauen; weil ihr ihm eine Ablenkung bieten musstet; weil ihr, um es wieder fest in eure Hand zu bekommen, es nach altem Rezept der Unterwelt mit Gewalt zum Komplizen der schlimmsten Verbrechen machen wolltet.

Darum musste es sein. Frage dich selbst, du korrekter und in deinem Privatleben wahrscheinlich ehrenhafter Nationalsozialist: was ist von einem Regime zu halten, um dessen willen solche Greuel sein müssen?

Wir andern wissen es schon lange. Vom erlogenen Reichstagsbrand angefangen, über die Morde des 30. Juni 1934 – die Welt kann über eure moralische Beschaffenheit im Jahre 1938 nichts Neues mehr erfahren. Ob ihr Juden zu Hunderten ermordet oder christliche Priester zu Hunderten einkerkert: das tut ihr nur, weil es so sein muss; weil ihr nämlich sonst nicht mehr regieren würdet.

Um diese Jahreswende 1938/39 scheint das deutsche Volk zum ersten Mal in breiter Masse von der Notwendigkeit eures Regierens nicht mehr ganz überzeugt zu sein. So auffällig und unabweisbar ist dieser Eindruck für alle Beobachter, dass der führende Staatsmann des britischen Weltreiches in öffentlicher Rede darauf angespielt hat. Zweimal ist in der zweiten Hälfte des Jahres 1938 diese Kluft zwischen euch und dem deutschen Volk offenbar geworden. Ihr habt den Krieg gegen die Tschechoslowakei gewollt, das deutsche Volk hat ihn nicht gewollt. Ihr habt gegen die Juden gerast, das deutsche Volk hat nicht mit euch gerast.

Und das soll zum Schluss unser Trost und unsere Zuversicht sein. Wir machen uns keine Illusionen. Wir wissen, was Macht heisst; wir wissen auch, was Propaganda und Suggestion heisst. Wir kennen die physischen und psychischen Mittel, die es euch vorläufig noch erlauben, dieses »Pack, das schlimmer ist«, so oder so zu bändigen. Ihr habt oft genug gezeigt, wie man ein Volk zwingt; ihr habt gezeigt, wie man es überredet. Aber das macht die grosse Tatsache nicht ungeschehen: am 10. November 1938 ist dieses Volk in seiner Mehrheit nicht mit euch gegangen. Aller Hohn und Zorn, den eure Redner und Schreiber über »dieses Pack« ausgiessen, bestätigen das nur.

Das wird eines Tages, früher oder später, seine Folgen haben. Ihr mögt in den kommenden Monaten noch viel Schrecken über die Welt bringen. Dennoch ist die Grenze sichtbar geworden, über die hinaus das deutsche Volk euch nicht folgt.

Ihr aber werdet sie überschreiten, denn »es muss sein«, ihr könnt nicht anders. Dann wird das deutsche Volk sich von euch trennen.

Das fühlt ihr kommen, das merkt man euch an und eurem Gehaben. Es wird kein schöner Augenblick für euch sein, aber ihr könnt ihn nicht mehr verhindern.

Und wenn ihr erst an der Stelle sein werdet, an der heute eure Opfer sind, dann wollen wir den Himmel bitten – nicht um euretwillen, sondern weil es unsere heisse Sehnsucht ist, dass die Menschlichkeit nicht aus der Welt komme – dann wollen wir ihn bitten, dass er uns davor bewahren möge, zu ebensolchen Tieren zu werden, wie ihr wart.

Ende.

Nachwort[292]

Dieses Buch berichtet über Ereignisse, die in Deutschland geschahen. Sie trugen sich zum größten Teil am 9. November 1938 und an den unmittelbar darauf folgenden Tagen zu.

In keinem der Fälle wurde die Herkunft der Quellen preisgegeben. Selbst Leser, die bisher wenig über die Zustände in Nazideutschland wussten, werden die Gründe hierfür verstehen. Einige der Informanten befinden sich noch in Deutschland, während die meisten von ihnen noch Verwandte dort haben. In jedem Fall fürchten sie, dass die Veröffentlichung ihrer Namen zu Repressalien von Seiten der SS oder der Gestapo – die beiden sind identisch – gegen sie selbst oder ihre Verwandten führen wird.

Eben an diesem 9. November 1938 mussten die deutschen Juden erfahren, was es heißt, eine Geisel in den Händen der Nazis zu sein, selbst wenn sie völlig unschuldig waren. Obwohl die verachtenswerte Geiseltheorie eine dürftige Ausrede ist für die noch verachtenswürdigere Ausrottungsaktion der Nazis gegen die Juden, so hat sie viele deutsche Juden tief beeindruckt. Tausende wurden von Panik erfasst, und zu dieser Panik beizutragen kann nicht der Sinn eines Berichts wie diesen sein, der den Menschen in den Vordergrund stellt. Selbst diejenigen, die ins Ausland geflohen sind, fürchten sich vor dem langen Arm der Gestapo. Wie in diesem Buch an einigen Stellen berichtet wurde, waren es Beamte der Gestapo höchstselbst, die sie warnten. Besonders nicht-deutsche Leser sollten diese Fälle im Gedächtnis behalten.

Aus ähnlichen Gründen war es unmöglich, die Namen der Opfer und die Schauplätze der Verbrechen preiszugeben. Der Autor ist sich sehr wohl bewusst über die gefährliche Monotonie von wiederkehrenden Phrasen wie »In einer großen Stadt in Süddeutschland«, »In einer kleinen Stadt in Westdeutschland …«. Er versteht die natürliche Reaktion des Lesers, der immer wieder liest: »Herr X wurde auf die Straße geworfen …«, »Frau Y erlitt eine Schädelfraktur«, besonders wenn ihm dann gesagt wird, dass dieser Vorfall sich in einer Stadt namens Z. ereignet hat. Aber es gab keine andere Möglichkeit.

Die Methode der Geiselnahme lässt sich nicht nur auf Individuen, sondern auch auf Gemeinden und Kleinstädte anwenden.

Wenn im Ausland über besonders abscheuliche Vorfälle berichtet wird, die in einer spezifischen Region oder einer spezifischen Gemeinde passiert sind, zittert jedes Mitglied der Gruppe angesichts der drohenden Rache der ortsansässigen Machthaber. In solchen Fällen hat sogar die Geiseltheorie eine gewisse Gültigkeit. Wir glauben bewiesen zu haben, dass der Nationalsozialismus die Vernichtung der deutschen Juden plant, ohne Rücksicht auf die Reaktion von deutschen oder ausländischen Juden. Ortsansässige Machthaber greifen begierig jeden Vorwand auf, um – gänzlich ungeachtet des allgemeinen Plans – ihre private Lust auf Folter zu befriedigen. Aus diesem Grund war es nötig, es für sie unmöglich zu machen, sich selbst, ihre Taten und den Schauplatz ihrer Verbrechen in den Berichten wiederzuerkennen.

Der Autor möchte dem Leser versichern, dass er nur solche Berichte berücksichtigt und reproduziert hat, die er gewissenhaft in jeder Hinsicht untersucht hat und für die er glaubt sich verbürgen zu können.

Der Autor nahm die Abfassung dieses Buches erst nach reiflicher Überlegung in Angriff. Er fragte sich selbst, welchen möglichen Zweck es erfüllen könnte. Es muss klar sein, dass er das Leiden nicht porträtierte, um die Leser in Nervenkitzel zu versetzen. Der Unmut vieler deutscher Juden über »Propaganda« im Ausland ist wohlbekannt. Die Frage ist nun, ob ein Buch wie dieses ihr Leiden lindern, ob es tatsächlich eine Verbesserung in der Welt erbringen kann. Diese Frage führt zu der weiter gehenden Frage, ob Worte oder Schweigen, Taten oder Tatenlosigkeit angesichts der gegenwärtigen Greueltaten angemessen sind. Der Autor bevorzugt Worte und Taten.

Vor mehr als fünf Jahren schrieb er in einem Buch: »In spätestens dreißig Jahren wird es bei Dauer des heutigen Zustandes keine jüdische Schicht mehr in Deutschland geben, die mit der bisherigen verglichen werden kann.«[293] Spätestens in dreißig Jahren! ... So optimistisch war er damals noch. Er erinnert sich gut daran, dass viele andere, die ähnliche Gedanken aussprachen, sowohl von jüdischen als auch von nichtjüdischen Freunden als hysterische Pessimisten belächelt wurden.

In der Tat spielte die deutsche Naziführung zu dem Zeitpunkt mit dem Gedanken, die deutschen Juden in aller Stille aussterben zu lassen. Sie beraubten die Jüngeren ihrer Lebensgrundlage und verjagten sie aus dem Land; einstweilen überließen sie die Älteren sich selbst. Nach der ersten Welle der grausamen Exzesse im Frühling und Sommer des Jahres 1933 gab es eine Ruhepause. Während dieser Phase wurden Gesetze erlassen, die die Juden von freien Berufen ausschlossen und den meisten von ihnen damit (ältere Personen und Kriegsveteranen ausgenommen) nur den Handel als Einnahmequelle ließen.

Langsam verebbte im Ausland der Protest gegen die Exzesse von 1933, und einige Juden berichteten auf ihren Auslandsreisen, dass die Zustände nicht so schlecht seien, wie sie sein könnten. In der Welt wurde es still um die Juden, was dem Regime die Möglichkeit gab, seine diskriminierende Politik und Gesetzgebung zu verschärfen.

Im Herbst 1935 nahm der Niedergang der deutschen Juden unaufhaltsam an Schwung zu. Die wohlbekannten Nürnberger Rassegesetze schrieben das Konzept der Minderwertigkeit der jüdischen Rasse in der Gesetzgebung fest. Lokale Aktionen vertrieben die jüdische Bevölkerung vom Land und aus den kleinen Städten. Ihre Geschäfte wurden boykottiert, ihre Situation wurde unerträglich. Als dies alles begann, war die Welt für einen kurzen Moment empört gewesen. Jetzt schaute sie mitleidig, aber ruhig zu. Es wäre weltfremd, etwas anderes zu erwarten.

Natürlich glaubten zunächst die Nazis, getreu ihrer Lehre von der jüdischen Weltherrschaft, dass die Juden die gesamte Welt zu ihren Gunsten gegen Deutschland mobilisieren würden und könnten. Sie verlangsamten ihre Attacken, und nach den ersten Exzessen und diskriminierenden Gesetzen blieben sie für zwei Jahre relativ ruhig.

Aber die Vorstellung von der jüdischen Weltherrschaft ist nur ein Märchen. Sie entbehrt jeglicher Grundlage, schon alleine deswegen, weil die Juden Englands, Frankreichs und Amerikas zuallererst Engländer, Franzosen und Amerikaner sind, die durch ihre Religionszugehörigkeit nicht enger miteinander verbunden sind als andere religiöse Gemeinschaften. Als die Mobilisierung der Welt in ökonomischer wie politischer Hinsicht ausblieb und als die einflussreichen jüdischen Zirkel in jedem Land sich von solch einer Mobilmachung ausdrücklich distanzierten, selbst wenn sie möglich gewesen wäre, wurden die Angriffe auf die schutzlosen deutschen Juden mit doppelter Kraft wiederaufgenommen.

Die Lehre ist einfach und klar. Wann immer die Welt sich gegen die Verfolger der Juden in Deutschland auflehnt, wird die Diskriminierung schwächer. Wann immer sich die Aufmerksamkeit der Welt verlagert, wird sie wiederaufgenommen. Dieses Faktum alleine vermag dieses Buch zu rechtfertigen.

Aber damit ist das Thema der deutschen Juden noch nicht erschöpfend genug behandelt. Wäre es lediglich eine Frage der deutschen Juden, dann ließe sich ein andauerndes aktives Interesse der Außenwelt daran weder erwarten noch rechtfertigen. An dieser Stelle muss festgehalten werden, dass es historisch gesehen unvermeidbar war, dass sich das Mitleid der Welt angesichts der Judenverfolgung in Deutschland nur mehr passiv zeigt. Es ist die Frage nach Deutschlands Schicksal, einem Schicksal, das durch deutsche Kräfte hätte aufgehalten werden können – aber nicht wurde. Es kann nicht die Aufgabe anderer Länder sein, das Rad der Geschichte zurückzudrehen. Unser Planet ist von Grausamkeiten übersät, und der Vorrat an uneigennütziger Menschlichkeit wird nie genügen, um effektiv alle Grausamkeiten zu überdecken. Das ist nur natürlich. Es entspricht dem Lauf der Welt. Es ist kein Grund für Beschwerden oder Anschuldigungen.

Aber die Judenverfolgungen in Deutschland sind viel mehr als bloß ein Anlass für selbstlose Anteilnahme. Sie sind eine ohrenbetäubende Warnung an alle Nationen. Sie sind ein lebendiges Lehrstück über den Umgang der derzeit herrschenden Klasse Deutschlands mit den Wehrlosen. So wie sie mit den Juden verfährt, wird sie es auch mit allen anderen tun, die ihnen in die Hände fallen. Das hat sie so gesagt.

Diese herrschende Klasse entspricht nicht dem deutschen Volk. Es ist eine Minderheit, nur in brutaler Kraft überlegen und moralisch zutiefst unterlegen. Diese Minderheit – sie nennt sich selbst »das beste rassische Element des deutschen Volkes« – hat die Macht über das Volk teils durch Überredung, teils durch Zwang übernommen. Nun rottet sie diejenigen Bevölkerungskreise aus, die sie als unerwünscht betrachtet. Die Juden waren die Ersten. Vermutlich werden gottesfürchtige Christen die Nächsten sein, seien sie nun Protestanten oder Katholiken. Währenddessen werden andere Nationen langsam nachreifen. Was mit den Tschechen und Slowaken geschehen ist, was gerade den Spaniern, den Ungarn, den Rumänen, den Jugoslawen, den Polen, den Ukrainern und den Italienern geschieht, wird in Kürze auch mit den Franzosen, den Engländern und den Amerikanern versucht werden. Durch Drohungen und Übergriffe von außen und durch das Zermürben von innen wird diese unheilvolle Truppe ihren Plan verfolgen, langsam alle Nationen dieser Welt demselben Schicksal wie dem der deutschen Juden zuzuführen.

Das ist kein Hirngespinst. Man muss ihnen lediglich zuhören, wenn sie über ihre Pläne sprechen. Jeder, der sich die Mühe macht, kann die Worte lesen, mit denen Adolf Hitler sein Buch *Mein Kampf* beendet und sein Ziel zusammenfasst:

»Ein Staat, der im Zeitalter der Rassenvergiftung sich der Pflege seiner besten rassischen Elemente widmet, muß eines Tages zum Herrn der Erde werden.«[294]

Das Schicksal der deutschen Juden hat gezeigt, was das für die Welt bedeutet.

Als der Herrscher Nero die Christen in Rom verfolgte, ließ er einige von ihnen mit Teer beschmieren, sie an Pfähle in seinem Garten binden und sie wie lebende Fackeln anzünden. Diese Fackeln erleuchteten die ganze Welt. In ihrem Feuerschein fand die unmenschliche Herrschaft der römischen Kaiser letztlich ihr Ende.

Heute ziehen die deutschen Juden wie lebende Fackeln durch die Welt und beleuchten den Höllenabgrund und dessen Prinzen. In ihrem Leid sind sie ein angefachtes Licht geworden, das die Völker der Welt sehen können.

Konrad Heiden

Neuilly-sur-Seine (Frankreich)
Postfach 77

Kommentar

1 Auf dem Titelblatt des Typoskripts vermerkt Heiden: »Konrad Heiden: Nächtlicher Eid, Typoskript, 164 Seiten, ca. Neujahr 1939«. Vgl. den Durchschlag des Typoskripts in der Zentralbibliothek Zürich unter der Signatur Ms. Oprecht T152.

2 Anders als bei der Allgemeinen SS wurde die Aufnahme in die SS-Verfügungstruppe jeweils am 9. November vollzogen. Höhepunkt war der mitternächtliche Eid vor der Feldherrnhalle (vgl. Longerich 2008: 315). Eine zeitgenössische Schilderung der Zeremonie 1938 findet sich unter dem Titel »Vereidigung der SS-Bewerber«, in: Neues Wiener Tagblatt, 11. November 1938, S. 7, aus dem Heiden an anderer Stelle ebenfalls zitiert.

3 Auf Drängen Deutschlands wurde der sich schon zuvor in rechten Parteien und Vereinen engagierende Arthur Seyß-Inquart (1892-1946) noch vor dem ›Anschluss‹ Innenminister in Österreich. Seyß-Inquart machte im NS-System Karriere, u.a. war er Reichsstatthalter der ›Ostmark‹ (bis 1939), Stellvertretender Generalgouverneur im Generalgouvernement (bis 1940, unter Hans Frank) und schließlich von 1940 bis 1945 Reichskommissar für die besetzten niederländischen Gebiete. Seyß-Inquart setzte in seinen jeweiligen Machtbereichen die nationalsozialistische Politik unnachgiebig um und war sowohl für die wirtschaftliche Ausbeutung der besetzten Länder als auch für die Verfolgung und Ermordung von Juden und politischen Gegnern verantwortlich. 1946 wurde er in Nürnberg als Kriegsverbrecher verurteilt und hingerichtet (vgl. Weiß 2002: 428 f., Wistrich 1988: 324 f.). Heidens Bezeichnung »Auslieferer Österreichs« bezieht sich auf die Tatsache, dass Seyß-Inquart im März 1938 ein Gesetz durch das Parlament brachte, welches die Unabhängigkeit Österreichs de facto beendete (vgl. ebd.).

4 Konrad Henlein (1898-1945) gründete 1933 mit der *Sudetendeutschen Heimatfront* (später *Sudetendeutsche Partei*) ein Pendant zur NSDAP, das von deutscher Seite unterstützt und finanziert wurde. Mit dem von ihm geführten deutschnationalen *Sudetendeutschen Turnverband* gelang es Henlein und seiner Partei, eine große Anhängerschaft unter der deutschen Bevölkerung zu gewinnen. Nach der Besetzung der Tschechoslowakei durch deutsche Truppen wurde Henlein 1939 Reichsstatthalter im Reichsgau Sudetenland. Diese Position hatte er bis Kriegsende inne (vgl. Weiß 2002: 198 f., Wistrich 1988: 145 f.).

5 Heiden bezieht sich vermutlich auf folgende Aussage Himmlers: »Ob sie uns lieben, das ist einerlei! Wenn sie uns nur respektieren! Ob sie uns hassen, ist uns einerlei, wenn sie uns nur fürchten« (Ackermann 1970: 145).

6 »Wir treten zum Beten« ist ein altes, ursprünglich niederländisches Dankgebet, das zur Melodie eines Volkslieds bereits während der Kaiserzeit zu festlichen, vornehmlich militärischen Ereignissen gesungen wurde, u.a. im August 1914 zum Ausbruch des Ersten Weltkriegs vor dem Berliner Stadtschloss. Auch in NS-Deutschland wurde es zu vielen festlichen Anlässen neben dem Horst-Wessel-Lied angestimmt. Vgl. Biermann 2011: 102 f.

7 Himmler formulierte den Eid der SS 1936: »Wir schwören Dir, Adolf Hitler, als Führer und Kanzler des Deutschen Reiches Treue und Tapferkeit. Wir ge-

loben Dir und den von Dir bestimmten Vorgesetzten Gehorsam bis in den Tod. So wahr uns Gott helfe!« (vgl. die Fußnote bei Wegner 1997: 42).

8 Vgl. »SS-Appell vor dem Führer«, in: Westfälische Landeszeitung – Rote Erde, Dortmunder Ausgabe, 11. November 1938, o.S.

9 Dieser Satzteil fehlt in der englischsprachigen Übersetzung, vgl. Heiden 1939a: 22.

10 »S.S.-« ist ein handschriftlicher Zusatz.

11 1931 machte Heinrich Himmler den Ausspruch »SS-Mann, Deine Ehre heißt Treue«, den er auch in einer Vielzahl seiner Reden gebrauchte, zum Leitspruch der SS. Er war, verkürzt zu »Meine Ehre heißt Treue«, auf allen Koppelschlössern der SS-Uniformen eingraviert. Vgl. Benz/Graml/Weiß 1998: 581.

12 In der Nacht vom 8. auf den 9. November 1923 versuchte Hitler mit der NSDAP und weiteren völkischen Organisationen in München die Regierung zu stürzen und die Macht zu übernehmen. Bei einem Marsch auf die Feldherrnhalle am 9. November wurde der Putschversuch von der bayerischen Landespolizei niedergeschlagen, wobei 16 Putschisten getötet wurden. Wer das Feuer eröffnet hat, ist unklar. Hitler und weitere Verschwörer wurden wenig später verhaftet. Vgl. Benz/Graml/Weiß 1998: 515.

13 Hitler hatte bereits am Abend des 8. November 1937 im Münchener Bürgerbräukeller eine Rede gehalten, bei der er vor »alten Kameraden« erwähnte, dass das Fehlschlagen des Putsches von 1923 »das größte Glück« seines Lebens und das der deutschen Nation gewesen sei. Er begründete diese positive Einschätzung folgendermaßen: »Die Zersplitterung Deutschlands aber war auf alle Fälle verhindert worden. Denn um mit uns fertig zu werden, benötigte man die Hilfe des deutschen Nordens. […] Man hat uns dabei nicht mundtot machen können, sondern wie durch eine Explosion sind unsere Ideen über ganz Deutschland geschleudert worden.« Zitiert nach: Domarus 1965: 757f., vgl. auch »Erst eine europäische Achse und jetzt ein großes weltpolitisches Dreieck!«, in: Völkischer Beobachter, 10. November 1937, S. 2.

14 Ernst vom Rath (1909-1938) wurde im Juli 1938 an die deutsche Botschaft in Paris versetzt und dort am 18. Oktober zum Legationssekretär ernannt. Der studierte Jurist war seit 1932 Mitglied der NSDAP und ab 1933 bei der SA. Den Schüssen von Herschel Grynszpan am 7. November erlag er zwei Tage darauf. Die NS-Propaganda stilisierte ihn zum ›ersten Blutopfer‹ und legitimierte die Ausschreitungen während der Reichspogromnacht mit der angeblichen Wut der Deutschen über diesen Mord (vgl. Weiß 2002: 365f.).

15 In der englischsprachigen Ausgabe fehlt dieser Zusatz, vgl. Heiden 1939a: 24.

16 Herschel Grynszpan (geb. 28. März 1921), der in Hannover als Kind jüdischer Einwanderer aus Polen aufwuchs, lebte ab 1936 bei Verwandten in Paris. Als Reaktion auf die Deportation seiner Familie nach Polen oder – wie die jüngere Forschung annimmt – wegen früherer Kontakte aus der Pariser Homosexuellenszene erschoss er im Oktober 1938 Ernst vom Rath. Grynszpan wurde gefangen genommen, aber nie vor Gericht gestellt. Frankreich lieferte ihn schließlich unter der Vichy-Regierung an Deutschland aus. Da sich ein von Goebbels geplanter Schauprozess verzögerte und später nicht mehr opportun erschien, wurde Grynszpan im Konzentrationslager Sachsenhausen und im Untersuchungsgefängnis Berlin-Moabit festgehalten. Über seinen weiteren Verbleib ist nichts bekannt, vermutlich kam er 1942 im Konzentrationslager

Sachsenhausen ums Leben (vgl. Bareiß 2005: 154, Steinweis 2011: 150, Weiß 2002: 364 sowie Wistrich 1988: 129f.).

17 Walter Buch (1883-1949) engagierte sich bereits früh für die NSDAP: Parteibeitritt 1922, SA-Gauführer 1923, Teilnahme am Hitlerputsch, ab 1928 Reichstagsmitglied und Autor für den *Völkischen Beobachter*. Ab 1934 war Buch Vorsitzender des mächtigen Obersten Parteigerichts, dies wurde »für die NSDAP das, was für die Deutschen insgesamt die Gestapo war« (Wistrich 1988: 46). Buch, dessen Tochter mit dem Chef der Parteikanzlei Martin Bormann verheiratet war, beging 1949 nach seiner Verurteilung zu fünf bzw. dreieinhalb Jahren Arbeitslager als ›Hauptschuldiger‹ Selbstmord (vgl. ebd. sowie Weiß 2002: 64ff.).

18 Walter Buch hielt seine Rede über »Des nationalsozialistischen Menschen Ehre und Ehrenschutz« vor den Parteigerichtsvorsitzenden während des Nürnberger Parteitags 1938. Abgedruckt wurde die Rede in: Deutsche Justiz, Ausgabe A, 21. Oktober 1938, 100. Jahrgang, S. 1657-1664, Zitat S. 1660 unter der Überschrift »Sexualehre«.

19 Französisch, abwertend, ›Polizisten‹, ›Bullen‹.

20 Ab dem 27. Oktober 1938 wurden innerhalb von drei Tagen circa 18.000 Juden mit polnischer Staatsangehörigkeit abgeholt und an die deutsch-polnische Grenze gebracht. Viele von ihnen harrten dort tagelang im Niemandsland aus, bevor sie nach Polen eingelassen wurden. Dort verbrachten sie oft Wochen in Lagern. Unter den Vertriebenen im Auffanglager im polnischen Bentschen/Zbąszyń waren auch Sendel (geb. 17. September 1886) und Rifka (geb. 19. Juli 1887) Grynszpan, die Eltern Herschel Grynszpans. Sie überlebten und waren nach dem Krieg zunächst für längere Zeit im Hospital von Bergen-Belsen und später wieder in ihrer Heimatstadt Hannover registriert. Vgl. zu den Deportationen der aus Deutschland ausgewiesenen Juden polnischer Staatsangehörigkeit Steinweis 2011: 23 und Tomaszewski 2002 sowie zu Sendel und Rifka Grynszpan die Unterlagen des ITS Bad Arolsen (DOK IDs: 67268644, 67268571-Nachkriegszeitkartei, 78795367, 99161738 sowie 99161735).

21 Hitler verfasste *Mein Kampf* 1924 während seiner Haftzeit in Landsberg am Lech. Er schreibt dazu in seinem Vorwort: »[Mit der Inhaftierung] bot sich mir nach Jahren ununterbrochener Arbeit zum ersten Male die Möglichkeit, an ein Werk heranzugehen, das von vielen gefordert und von mir selbst als zweckmäßig für die Bewegung empfunden wurde« (Hitler 1936: XXVII). Während der erste Band zunächst die Biographie Hitlers vorstellt (»zur Zerstörung der von der jüdischen Presse betriebenen üblen Legendenbildung über meine Person«, ebd.) und diese mit der nationalsozialistischen Bewegung verknüpft, werden im zweiten Band die politischen und ideologischen Ziele der Bewegung behandelt. *Mein Kampf* wurde in der Folge zu einer Grundlage und einem »Symbol des Nationalsozialismus« (Plöckinger 2011: 1).

22 Bei Hitler 1936: 152 heißt es unter der Seitenüberschrift »Erwerb neuen Bodens«: »Dann jedoch tritt das Recht der Selbsterhaltung in seine Wirkung; und was der Güte verweigert wird, hat eben die Faust sich zu nehmen.«

23 Vgl. unter der Seitenüberschrift »Die Anwendung nackter Gewalt« bei Hitler 1936: 188.

24 Im Zusammenhang mit der Ergreifung der politischen Macht als einziger Möglichkeit des Erfolgs einer Bewegung heißt es in *Mein Kampf*: »Jede welt-

bewegende Idee hat nicht nur das Recht, sondern die Pflicht, sich derjenigen Mittel zu versichern, die die Durchführung ihrer Gedankengänge ermöglichen. Der Erfolg ist der einzige irdische Richter über das Recht oder Unrecht eines solchen Beginnens« (vgl. Hitler 1936: 388).

25 Hitler schreibt, dass der von ihm eingerichtete Ordnerdienst bei nationalsozialistischen Versammlungen darüber belehrt wurde, »daß Terror nur durch Terror zu brechen sei, daß auf dieser Erde der Mutige und Entschlossene noch stets den Erfolg für sich gehabt habe; daß wir für eine gewaltige Idee fechten, so groß und erhaben, daß sie sehr wohl verdiene, mit dem letzten Tropfen Blut beschirmt und beschützt zu werden« (Hitler 1936: 549f., das von Heiden wiedergegebene Zitat befindet sich auf Seite 550).

26 In der englischsprachigen Ausgabe heißt es mit Leseranrede und ohne Bezug auf Herschel Grynszpan: »You can read them yourself on pages [...]«. Die Seitenzahlen beziehen sich auf die englischsprachige Fassung von *Mein Kampf*. Vgl. Heiden 1939a: 28.

27 Heiden spielt an dieser Stelle u.a. auf die Ereignisse während des sogenannten ›Röhm-Putschs‹ an. Vom 30. Juni bis 2. Juli 1934 ließ Hitler unter dem Vorwand, die Führung der mit ihrer Rolle im NS-Staat unzufriedenen SA unter Ernst Röhm sowie konservative Persönlichkeiten hätten Umsturzpläne verfolgt, mindestens 85 SA-Führer und andere ermorden. Vgl. zum Röhm-Putsch Benz/Graml/Weiss 1998: 703ff. Heiden selbst veröffentlichte 1934 unter dem Pseudonym Klaus Bredow in Saarbrücken hierüber eine Broschüre (vgl. Bredow 1934).

28 Der aus einfachen Verhältnissen stammende Matthias Erzberger (1875-1921) war ab 1903 für die Zentrums-Partei im Reichstag vor allem mit Kolonial- und Finanzfragen beschäftigt. In seiner Funktion als Parlamentär in Compiègne war er 1918 einer der Unterzeichner des Waffenstillstands; er trat auch für den Versailler Friedensvertrag ein. Bekannt wurde er zudem durch seine Arbeit als Finanzminister. Seine rechten Gegner warfen ihm sowohl politisches als auch moralisches Versagen vor, und Erzberger musste von seinem Amt zurücktreten. Für viele seiner – vor allem rechten – Gegner wurde er der »meistgehaßt[e] Politiker nach dem Ersten Weltkrieg« (Benz 1988: 77). Am 26. August 1921 wurde er von zwei politisch rechtsstehenden Marineoffizieren ermordet. Vgl. ebd.: 77f.

29 Als Präsident des Aufsichtsrats der AEG und mit Leitungspositionen in mehr als hundert in- und ausländischen Firmen betrauter war Walther Rathenau (1867-1922) einer der einflussreichsten Industriellen seiner Zeit. Bald wandte er sich auch der Politik zu: 1914 baute er die Kriegsrohstoffabteilung im Kriegsministerium auf; nach Kriegsende wurde er Wiederaufbauminister. Mit seinen Ideen und Überzeugungen stand er eher links, so trat er etwa für staatliche Kontrollen von Unternehmen ein. Als Außenminister versuchte er die Aussöhnung mit Frankreich voranzubringen; der Ausgleich mit Sowjetrussland gelang Rathenau 1922 mit dem Vertrag von Rapallo. Politisch rechtsstehende Gegner lehnten seine ›Erfüllungspolitik‹ für die Vorgaben des Versailler Vertrags strikt ab. Er wurde am 24. Juni 1922 von Mitgliedern der *Organisation Consul* ermordet. Die Beerdigung Rathenaus in Berlin wurde von dem Rabbiner Leo Baeck vollzogen. Vgl. Pehle 1988: 262f., Schölzel 2006: 374.

30 Der aus einer Soldatenfamilie stammende Kurt von Schleicher (1882-1934) machte im Militär auf verschiedenen Stellen Karriere, bevor er ab Juni 1932 als Reichswehrminister unter Franz von Papen fungierte. Im Dezember 1932 wurde er letzter Reichskanzler vor der Machtübernahme der Nationalsozialisten; durch seine politischen und gesellschaftlichen Verbindungen nahm er eine »Schlüsselrolle im politischen Leben der Weimarer Republik« (Weiß 2002: 408) ein. Dabei versuchte er, den Einfluss der NSDAP auf die Regierung zu verringern. Eine Intrige Franz von Papens brachte von Schleicher nach 57 Tagen im Amt zu Fall; er war in der Folge nicht mehr politisch aktiv. Von Schleicher wurde während des Röhm-Putschs mit seiner Frau in Berlin ermordet (vgl. ebd.: 407 f., Wistrich 1988: 309 f.).

31 Die Ermordung der Ehefrau von Schleichers wird in der englischsprachigen Ausgabe nicht erwähnt, vgl. Heiden 1939a: 28.

32 Edgar Jung (1894-1934) war in seinen politischen Anfängen radikal gegen die französische Militärregierung in seiner Pfälzer Heimat eingestellt. Selbst ein Attentat, bei dem auch er verletzt wurde, verübte er. Jung, der eigentlich Rechtsanwalt war, hatte enge Kontakte zum *Freikorps Epp*, zum *Bund Oberland* und der *Organisation Consul*, die in den 1920er Jahren für die Morde an Walther Rathenau und Matthias Erzberger verantwortlich war. Der Konservative setzte sich publizistisch für einen »antipluralistisch-antiwestlichen, föderalen Ständestaa[t] christlicher Prägung« (Frei 1988: 166) ein. Jung wurde 1932 Redenschreiber Franz von Papens und lehnte die nationalsozialistische Politik ab. Er wurde im Rahmen des Röhm-Putschs verhaftet und am 30. Juni 1934 bei Oranienburg erschossen. Vgl. ebd.

33 Ferdinand von Bredow (1884-1934) war als Chef des Ministeramts im Reichswehrministerium ein enger Mitarbeiter Kurt von Schleichers. Der Generalmajor wurde während des Röhm-Putschs erschossen (Weiß 2002: 59 f.).

34 Der aus einer politisch einflussreichen Familie stammende Gustav Ritter von Kahr (1862-1934) war ab 1917 Regierungspräsident von Oberbayern, 1920 bis 1921 unterbrochen von einer kurzen Amtszeit als Ministerpräsident Bayerns. Von Kahr war durchaus national eingestellt und versuchte, Hitler für seine Sache zu gewinnen. Er wurde 1923 von diesem zunächst gezwungen, den Putsch zu unterstützen, jedoch setzte er sich im Anschluss für dessen Niederschlagung ein. Mit der Verhaftung von Kahrs im Rahmen des Röhm-Putschs »übte Hitler späte Rache« (Selig 1988: 171): Von Kahr wurde nach Dachau gebracht, wo er am 30. Juni 1934 ermordet wurde. Vgl. ebd. – In der englischsprachigen Ausgabe wird von Kahr mit der Amtsbezeichnung »Prime Minister of Bavaria« versehen, vgl. Heiden 1939a: 29.

35 Erich Klausener (1885-1934) war von 1926 bis zur Machtübernahme der Nationalsozialisten Leiter der Polizeiabteilung im preußischen Innenministerium. Daneben engagierte er sich im katholisch-sozialen Bereich (*Katholische Aktion* in Berlin). Zunächst unterstützte er die Politik der Nationalsozialisten, wandte sich dann aber gegen die antikirchliche Ausrichtung der Partei. Am 30. Juni 1934 wurde Klausener durch die Nationalsozialisten ermordet, wobei sein Tod zunächst als Selbstmord ausgegeben wurde. Vgl. Große Kracht 2011.

36 Adalbert Probst (1900-1934) war schon früh in der katholischen Sportjugend aktiv und stieg in der Sportabteilung des *Katholischen Jungmännerverbands* auf. Zunächst war er durchaus für den Sport als Mittel zur Wehrertüchtigung

der Jugend und verhandelte als Reichsführer der katholischen *Deutschen Jugendkraft* mit den Nationalsozialisten, um die Eigenständigkeit des Vereins bei gleichzeitiger Zusammenarbeit zu gewähren. Am 30. Juni 1934 wurde Probst festgenommen und zwei Tage später ermordet. Probst gilt vielen Katholiken als »Märtyrer der Kirche« (Schellenberger 1998: 286).

37 Ernst Julius Röhm (1887-1934) war nach dem Ersten Weltkrieg, an dem er als Berufsoffizier teilnahm, in verschiedenen Stellen im Militär eingesetzt. 1923 nahm er am Hitler-Putsch teil und wurde daraufhin aus der Reichswehr ausgeschlossen und zu 15 Monaten Haft verurteilt. Röhm, der einer der wenigen Duzfreunde Hitlers war, blieb in der völkischen Bewegung aktiv und wurde 1931 Oberster Stabsführer der SA, die er zu einem Kampfverband ausbaute. Nach der Machtübernahme wurde er u.a. Bayerischer Staatsminister. Zum Vorwand für seine Ermordung nahmen seine parteiinternen Gegner seinen Versuch, den Einfluss der SA gegenüber der Reichswehr zu steigern, seine bekannte Homosexualität und sein angeblich »gewissenloses Vorgehen« (Weiß 2002: 382, vgl. auch Wistrich 1988: 287 ff.).

38 Gregor Strasser, auch: Straßer, (1892-1934) war Reichsorganisationsleiter der NSDAP. Bereits während seines Studiums war er ab 1919 im *Freikorps Epp* aktiv, 1921 trat er in die NSDAP ein. Wie auch Göring wurde er in der Folge des Hitler-Putsches zu Festungshaft verurteilt. Nach der Freilassung blieb er als Fraktionsvorsitzender in Bayern politisch aktiv; später wurde er Reichspropagandaleiter der NSDAP. 1932 kam es zu einer Auseinandersetzung mit Hitler über eine Zusammenarbeit mit Reichskanzler von Schleicher, wegen der er von allen Ämtern zurücktrat. Strasser wurde am 30. Juni 1934 verhaftet und am selben Tag von der SS erschossen (vgl. Weiß 2002: 447 f., Wistrich 1988: 341 f.).

39 Engelbert Dollfuß (1892-1934) wurde durch seine Arbeit in der Niederösterreichischen Landwirtschaftskammer zu einem bekannten Agrarfachmann. 1931 nahm er das Amt des Bundesministers für Land- und Forstwirtschaft an und wurde im folgenden Jahr Bundeskanzler von Österreich. Er gilt als Begründer des Austrofaschismus. Nach der Auflösung des Nationalrats wegen eines Formfehlers regierte Dollfuß mit Notverordnungen und lehnte sich an das Italien Mussolinis an; im Mai 1934 hob er die Verfassung und damit auch den Parteienstaat auf. Die NSDAP wurde von seiner Regierung im Juni 1933 verboten; das Verbot der Sozialdemokratischen Partei folgte im Februar 1934, was zu einer Staatskrise führte. Am 25. Juli 1934 wurde er von österreichischen Nationalsozialisten während eines Putschversuchs in Wien ermordet. Vgl. Drimmel 1987, Klee 2003: 116.

40 Hermann Fischer, Erwin Kern und der von Heiden nicht erwähnte Ernst Werner Techow – alle zwischen 22 und 26 Jahre alt – waren Mitglieder der geheimen *Organisation Consul* (OC), welche die Republik destabilisieren wollte. Die dem Freikorps nahestehende Gruppe hatte bereits zuvor Matthias Erzberger ermordet. Das Attentat auf den damaligen Außenminister Rathenau fand am Vormittag des 24. Juni 1922 statt. Die drei Attentäter gaben Schüsse ab und warfen eine Granate auf den Wagen Rathenaus. Tatsächlich kam es in der Folge zu Unruhen und Demonstrationen in ganz Deutschland. Im Reichstag wurden die rechten Politiker angegriffen. Kern und Fischer wurden in ihrem Versteck auf der Burg Saaleck in Thüringen von der Polizei aufgespürt: Kern wurde während eines Schusswechsels getötet, und Fischer beging Selbstmord,

um seiner Verhaftung zu entgehen. Techow, der bei dem Attentat das Auto fuhr, wurde festgenommen und vor Gericht gestellt. Vgl. Schölzel 2006: 370-377 sowie Volkov 2012: 225 f.

41 Franz Holzweber, Wachtmeister im österreichischen Bundesheer, und Otto Planetta (1899-1934), ebenfalls im Bundesheer, waren im Vorstand des *Deutschen Soldatenbundes* aktiv. Planetta war zudem seit 1929 Mitglied der NSDAP. Am 25. Juli 1934 ermordeten sie mit anderen österreichischen Nationalsozialisten Bundeskanzler Dollfuß und wurden sechs Tage später gehenkt. Vgl. Drimmel 1987: 444 f. und 457.

42 Zum Totenkult um Holzweber und Planetta vgl. u.a. »Helden und Heldenehrung«, in: Das Neue Tage-Buch 7 (1939), Heft 32, S. 751 f.

43 Hitler telegrafierte an die fünf zum Tode verurteilten SA-Männer im Gerichtsgefängnis Beuthen, die in der Nacht vom 9. auf den 10. August einen kommunistischen Polen getötet hatten: »Meine Kameraden! Angesichts dieses ungeheuerlichsten Bluturteils fühle ich mich mit euch in unbegrenzter Treue verbunden: Eure Freiheit ist von diesem Augenblick an eine Frage unserer Ehre. Der Kampf gegen eine Regierung, unter der dieses möglich war, unsere Pflicht.« Das Telegramm Hitlers wurde im *Völkischen Beobachter* vom 24. August 1932, S. 1 unter dem Titel »Des Führers Telegramm an die zum Tode verurteilen S.A.-Männer« abgedruckt. Die gesamte Titelseite des *Völkischen Beobachters* beschäftigt sich mit dem Fall. Vgl. Bruppacher 2008: 248 und zum Mord Jasper 1986: 111 ff., Kluke 1957.

44 Der Zusatz »in einem Waffenladen« findet sich nicht in der englischsprachigen Ausgabe, vgl. Heiden 1939a: 30.

45 In der englischsprachigen Ausgabe wird die erste Inhaftnahme nicht erwähnt; die Verurteilung zu sechs Monaten Haft wird durch den Einschub »a severe penalty« bewertet, vgl. Heiden 1939a: 31.

46 Goebbels schreibt in seinem Zeitungsartikel »Der Fall Grünspan«: »Wo war Grünspan in den letzten drei Monaten? Wer hat für seinen Unterhalt gesorgt? Wer hat ihm den falschen Paß vermittelt? Wer hat ihn im Pistolenschießen unterrichtet? Es kann keinem Zweifel unterliegen, daß er von einer jüdischen Organisation versteckt und auf diese zynische Mordtat systematisch vorbereitet worden ist« (Völkischer Beobachter, 12. November 1938, S. 1).

47 Heiden bezieht sich auf eine Reihe antijüdischer Verordnungen, u.a. auf das »Gesetz zur Wiederherstellung des Berufsbeamtentums« vom 7. April 1933, das »Gesetz über die Zulassung zur Rechtsanwaltschaft« vom gleichen Tag, das »Gesetz gegen die Überfüllung deutscher Schulen und Hochschulen« vom 25. April 1933 sowie die Verordnung »Über die Zulassung von Ärzten zur Tätigkeit bei den Krankenkassen« vom 22. April 1933. Vgl. Heiden 1934a: 211 (dort mit z.T. falscher Datierung) sowie zu den Gesetzen im Einzelnen Walk 1996: 12, 16 ff.

48 Laut »Verordnung über die Anmeldung des Vermögens von Juden« vom 26. April 1938 hatten Juden sowie ihre nichtjüdischen Ehepartner ihr »gesamtes in- und ausländisches Vermögen anzumelden und zu bewerten«, sofern der Wert 5000 Reichsmark überschritt. Vgl. Walk 1996: 223.

49 Im Folgenden von Hand gestrichen: »an erster Stelle«. In der englischsprachigen Ausgabe wird die Streichung übersetzt, obwohl die Angabe nicht den historischen Tatsachen entspricht, vgl. Heiden 1939a: 33.

50 Die »Zweite Verordnung zur Durchführung des Gesetzes über die Änderung von Familiennamen und Vornamen« vom 17. August 1938 legte fest, dass Neugeborenen von ihren jüdischen Eltern nur noch spezielle ›jüdische‹ Vornamen gegeben werden durften, wie z.B. Mosche oder Simche. Das Reichsministerium des Inneren hatte hierfür eine Liste von Namen zusammengestellt. Zudem galt für alle deutschen Juden ab dem 1. Januar 1939 der Zwang, den zweiten Vornamen Israel bzw. Sarah anzunehmen, insofern sie nicht bereits einen der ›jüdischen‹ Namen trugen. Bei Nichtbeachtung drohten Geldstrafen oder auch Haft von bis zu sechs Monaten. Vgl. Reichsgesetzblatt, Teil 1, 18. August 1938, S. 1044.

51 Siegfried, der Drachentöter, entstammt ebenso wie sein Vater Siegmund der Nibelungensage. Unter dem Titel *Der Ring der Nibelungen* bearbeitete Richard Wagner den Stoff als Oper.

52 In Worms lebten seit dem Mittelalter Juden zumeist als Händler. Das dortige Judenviertel war nicht in sich abgeschlossen, jedoch bildete es das religiöse und kulturelle Zentrum. Der dortige Friedhof ist der älteste Judenfriedhof in Europa, der älteste Grabstein stammt aus dem Jahr 1076. Es ranken sich eine Vielzahl von Legenden um die jüdische Gemeinde von Worms: Angeblich sollen bereits im Jahr 587 v. Chr. Juden dort gesiedelt haben, nachdem sie wegen der Zerstörung des Ersten Tempels in Jerusalem geflohen seien. Während der Verurteilung von Jesus von Nazareth sollen sie sogar um eine Einschätzung über seine Hinrichtung gebeten worden sein. Dies entspricht nicht der historischen Realität; die ältesten Quellenbelege für Juden in Worms stammen aus dem Jahr 960. Vgl. Reuter 1984: 17f. sowie 27-30.

53 Die überlieferten Quellen belegen die Existenz der jüdischen Gemeinde in Regensburg seit dem 10. Jahrhundert. Damit ist sie die älteste jüdische Siedlung Bayerns. Im 12. Jahrhundert wurde Regensburg durch seine Talmudschule zu einem bedeutenden Zentrum der jüdischen Glaubenslehre. Vgl. den Eintrag zu »Ratisbon« in der *Encyclopaedia Judaica*, online unter: http://www.jewishencyclopedia.com/articles/12640-regensburg (Abruf: 25. Juni 2013).

54 Nach dem Physiker Heinrich Hertz (1857-1894) wurde die physikalische Einheit der Frequenz benannt. Sein Vater war jüdischen Glaubens, trat aber bereits früh zum Christentum über, weshalb sich Hertz selbst nie als Jude definierte. – Der Physiker und Nobelpreisträger Albert Einstein (1879-1955) wurde durch seine Relativitätstheorie weltweit bekannt. 1932 verließ der pazifistisch eingestellte Einstein Deutschland und verbrachte seine letzten Lebensjahre im Exil in Princeton, New Jersey. Vgl. zu Hertz Fölsing 1997 sowie zu Einstein Wieland 1988: 72f.

55 Rahel Levin (1771-1833) gilt als »eine der bedeutendsten Denkerinnern Deutschlands in der Epoche der Aufklärung« (Sparre 2007: 7). Bekannt wurde sie durch ihren wöchentlichen literarischen Salon, in dem sich die kulturell und gesellschaftlich Einflussreichen – sowohl Juden als auch Nichtjuden – zum Austausch trafen. So begegneten sich bei ihr in Berlin u.a. die Brüder Friedrich und Ludwig Tieck, Clemens Brentano, Wilhelm von Humboldt, Jean Paul und Moses Mendelssohn. Varnhagen von Ense, wie sie nach ihrer Hochzeit hieß, hatte zeitlebens Kontakt zu Johann Wolfgang von Goethe und teilte die Bewunderung über sein Schaffen in ihrem Salon. Vgl. Sparre 2007 sowie Wunderlich 2004.

56 Heinrich Heine (1797-1856) war ein deutscher Dichter der Romantik, u. a. verfasste er 1844 *Deutschland. Ein Wintermärchen*. Heine stammte aus einer jüdischen Familie, trat aber 1825 zum Protestantismus über, was er später jedoch ausdrücklich bereute. Vgl. Vaßen 2010: 301-304.

57 *Parsifal* ist die letzte von Richard Wagner komponierte Oper, sie wurde 1882 uraufgeführt. Wagner bezieht sich darin auf das Epos *Parzifal* von Wolfram von Eschenbach. Im dritten Aufzug heilt Parsifal die Wunde Amfortas' und sagt: »[...] die Wunde schließt / der Speer nur, der sie schlug.« Vgl. Breig 2002: 340-343.

58 Hugo Preuß (1860-1925) wird auch als »Vater der Weimarer Verfassung« (Dreyer 2011) bezeichnet. Nach seinem Staatsrechtsstudium wurde Preuß zunächst Professor an der Berliner Handelshochschule, wandte sich aber bald parallel der Politik zu. 1919 wurde er unter Scheidemann erster Reichsinnenminister. Dem linksliberalen Preuß fiel dabei die Aufgabe zu, die neue Reichsverfassung zu entwerfen. Er verfocht dabei die Idee der Selbstverwaltung. Preuß war in der Folge im Preußischen Landtag, wurde aber nie Mitglied des Reichstags. Vgl. Kohl 1988: 258 f.

59 In der englischsprachigen Ausgabe heißt es nüchterner: »In the year 1933, the Nazi Government took the first measures to exclude German Jewry from the German nation.« Vgl. Heiden 1939a: 35.

60 Walter Schaeffer, Chefingenieur der Reichsrundfunk-Gesellschaft, nahm sich gemeinsam mit seiner Frau am 24. März 1933 das Leben. Vgl. Diller 1980: 110.

61 Heiden bezieht seine Information aus einer Notiz in: Comité des délégations juives 1934: 521.

62 Die *Frankfurter Zeitung* berichtete über den Selbstmord des Landgerichtsrats Alexis Hollevorden. Diesen Bericht zitiert auch *Das Schwarzbuch* (vgl. Comité des délégations juives 1934: 521).

63 Hermann Jacobsohn (1879-1933) war ab 1911 außerordentlicher Professor für Indogermanische Sprachwissenschaft und später Ordinarius an der Universität Marburg. Schon in den zwanziger Jahren musste er sich zahlreicher antisemitischer Anfeindungen erwehren. Im April 1933 wurde er entlassen, obwohl er nach dem »Gesetz über die Wiederherstellung des Berufsbeamtentums« ein Ausnahmekriterium erfüllte, da er schon vor 1914 in den Staatsdienst aufgenommen worden war. Ausschlaggebend für seine Entlassung waren vermutlich auch sein politisches Engagement in der Deutschen Demokratischen Partei und seine offene Gegnerschaft gegen den Nationalsozialismus. Am 27. April 1933 nahm er sich das Leben. Vgl. Maier-Metz 2005: 143-152.

64 Der ehemalige Landeskommissar für den Kreis Mannheim, Heinrich Hebting (1865-1933), nahm sich im September 1933 das Leben. *Das Schwarzbuch* über die Lage der Juden in Deutschland 1933 gibt hierzu einen Bericht der Wiener *Neuen Freien Presse* vom 12. September 1933 wieder. Vgl. Comité des délégations juives 1934: 523.

65 Hans Walter Bettmann, Sohn eines jüdischen Dermatologen, nahm sich am 1. April 1933 das Leben. Heiden bezieht sich auf einen Bericht der *Frankfurter Zeitung* vom 5. April 1933, den das *Schwarzbuch* über die Lage der Juden in Deutschland 1933 zitiert. Vgl. Comité des délégations juives 1934: 521, Reichert 2011: 531-553.

66 Fritz Rosenfelder (1901-1933) führte mit seiner Mutter die Firma seines verstorbenen Vaters Moritz und war Sportleiter des *Turnerbunds Bad Cannstatt.* Vgl. VEJ 1, Dok. 36, FN 3. *Der Stürmer* berichtet in seiner Ausgabe Nr. 30 (1933) auf der Titelseite vom Selbstmord Rosenfelders. Ernst Udet, bekannter Jagdflieger aus dem Ersten Weltkrieg und nach 1933 Propaganda-Ikone und Generalluftzeugmeister, soll mit Rosenfelder befreundet gewesen sein und bei dessen Beerdigung über den jüdischen Teil des Friedhofs geflogen sein und einen Kranz abgeworfen haben. Vgl. http://www.stolpersteine-cannstatt.de/node/33 (Abruf: 8. Mai 2013).

67 Konrad Heiden zitiert wortgetreu aus dem Abschiedsbrief, der in der *Jüdischen Rundschau* vom 25. April 1933, Nr. 33, S. 163 abgedruckt ist. Fritz Rosenfelder schrieb damals weiter: »Ich gehe ohne Haß und Groll. Ein inniger Wunsch beseelt mich – möge in Bälde die Vernunft Einkehr halten! Da mir bis dahin überhaupt keine – meinem Empfinden entsprechende – Tätigkeit möglich ist, versuche ich durch meinen Freitod, meine christlichen Freunde aufzurütteln. Wie es in uns deutschen Juden aussieht, mögt Ihr aus meinem Schritt ersehen. Wie viel lieber hätte ich mein Leben für mein Vaterland gegeben! Trauert nicht, sondern versucht aufzuklären und der Wahrheit zum Sieg zu verhelfen. So erweist Ihr mir die größte Ehre!« Familie Rosenfelder wollte den Namen nicht in der Zeitung lesen, weshalb er in der *Jüdischen Rundschau* anonymisiert worden ist. Im *Stürmer* (Juli 1933, Nr. 30) wurde dem Wunsch nicht entsprochen. Dort wurde der Abschiedsbrief mit voller – fett gedruckter – Namensnennung unter der Überschrift »Der tote Jude. Fritz Rosenfelder ist vernünftig und hängt sich auf« publiziert. Vgl. VEJ 1, Dok. 36.

68 Im Typoskript: »wir« von Hand korrigiert zu »bis«.

69 Nach dem ›Anschluss‹ Österreichs im März 1938 kam es dort überall zu wüsten antisemitischen Krawallen. Vgl. Friedländer 2000: 262 f.

70 Im Juni 1938 sollten im Rahmen der sogenannten Aktion *Arbeitsscheu Reich* neben Obdachlosen, Bettlern, vorbestraften oder arbeitslosen Sinti und Roma und weiteren Vorbestraften auch alle männlichen Juden verhaftet werden, die mit einer Gefängnisstrafe von mehr als einem Monat belegt worden waren. Vielerorts kam es dabei zu antijüdischen Krawallen. Insgesamt verhaftete die Polizei rund 4000 Juden. Vgl. Faludi 2013. *Das Neue Tage-Buch* in Paris, für das Heiden schrieb, druckte im November 1938 den anonymen Bericht eines im Juni 1938 in Berlin verhafteten und nach Buchenwald gebrachten Juden ab. Er wurde nach sechs Wochen wieder entlassen. Vgl. »Buchenwald, das Vorzugsquartier«, in: Das Neue Tage-Buch 6 (1938), S. 1118-1123.

71 Nach der »Verordnung über Reisepässe von Juden« vom 1. Oktober 1938 verloren alle Reisepässe von Juden ihre Gültigkeit, die sie erst nach Abstempelung mit einem ›J‹ wiedererlangen sollten. Vgl. Walk 1996: 244.

72 Zur Verschärfung der ›Arisierung‹ 1938 mit einer Mischung aus scheinlegalen Akten, Erpressung und Repressionen am Beispiel Hamburgs vgl. Bajohr 1997: 223-264.

73 Von pogromartigen Ausschreitungen gegen die Juden in Rothenburg ob der Tauber und von deren Ausweisung aus der Stadt Ende September 1938 berichtet u.a. Herr Oppenheimer, der beim *Central-Verein deutscher Staatsbürger jüdischen Glaubens* tätig war. Vgl. Barkow/Gross/Lenarz 2008: 103.

74 Tatsächlich kam es bereits am 7. November 1938 abends zu Ausschreitungen

in Kassel und anderen Orten Kurhessens; an den folgenden beiden Tagen in weiteren Orten der Region. Vgl. Kropat 1988: 19-133.

75 Der Ausspruch »Die Rache ist ein Gericht, das man kalt verspeisen muss« stammt angeblich von Napoleon III. Vgl. Wander 1964: 1451.

76 In der englischsprachigen Ausgabe ist der hintere Satzteil als Ausruf mit Anführungszeichen gekennzeichnet, vgl. Heiden 1939a: 41.

77 Die »Nürnberger Rassengesetze« wurden am 15. September 1935 vom Reichstag während des Reichsparteitags der NSDAP beschlossen. Mit dem »Gesetz zum Schutze des deutschen Blutes und der deutschen Ehre« verboten die Nationalsozialisten Eheschließungen sowie Geschlechtsverkehr zwischen Juden und Nichtjuden. Im Reichsbürgergesetz sowie in später folgenden Verordnungen definierten sie, wer als ›Jude‹, ›Mischling ersten Grades‹ und ›Mischling zweiten Grades‹ gelten sollte. Von dieser Kategorisierung hing der weitere Grad der Entrechtung ab. Vgl. Reichsgesetzblatt Teil 1, 18. September 1935, S. 1146.

78 Eine genaue Zahl der sogenannten Glaubensjuden lässt sich nur schwer ermitteln. Ende 1938 lebten auf dem Gebiet des Deutschen Reiches ohne Österreich und das Sudetenland circa 300.000 ›Glaubensjuden‹ (vgl. Benz 1993: 734). Mit dem ›Anschluss‹ Österreichs kamen etwa 200.000 Juden hinzu, von denen allerdings relativ viele in den Monaten nach März 1938 flohen.

79 Vgl. 2. Moses (Exodus) 20,2-17.

80 Vgl. Matthäus 28,19.

81 In der englischsprachigen Ausgabe verkürzt zu: »And who also spoke these words«, vgl. Heiden 1939a: 43.

82 Vgl. Johannes 4,22.

83 Zu den Aufnahmekriterien der SS vgl. Longerich 2008: 312 f. – In der englischsprachigen Ausgabe ist der Ausruf »Deutschland über alles« auf Deutsch abgedruckt, vgl. Heiden 1939a: 44.

84 In der englischsprachigen Ausgabe fehlt »der S.A.-Mann auf den Parteigenossen«, vgl. Heiden 1939a: 45.

85 Himmler plante, die SS als Elitegruppe zu formieren und nur selektiv Mitglieder aufzunehmen. Dabei war neben der ›arischen Herkunft‹ vor allem auch das Aussehen wichtig. Dazu legte er 1934 eine Mindestgröße fest, die er im Februar 1938 auf 1,65 m herabsetzte, da sich nicht genügend Bewerber fanden, welche die Voraussetzungen erfüllten. Vgl. Hein 2012: 135.

86 Hitler 1936: 70.

87 Der von Heiden ausgelassene und durch drei Punkte markierte Satzteil heißt »mit Hilfe seines marxistischen Glaubensbekenntnisses«. Dort steht zudem »Totentanz« statt »Totenkranz« (Hitler 1936: 69 f.).

88 »Das fehlte noch …«, in: Das Schwarze Korps, 3. November 1938, Folge 44, 4. Jahrgang, S. 2.

89 Alfred Rosenberg (1893-1946) gilt als einflussreichster Parteiideologe und war schon früh ein Unterstützer der NSDAP. Bereits ab 1919 veröffentlichte er antisemitische Schriften, später wurde er Hauptschriftleiter des *Völkischen Beobachters*. Rosenberg war verantwortlich für die Gründungen verschiedener völkischer Gruppierungen wie die *Großdeutsche Volksgemeinschaft*; mit dem *Kampfbund für deutsche Kultur* setzte er sich gegen ›entartete‹ Kunst ein. Sein *Institut zur Erforschung der Judenfrage* war in die Enteignung

der Juden involviert, insbesondere deren Kulturgüter. Ab Oktober 1940 beschlagnahmte er Kunstwerke in allen besetzten Ländern mit dem nach ihm benannten *Einsatzstab Reichsleiter Rosenberg*. Am 17. Juli 1941 wurde er zum Reichsminister für die besetzten Ostgebiete ernannt. Rosenberg wurde im Nürnberger Prozess als Hauptkriegsverbrecher verurteilt und hingerichtet (vgl. Weiß 2002: 385 ff., Wistrich 1998: 293-297).

90 Der ehemalige Volksschullehrer Julius Streicher (1885-1946) war zunächst Mitglied der antisemitischen *Deutschsozialen Partei*, trat aber bereits 1922 der NSDAP bei. Da er am Hitler-Putsch in München teilnahm, wurde er vom Schuldienst suspendiert und in Landsberg inhaftiert. Streicher fiel bereits früh durch antisemitische Hetzreden auf, die er als NSDAP-Stadtrat in Nürnberg, als Gauleiter von Franken (beides ab 1925) und als Leiter des *Zentralkomitees zur Abwehr der jüdischen Greuel- und Boykotthetze* (1933) fortführte. 1940 enthob ihn das Parteigericht aller seiner Ämter. Er nutzte die von ihm gegründete und herausgegebene Wochenschrift *Der Stürmer* und weitere Bücher – wie beispielsweise das kostenlos in Schulen verteilte *Der Giftpilz* –, um seinen Hass auf Juden zu propagieren. 1946 wurde Streicher in Nürnberg zum Tode verurteilt. Vgl. Weiß 2002: 450 f., Wistrich 1988: 246 ff.

91 Hermann Göring (1893-1946) trat bereits 1922 der NSDAP bei, wurde Kommandeur der SA und nahm am Hitler-Putsch in München teil. Er floh daraufhin aus Deutschland und wurde sogar aus der Mitgliederliste der Partei gestrichen. Erst nach einer Generalamnestie kehrte er wieder nach Deutschland zurück. Göring trat 1927 erneut der NSDAP bei und wurde direkt Mitglied des Reichstags und 1932 Reichstagspräsident. Seine Machtbefugnis wuchs: Er war u.a. Preußischer Innenminister, Chef der Gestapo, Reichsminister für Luftfahrt, Beauftragter für den Vierjahresplan und schließlich Reichsmarschall der Luftwaffe. Als designierter Nachfolger Hitlers war Göring »der zweite Mann im Dritten Reich« (Wistrich 1988: 118). 1938 war er es, der von den Juden die Schadensersatzzahlung von einer Milliarde Reichsmark forderte, die auch Heiden erwähnt. Göring wurde im Frühjahr 1945 aus allen Ämtern entlassen, da er mit den Alliierten über die Beendigung des Krieges verhandelte. Die amerikanische Armee nahm ihn fest, und er wurde in Nürnberg zum Tode verurteilt. Der Vollstreckung kam Göring durch Selbstmord in seiner Zelle am 15. Oktober 1946 zuvor. Vgl. Weiß 2002: 156-159, Wistrich 1988: 119-122.

92 Eine ähnliche Analogie zwischen Juden und Flöhen benutzte Goebbels bereits 1926 in seinem Buch *Der Nazi-Sozi*. Vgl. Bärsch 2004: 37.

93 In der englischsprachigen Ausgabe fehlt dieser letzte Satz des Kapitels, vgl. Heiden 1939a: 47.

94 Heiden zitiert mit Abweichungen den Bericht von Heinz Nassau. Vgl. Barkow/Gross/Lenarz 2008: 316-319. Anders als Heiden schreibt, berichtet Nassau aber von den Ereignissen in Essen. Vgl. auch die editorische Notiz im Anhang zu den Abweichungen im Zitat.

95 Die Kragenspiegel der SS-Obersturmbannführer zeigten links die SS-Runen, rechts vier Sterne und zwei Streifen.

96 Die unbekannte Frau berichtet über die Ereignisse in Düsseldorf. Ihr Bericht ist abgedruckt in Barkow/Gross/Lenarz 2008: 338-342. Der von Heiden zitierte Abschnitt findet sich auf S. 339. Heiden zitiert den Bericht mit Abweichungen, vgl. auch die editorische Notiz im Anhang.

97 Anstelle von »Stimmen« heißt es im zitierten Bericht »eine Schar junger Männer«.

98 Im Bericht heißt es: »So, jetzt in dieses Haus und zu den Familien.«

99 Im Bericht heißt es: »holte meinen schlafenden Jungen aus dem Bett, da ich mit diesem alleine war, und schloss mich ins Bad ein.« – In der englischsprachigen Ausgabe fehlt der Zusatz, dass sie sich mit ihrem Sohn im Badezimmer einschloss, vgl. Heiden 1939a: 52.

100 Mit leichten Abweichungen findet sich der erste Teil in einem Bericht eines Schweizers über seinen Besuch bei Verwandten im Saarland. Vgl. Barkow/Gross/Lenarz 2008: 410.

101 Heiden zitiert Auszüge aus dem Bericht eines unbekannten Mannes aus »Z.«. Vgl. Barkow/Gross/Lenarz 2008: 373 f.

102 In der englischsprachigen Ausgabe werden die Handelnden spezifiziert, so heißt es dort »the visitors«; der Satzteil »Während der Abwesenheit der Bewohner« fehlt, vgl. Heiden 1939a: 54.

103 Handschriftlich korrigiert zu vorher »(nach dem Bericht ihres Schwiegersohnes):«. Es wird deutlich, wie wichtig es Heiden war, die Personen unkenntlich zu machen, damit eine Rückverfolgung (und gegebenenfalls ihre Bestrafung) nicht möglich war. – Heiden zitiert den Bericht Emil Fischers über seine Eltern. Vgl. Barkow/Gross/Lenarz 2008: 434 f.

104 Heiden zitiert mit Abweichungen den Bericht des Rechtsanwalts Dr. Franz Bergmann, hier über die Ereignisse in einem Krankenhaus in Fürth. Vgl. Barkow/Gross/Lenarz 2008: 432. »Herr X.« ist Arnold Silbermann. Der Satz »Es ist typisch für die Nazis, dass sie Krankheit immer für Simulation halten« ist eine Hinzufügung Heidens.

105 Dieser Satz fehlt in der englischsprachigen Ausgabe, vgl. Heiden 1939a: 58.

106 Der Dezember-Bericht der Exil-SPD berichtet über einen ähnlichen Fall einer sechzigjährigen Frau in Südwestdeutschland. Vgl. Deutschland-Berichte 1989/5: 1338.

107 Dieser Satz fehlt in der englischsprachigen Ausgabe, vgl. Heiden 1939a: 60.

108 Handschriftlich korrigiert aus »dem«.

109 Im Folgenden gestrichen: »einer süddeutschen Grossstadt«. – Heiden gibt den Bericht Emil Fischers wieder, der seinerseits die Schilderung der Oberschwester des jüdischen Krankenhauses in Fürth nacherzählt. Vgl. Barkow/Gross/Lenarz 2008: 437 f.

110 So im Typoskript.

111 In der englischsprachigen Übersetzung heißt es »to concentration camps«, vgl. Heiden 1939a: 61.

112 Der nun folgende Absatz ist im Typoskript gestrichen: »In anderen Berichten wird dieser Todesfall etwas anders dargestellt; der eben Operierte sei aus dem Bett gerissen, auf den Fussboden gelegt und dort später in einer Blutlache tot aufgefunden worden.«

113 Heiden bezieht sich evtl. auf einen Bericht Alfred Cohens über die Verwüstung des Waisenhauses in Dinslaken. Vgl. Barkow/Gross/Lenarz 2008: 354 f. sowie auch den Bericht von Sofonie Herz, seinerzeit Pädagoge im Waisenhaus, in: Gerhard/Karlauf 2009: 108-115.

114 Heiden bezieht sich evtl. auf den Bericht von Heinz Nassau über die Ereignisse in Vreden in Westfalen. Dort heißt es: »Die Männer – Mogendorf,

Heymann und ein dritter – wurden aus den Häusern geholt und vollkommen schwarz gemacht (Teer oder Ruß?). Dann wurde der eine vor eine zweirädеrige Karre gespannt, der zweite musste schieben und der dritte musste sich darauf stellen. So mussten sie im Trab durch den Ort. Wenn es nicht schnell genug ging, wurden sie getreten, geschlagen und bespuckt. Die Männer wurden dann barfuss über Glasscherben getrieben« (Barkow/Gross/Lenarz 2008: 323).

115 Heiden zitiert mit kleinen Abweichungen aus dem Artikel »Vergessene Worte«, in: National-Zeitung (Basel), 19. November 1938, S. 2. Die beschriebenen Geschehnisse fanden in Berlin statt.

116 Im Typoskript ursprünglich: »die Bitten dieses ehemaligen Frontsoldaten«.

117 In der englischsprachigen Ausgabe heißt es »both past sixty«, die genauen Altersangaben fehlen, vgl. Heiden 1939a: 65.

118 In der englischsprachigen Ausgabe wird nur der S.A.-Trupp erwähnt, vgl. Heiden 1939a: 66.

119 Im Typoskript »trief«.

120 »Strassen« handschriftlich korrigiert aus »Strasse«.

121 Vgl. den Artikel »Methods of Shop Wreckers in Berlin«, in: Manchester Guardian, 11. November 1938, Seite 14. Von Diebstählen und Plünderungen in Berlin schreibt auch die Exil-SPD in ihrem Dezember-Bericht. Vgl. Deutschland-Berichte 1989/5: 1339f.

122 Vgl. »Nazi attacks on Jews. Orgy of Hitler Youth. Synagogues burnt. Destruction and plunder«, in: The Times, London, 11. November 1938, S. 14: ›Zweimal sah ich panische Juden, die vor einer kleinen Gruppe von Verfolgern wegrannten; jedes Mal wurden diese Gruppen von demselben Typ junger Burschen angeführt, der auch für andere der heutigen Zerstörungen hauptsächlich verantwortlich war.‹

123 Vgl. ebd.: ›In einem Fall ist eine Frau in die Hände einer Gruppe geraten, die sie an die Wand drückte.‹

124 Vgl. »Simultaneous Attacks/Orgy of destruction«, in: The Daily Telegraph and Morning Post, 11. November 1938, S. 17: ›In Dortmund wurde heute Morgen ein rumänischer Jude gezwungen, eine Entfernung von 3,5 km über den Boden zu kriechen, während er unaufhörlich von Randalierern geschlagen wurde. Zwei Juden, die von Randalierern bis in den zweiten Stock eines Berliner Hauses verfolgt wurden, wurden beobachtet, wie sie aus dem Fenster auf das Pflaster unter ihnen sprangen. Sie zogen sich schwere Verletzungen zu.‹ In dem Artikel heißt es anders als bei Heiden »2 ½ miles«.

125 Vgl. »Many Suicides in Vienna«, in: The Daily Telegraph and Morning Post, 11. November 1938, S. 17: ›Ich sah ein etwa 13-jähriges Mädchen, das sich an die Hand ihres Vaters klammerte und versuchte, ihn vor der Menge hinter ihnen zu beschützen, indem es sie anflehte und anschrie, als diese aggressiv wurden. Er war sehr blass im Gesicht und wirkte gelähmt. Sie stürzten einmal gemeinsam, aber ihnen wurde erlaubt, sich wieder aufzuraffen und keuchend wegzurennen.‹

126 Vgl. »Many Suicides in Vienna«, in: The Daily Telegraph and Morning Post, 11. November 1938, S. 17: ›Ich sah alte Männer, die von einem brüllenden Mob eine Straße entlanggejagt, niedergestoßen und so lange getreten wurden, bis sie aufstanden und weiterrannten, erschütternd.‹ – Im folgenden Teil

des Kapitels wird in der englischsprachigen Ausgabe die Reihenfolge der Beiträge ohne inhaltliche Kürzungen geändert, vgl. Heiden 1939a: 70-73.

127 Der Artikel ließ sich nicht in der Essener *National-Zeitung* nachweisen.

128 Dieser Satz fehlt in der englischsprachigen Ausgabe, vgl. Heiden 1939a: 70.

129 Vgl. »Nazi attacks on Jews. Orgy of Hitler Youth. Synagogues burnt. Destruction and plunder«, in: The Times, London, 11. November 1938, S. 14: ›Durch Drohungen wurden sie gezwungen zu verschwinden.‹ Dies geschah auf dem Kurfürstendamm, wie der Berliner Korrespondent weiter berichtet.

130 Vgl. ebd.: ›Andere Banden junger Männer, die alle Zivilkleidung trugen, aber offensichtlich nach einem systematischen Plan handelten, durchquerten die Straßen von Berlin und zerschlugen die Fenster jedes jüdischen Geschäfts, an dem sie vorbeikamen ... Kurze Zeit später kam eine andere Bande, die die Zerstörungsarbeit einen Schritt weiter führte, und dieser Prozess setzte sich fort, bis nichts mehr von dem Laden oder seinem Inventar übrig war. Während diese Meldung am Abend geschrieben wird, ist die Zerstörungsarbeit noch immer im Gange ... Die aktiven Teilnehmer an dem hier Dargestellten waren Jugendliche und kleine Jungen der Hitler-Jugend – die einzigen Uniformierten, die ich tatsächlich gesehen habe, die sich an der Zerstörung beteiligten ... In einem anderen Laden amüsierten sich Jugendliche damit, dass sie Schneiderpuppen, die sie ausgezogen hatten, durch die großen Schaufenster eines Korsettladens warfen. Einem Laden für wertvolle Möbel, Drucke und Porzellan erging es besonders schlimm. Kräftige junge Männer hoben die empfindlichen, mit Satin bespannten Stühle und Sofas hoch und schleuderten sie so lange an die Wände, bis sie nur noch Kleinholz waren, während andere Wasser und Erde von den Blumentöpfen vor dem Geschäft über die Bücher, Bilder und Teppiche schütteten.‹

131 Dieser Satz fehlt in der englischsprachigen Ausgabe, vgl. Heiden 1939a: 72.

132 Vgl. »Nazi attacks on Jews. Orgy of Hitler Youth. Synagogues burnt. Destruction and plunder«, in: The Times, London, 11. November 1938, S. 14: ›Dass die Hitlerjugend – Jungen im selben Alter wie die Pfadfinder in England – während der Zerstörung die Hauptrolle spielte, ist interessant. Meistens wurden sie von vier oder fünf Burschen angeführt, die ein wenig älter waren, aber alle gingen sie mit Entschiedenheit an die Arbeit, manchmal mit Äxten, und ihre Anstrengungen begleiteten sie mit den gemeinsamen Rufen »Deutschland erwache! Juda verrecke!«‹

133 Dass Schulkinder in die Aktionen involviert waren, berichtet beispielsweise auch Heinz Nassau über Hamburg: »Zu den Zerstörungsarbeiten hatte man zu einem großen Teil Schüler einer Berufsschule alarmiert, denen man am Tag vorher gesagt hatte, wann und wo sie sich versammeln müssten, und die dann mit Brechstangen ausgerüstet wurden« (Barkow/Gross/Lenarz 2008: 321). Vgl. zu den Ereignissen in Mainz Keim 1991.

134 Vgl. zur Pogromnacht in Okriftel Schmidt 2008: 64.

135 In der englischsprachigen Ausgabe werden nur die Dozenten (»nazi instructors«) erwähnt, vgl. Heiden 1939a: 74.

136 Vgl. »Simultaneous Attacks/Orgy of destruction«, in: The Daily Telegraph and Morning Post, 11. November 1938, S. 17: ›Eine Bewegung, die in den frühen Geschäftsstunden mit Frauen begann, die sich an Strümpfen und Unterwäsche bedienten, die zwischen dem zerbrochenen Glas der zertrümmerten

Ladenfronten lagen, entwickelte sich später zu einem verrückten Tumult, in dessen Verlauf wertvolle Artikel aus den höher gelegenen Fenstern jüdischer Geschäfte auf die Köpfe der darunter stehenden Menge geworfen wurden, wo über die Beute begierig gestritten wurde.‹

137 Vgl. »Methods of Shop Wreckers in Berlin«, in: Manchester Guardian, 11. November 1938, Seite 14: ›In einigen Teilen Berlins wurden Nahrungsmittel, Unterwäsche, ja sogar Pelze hinaus in die Menge geworfen.‹

138 Heiden zitiert die Beobachtungen eines holländischen Arztes, die dieser während eines Seminars für Ärzte in Berlin gemacht hatte. Vgl. Barkow/Gross/Lenarz 2008: 227.

139 »einem« handschriftlich korrigiert aus »seinem«.

140 Bericht über die Zerstörung von Geschäften und Wohnungen in Düsseldorf. Vgl. Barkow/Gross/Lenarz 2008: 340.

141 Belegt ist dies u.a. auch für Aachen und Essen. Vgl. Barkow/Gross/Lenarz 2008: 363.

142 Berichte über Plünderungen und Diebstahl, sei es durch SA-Männer und die Mitglieder anderer NS-Formationen oder durch Nachbarn und Passanten, gibt es viele. Vgl. z.B. einen Bericht aus Franken in: Barkow/Gross/Lenarz 2008: 457, Deutschland-Berichte 1989/5: 1339f.

143 Vgl. den Bericht über Düsseldorf und andere Orte im Rheinland in: Barkow/Gross/Lenarz 2008: 374.

144 In diesem Kapitel des Typoskripts wird in allen Fällen bis auf einmal »fünfhundert« handschriftlich aus zuvor »zweihundertsechs« korrigiert. Da im gesamten folgenden Text die Rede von »fünfhundert« Synagogen ist, wurde diese einzige Stelle, an der die »-sechs« nicht gestrichen ist, vereinheitlicht zu »fünfhundert« statt »fünfhundertsechs«. Einzelnachweise dieser Korrekturen wurden der besseren Lesbarkeit halber unterlassen.

145 Wie viele Synagogen genau zerstört wurden, ist nicht eindeutig zu klären. In der Forschung wird eine genaue Zahlenangabe meist vermieden. Saul Friedländer nennt 267 zerstörte Synagogen und 7500 verwüstete Geschäfte, vgl. Friedländer 2000: 298.

146 Vgl. »Destruction by Bombs«, in: The Times, 11. November 1938, S. 14: ›Die Wucht der Explosion war so stark, dass große Granitstücke und Mauergestein, die bis zu einer halben Tonne wogen, über eine Distanz von mehreren Metern weit geschleudert wurden. Die große byzantinische Kuppel der Synagoge war zerstört.‹

147 Der *Schulchan Aruch* ist ein kurzes Kompendium jüdischer Vorschriften für den Alltag und den Sabbat, das Eherecht sowie das Zivil- und Strafrecht. Er wurde im 16. Jahrhundert von Josef Karo zusammengestellt. Vgl. Döpp 1992: 415.

148 Vgl. »Die antijüdischen Demonstrationen in Berlin«, in: Berliner Morgenpost, 11. November 1938, S. 5. Eine Variante dieses Satzes findet sich unter »Ganz Deutschland ist empört. Ueberall spontane Kundgebungen gegen das Judentum«, in: 12Uhr-Blatt, 11. November 1938, Nr. 270, S. 3.

149 Vgl. »Kundgebungen gegen jüdische Geschäfte«, in: Münchener Zeitung, 11. November 1938, S. 5.

150 In der englischsprachigen Ausgabe heißt es: »to the Jewish Center«, vgl. Heiden 1939a: 82.

151 Vgl. »Die Folgen der Pariser Bluttat/Aktionen in Graz«, in: Neues Wiener Tagblatt, 11. November 1938, Nr. 311, S. 6. Heiden gibt den Artikel mit kleinen Abweichungen wieder.

152 Zur Zerstörung der Synagoge in Zoppot (Sopot) vgl. auch den Novemberbericht der Exil-SPD (Deutschland-Berichte 1989/5: 1203).

153 Vgl. den Artikel »Ganz Deutschland ist empört. Ueberall spontane Kundgebungen gegen das Judentum«, in: 12Uhr-Blatt, 11. November 1938, Nr. 270, S. 3. In den folgenden Tagen widmet sich das Blatt auch den Gesetzen gegen die Juden. Es wird ebenso wie in der Essener *National-Zeitung* die »Verordnung gegen den Waffenbesitz der Juden« wiedergegeben, vgl. 12Uhr-Blatt, 12. November 1938, Nr. 271, S. 1.

154 In der *Berliner Morgenpost* vom 11. November 1938, S. 3, findet sich unter der Überschrift »Spontane Kundgebungen im ganzen Reich« eine Auflistung des Verlaufs der Aktionen in verschiedenen Städten (u. a. Stettin, Eberswalde, Stuttgart, Frankfurt a. M.).

155 Vgl. den Artikel »Jehovas Pleite«, in: Amstettner Anzeiger vom 17. November 1938, Folge 46, S. 1. Der unbekannte Verfasser des Beitrags geht direkt am Anfang seines Artikels auch auf die Darstellung der Pogromnacht in der ausländischen Presse ein: »Es gehört nicht allzuviel Phantasie dazu, um sich auszumalen, in welcher Tonart die deutschfeindliche Hetzpresse des Auslandes, insbesondere die jüdisch-amerikanische, gegenwärtig zu den Ereignissen Stellung nimmt [...]. Man wird dabei natürlich das gerechtfertigte Vorgehen des empörten deutschen Volkes gegen jüdische Schmarotzer zum heuchlerischen Anlaß nehmen, um vor aller Welt über Kulturlosigkeit und Barbarei, über Geschäfts- und Tempelschändung zetern zu können.« (Ebd.) Der Artikel ist unter derselben Überschrift – mit dem Autorkürzel »rp« – ebenfalls abgedruckt in: Völkischer Beobachter, Norddeutsche Ausgabe, 13. November 1938, Nr. 317, S. 3.

156 Vgl. den nicht weiter lokalisierten Bericht einer unbekannten Person in: Barkow/Gross/Lenarz 2008: 157.

157 Nachfolgend ist ein Satz des zitierten Berichts ausgelassen: »(Die christlichen Bewohner der umliegenden Häuser waren bereits am Abend vorher ersucht worden, ihre Möbel aus der Fensternähe wegzustellen.)«

158 Barkow/Gross/Lenarz 2008: 157.

159 Die Tatenlosigkeit der Feuerwehr oder Vermutungen über ihre direkte Beteiligung an den Brandstiftungen erwähnen mehrere Berichte. Vgl. u. a. Barkow/Gross/Lenarz 2008: 129 u. 184 f. sowie VEJ 2, Dok. 128.

160 In dem Bericht wird die Zerstörung der Synagoge in der Promenadenstraße in Aachen geschildert. Etwas ausführlicher berichtete die Exil-SPD in ihrem *Deutschland-Bericht* vom Dezember 1938. Vgl. Deutschland-Berichte 1989/5: 1335.

161 Im Folgenden von Hand gestrichen: »In München soll das Reichsoberhaupt persönlich sich das Schauspiel betrachtet haben.«

162 Dieser Satz fehlt in der englischsprachigen Ausgabe, vgl. Heiden 1939a: 87.

163 Die deutsche Presse sollte keine »Sammelmeldungen aus dem Reich« bringen, durfte aber über lokale Ereignisse ausführlicher auf Seite 2 oder 3 berichten und diese als »eine begreifliche Empoerung der Bevoelkerung« darstellen. »Hier und dort seien Fensterscheiben zertruemmert worden,

Synagogen haetten sich selbst entzuendet oder seien sonstwie in Flammen aufgegangen« – so lautete die Vorgabe für die Berichterstattung. Vgl. NS-Presseanweisungen 1999: 1060 f.

164 Heiden zitiert mit kleinen Abweichungen den Artikel »Die Folgen der Pariser Bluttat/Synagogenbrände in Wien/Demonstrationen schon am frühen Morgen«, in: Neues Wiener Tagblatt, 11. November 1938, Nr. 311, S. 6.

165 So im Typoskript. Im Zeitungsartikel: »Ausdruck«.

166 Vgl. ebd.

167 In der englischsprachigen Ausgabe heißt es: »A more truthful one [= phrase] would have been:«, vgl. Heiden 1939a: 89.

168 So im Typoskript.

169 Der Satzteil »das war ebenso bei der Zerstörung der Geschäfte« fehlt in der englischsprachigen Ausgabe, vgl. Heiden 1939a: 89.

170 Vgl. »Kundgebungen gegen jüdische Geschäfte«, in: Münchener Zeitung, 11. November 1938, S. 5.

171 »Adolf Hitler« handschriftlich korrigiert aus zuvor »Die heisere Stimme«.

172 Dieser Satz ist in der englischsprachigen Ausgabe an einer anderen Stelle eingefügt und umformuliert, so dass der Aspekt des Terrors deutlicher wird: »A people must have either grown blind or been completely terrorized to stomach such things« (Heiden 1939a: 91).

173 Vgl. »Neue gesetzliche Regelung der Judenfrage angekündigt«, in: Völkischer Beobachter, Berliner Ausgabe, 11. November 1938, S. 1. Dort heißt es weiter: »Wenn dabei, trotz der so berechtigten Wut aller Deutschen, keinem Juden ein Haar gekrümmt wurde, so mag man das in der Welt der Diszipliniertheit des deutschen Volkes zugute halten.« Auch das *12Uhr-Blatt* rekurriert auf diese Formulierung (»Keinem einzigen Juden wurde aber dabei auch nur ein Haar gekrümmt«), vgl. »Ganz Deutschland ist empört«, in: 12Uhr-Blatt, 11. November 1938, Nr. 270, S. 2.

174 Heiden zitiert mit kleinen Abweichungen den Artikel »Der Fall Grünspan. Von Reichsminister Dr. Goebbels«, in: Völkischer Beobachter, Norddeutsche Ausgabe, 12. November 1938, S. 1 f. In dem Teil des Beitrags, den Heiden auslässt, thematisiert Goebbels die widersprüchlichen Sichtweisen der ausländischen Presse auf die Ereignisse. Dort heißt es: »Die eine schreibt, eine riesige Menschenmenge durcheile die Straßen, die andere wieder schreibt, es handele sich um kleine, unbedeutende Gruppen junger Leute. Die eine behauptet, die Menschenmassen wohnten den Aktionen teilnahmslos bei; die andere wieder behauptet, ungeheure Menschenmassen stießen Freudenschreie aus.«

175 Der Artikel ließ sich in der *Westfälischen Landeszeitung* vom 11. November 1938 nicht nachweisen.

176 Der Artikel ließ sich in der *Westfälischen Landeszeitung* vom 11. November 1938 nicht nachweisen.

177 Heiden spielt hier auf *Das Lied der Deutschen* an, das Hoffmann von Fallersleben 1841 verfasste. In der englischsprachigen Übersetzung wird die Anspielung nicht aufgenommen, vgl. Heiden 1939a: 92.

178 In der englischsprachigen Ausgabe wird Goebbels in seiner Funktion als Propagandaminister direkt angesprochen: »Strange, Herr Goebbels, how many hatchets were on hand all of a sudden« (Heiden 1939a: 93).

179 In der englischsprachigen Ausgabe »thousands« (Heiden 1939a: 93).
180 Das Gestapo-Gebäude befand sich in Saarbrücken am zentralen Schlossplatz. Dort wurden am 9. November 1938 die SS-Anwärter vereidigt. Die örtlichen SS-Einheiten zerstörten in der Nacht die Synagoge und ließen sie bis auf die Grundmauern abbrennen. Teilweise in Zivilkleidung, zogen die Gruppen durch Saarbrücken, nahmen 130-150 jüdische Männer unter 65 Jahren fest und führten diese unter Schikanen durch die Stadt. Die Gefangenen wurden wenige Tage später nach Dachau und Buchenwald gebracht. Vgl. zum Ablauf der Pogromnacht in Saarbrücken und zur jüdischen Gemeinde dort im Allgemeinen Marx 1988: 201-217, besonders 209f., sowie Tigmann 1998: 74-79.
181 Im Folgenden von Hand gestrichen: »In einer anderen Stadt, nicht gar so weit von Nürnberg gelegen, erhielt die jüdische Kultusgemeinde ein Schreiben des Polizeipräsidenten. Dieser teilte den Juden mit, dass, wegen des Pariser Attentats und der angeblichen Empörung des Volkes, ›ich mich zur Verhütung von Gefahren für die jüdische Bevölkerung gezwungen sehe, mit Wirkung vom 9. November 1938 an, ein Ausgehverbot über alle Juden in der Zeit von zwanzig Uhr abends bis sechs Uhr morgens zu verhängen …‹ Damit sie ja zu Hause seien, wenn das spontane Volk mit dem Beil käme.«
182 Vgl. die biblische Geschichte von König Belsazar im Buch Daniel 5,1-25.
183 In der englischsprachigen Ausgabe fehlt »jüdischen«, vgl. Heiden 1939a: 95.
184 Im Zeitungsartikel: »Aktionen«.
185 Vgl. »Judenfrage« vom 13. November 1938, in: AdG: 3806. Der Aufruf wird u.a. auch im *Völkischen Beobachter*, Berliner Ausgabe, 11. November 1938, S. 1 wiedergegeben, aus dem Heiden auch an anderer Stelle zitiert.
186 Ein maschinell gesetzter Absatz nach »zu werden« wurde handschriftlich aufgehoben.
187 In der englischsprachigen Ausgabe wird an dieser Stelle das Konzentrationslager Sachsenhausen genannt, der Ortsname Oranienburg fällt nicht, vgl. Heiden 1939a: 96.
188 Nachträglich »Oranienburg« handschriftlich durch »Sachsenhausen« ersetzt.
189 Im Bericht: »Kaufmann R. aus H.«.
190 Im Bericht: »der frühere Anwalt J.«.
191 Nachträglich »nach sechs Tagen« handschriftlich durch »dann« ersetzt. In der englischsprachigen Ausgabe heißt es »after six days« (vgl. Heiden 1939a: 99).
192 Unleserlich, eventuell »werden«.
193 Nachträglich »Oranienburg« handschriftlich durch »Sachsenhausen« ersetzt.
194 Das Konzentrationslager Sachsenhausen wurde 1936 in der Nähe der Stadt Oranienburg erbaut, wo es bereits 1933/1934 ein KZ gegeben hatte. Auch durch seine Nähe zu Berlin wurde es zu dem »zentrale[n] KZ für Norddeutschland« (Kaienburg 2006: 17), in dem viele Neuerungen zunächst ausprobiert wurden, bevor sie in anderen Konzentrationslagern angewandt wurden. Berüchtigt wurde Sachenhausen u.a. für die dortige ›Schuhprüfstrecke‹, auf der Häftlinge täglich bis zu 40 km laufen mussten, um neue Schuhmaterialien zu testen. Überlieferte Statistiken aus dem KZ Sachsenhausen weisen einen Anstieg der Häftlingszahl im Jahr 1938 aus: Fast 6000 Juden wurden im Zuge der Reichspogromnacht nach Sachsenhausen gebracht und dort im ›Kleinen Lager‹ interniert. Die meisten von ihnen wurden wenige Monate

später wieder entlassen, so dass Ende 1938 insgesamt 8309 Häftlinge in Sachsenhausen inhaftiert waren. Im September 1939 waren noch ca. 250 Juden in Sachsenhausen. Vgl. zu Sachsenhausen allgemein ebd.: 17-72.

195 Heiden zitiert mit Abweichungen den Bericht eines Rechtsanwalts über sechs Tage Haft im Konzentrationslager Sachsenhausen. Vgl. Barkow/Gross/Lenarz 2008: 565-567.

196 Eigentlich »Nun ein«, handschriftlich korrigiert.

197 Nachträglich ». Er erzählt, den Tatsachen nach, genau dasselbe, und darum soll er hier stehen; denn damit« gestrichen.

198 Nachträglich »ein Bericht« handschriftlich gestrichen.

199 Nachträglich ». Der zweite Berichterstatter ist ein anderes Temperament als der erste; er ist gegenüber den Leiden reizsamer, man möchte sagen menschlicher und normaler; er empfindet die Dinge schwerer und beschreibt sie darum bisweilen ausführlicher:« handschriftlich gestrichen.

200 Heiden zitiert mit Abweichungen den Anfang des Berichts von Kurt Juster aus Hamburg. Vgl. Barkow/Gross/Lenarz 2008: 570.

201 Heiden zitiert mit Abweichungen aus dem Bericht von Kurt Juster aus Hamburg. Vgl. Barkow/Gross/Lenarz 2008: 571 ff.

202 In der englischsprachigen Ausgabe fehlt der Satzteil »Straßen, die wir passieren mussten«, vgl. Heiden 1939a: 103.

203 Nachträglich », am 21. November« handschriftlich gestrichen. In der englischsprachigen Ausgabe wird das Datum erwähnt, vgl. Heiden 1939a: 103.

204 In der englischsprachigen Ausgabe ist an dieser Stelle ein weiterer Bericht aus Sachsenhausen eingefügt, der nicht im deutschen Typoskript enthalten ist: »Another report from Sachsenhausen: In the prison we were placed in a room ment to accomodate thirty or forty people. There were 120 of us Jewish prisoners. Because of the overcrowding we could not lie on our backs, but only tightly squeezed on our sides, like sardines in a can. We were then taken by train under police guard to the concentration camp of Sachsenhausen. On our arrival Saturday morning we were received by the S.S., almost all of them very young men, who conducted themselves in an unbelievable way, especially toward the elderly prisoners. We were incessantly reviled and beaten on the way from the station to the camp, which we had to march on the double-quick. There were no policemen in camp, only the S.S. For sixteen hours we were kept standing and were beaten at intervals; the older men collapsed. After a change of clothing – our own things were disinfected and completely ruined – we were placed in barracks. (There are sixty at Sachsenhausen.) The clothing furnished us was new and marked with a Star of David in red and yellow. The barracks too were newly built. Older political prisoners served as trusties. In pleasant contrast to the S.S. men, they behaved relatively decently toward us. The day passed as follows: At five o'clock we had to rise, breakfast was at six, and at seven there was roll call, accompanied by abuse and kicks from the S.S. men. Our hair and our beards had already been shaved. I did my first day's work in camp on Tuesday. Everything had to be on the double-quick. We had to carry bags of sand and cement, sometimes rocks. Our lunch consisted of coffee carried in a canteen and sandwiches; but we had hardly any time for quiet eating, since we constantly had to work at top speed. Dinner was not bad.« (Heiden 1939a: 104 f.) Es handelt sich hierbei

um den »Bericht eines Hamburgers über sechs Tage in Sachsenhausen«, vgl. Barkow/Gross/Lenarz 2008: 567 ff. Die französisch- sowie die schwedischsprachige Ausgabe folgen dem deutschen Typoskript, der Bericht ist dort nicht aufgenommen.

205 Heiden zitiert mit Abweichungen aus dem Bericht eines Müncheners. Vgl. Barkow/Gross/Lenarz 2008: 537-542.

206 In den Konzentrationslagern wurden verschiedene Häftlingsgruppen inhaftiert. Daher entwickelten die Nationalsozialisten ein sehr genaues System, um die Häftlinge unterscheiden zu können, aber auch um eine Hierarchie zu etablieren. Farben spielten dabei eine besondere Rolle: Politische Gegner der Nationalsozialisten trugen auf ihrer Häftlingskleidung einen roten, Homosexuelle einen rosafarbenen, die sogenannten ›Bibelforscher‹ einen lilafarbenen und die sogenannten ›Asozialen‹ einen schwarzen Winkel. Häftlinge mit Vorstrafen wurden unter der Kategorie ›Berufsverbrecher‹ geführt und trugen ein grünes Dreieck. Sie wurden oft zu Kapos gemacht und hatten eine gewisse Macht im KZ-Gefüge. Juden wurde ein gelber Winkel mit einem der anderen Dreiecke zu einem Stern übereinandergelegt. Diese Farbskala galt in allen nationalsozialistischen Konzentrationslagern. Vgl. Eberle 2005.

207 Auf dem Ettersberg vor Weimar ließen die Nationalsozialisten 1937 das Konzentrationslager Buchenwald nach dem Muster des Konzentrationslagers Sachsenhausen errichten. Das Häftlingslager umfasste 40 Hektar. Die Zahl der Häftlinge wuchs während der Verhaftungen im Rahmen der Reichspogromnacht sprunghaft von 2633 im Januar 1938 auf 11.028 im Dezember 1938 an. Der Höchststand betrug im Januar 1945 über 100.000 Häftlinge, inhaftiert waren alle Häftlingsgruppen aus den verschiedenen besetzten Ländern. Vgl. Stein 2006: 300-356.

208 Das Modell für die Lagerordnungen stammt aus dem Konzentrationslager Dachau. – Die Seiten mit den Paginierungen 105 und 106 sind im Typoskript nicht vorhanden. Handschriftlich wird vermerkt: »Seite 105 und 106 fallen aus[,] Anschluss S. 107«.

209 Nachträglich »Arzt« handschriftlich gestrichen. Die englische Ausgabe nennt den Beruf des Mannes (»a physician«), vgl. Heiden 1939a: 113.

210 Heiden zitiert den Bericht eines Frankfurter Arztes. Vgl. Barkow/Gross/Lenarz 2008: 489-493.

211 »Z« handschriftlich korrigiert aus vermutlich »X«. Im zitierten Bericht heißt es: »Abtransport nach Frankfurt-Süd«.

212 In der englischsprachigen Ausgabe folgt ein Satz, der nicht im deutschen Typoskript enthalten ist: »Immediately upon admission we were compelled to dispense with collar and tie.« (Heiden 1939a: 117)

213 Heiden zitiert mit Abweichungen aus dem Bericht eines Frankfurter Arztes. Vgl. Barkow/Gross/Lenarz 2008: 496-498. Der letzte Absatz steht im zitierten Bericht am Anfang des hier zitierten Ausschnitts.

214 Englisch, ›angeschlagen‹, ›schwindelig‹.

215 Der letzte Satz fehlt in der englischsprachigen Ausgabe, vgl. Heiden 1939a: 118.

216 In der englischsprachigen Ausgabe folgt hier ein Satz, der im deutschen Typoskript nicht vorhanden ist: »For one thing, it had no floor« (Heiden 1939a: 119).

217 Nachträglich »aus Frankfurt« handschriftlich gestrichen.
218 Heiden zitiert aus dem Bericht eines Frankfurter Arztes. Vgl. Barkow/Gross/Lenarz 2008: 494.
219 Vgl. ebd.
220 Vgl. ebd.: 495.
221 Heiden zitiert den Schluss des Berichts des Frankfurter Arztes mit Abweichungen. Vgl. Barkow/Gross/Lenarz 2008: 498 f.
222 Vgl. ebd. Heiden lässt hier längere Passagen aus, die er bereits weiter oben zitiert hat.
223 Die Reichskulturkammer hatte nach ihrer Gründung am 22. September 1933 die Aufgabe, die deutsche Kunst zu fördern und ideologisch auszurichten. Alle Kulturschaffenden – seien es Autoren, Musiker, Journalisten etc. – mussten Mitglied sein. Waren sie nicht in der Reichskulturkammer aufgenommen, weil sie z. B. Juden oder politische Gegner der NSDAP waren, galt für sie ein Arbeitsverbot. Damit kontrollierten die sieben Unterkammern (u. a. Reichsfilmkammer, Reichsmusikkammer und Reichsrundfunkkammer) das Kulturleben und dessen politische Konformität. Vgl. Bedürftig 1997: 285.
224 Der letzte Teilsatz wurde nicht für die englischsprachige Ausgabe übersetzt, vgl. Heiden 1939a: 125.
225 Im zitierten Artikel: »entschiedene«.
226 »im Benehmen« handschriftlich hinzugefügt.
227 Die »Verordnung über eine Sühneleistung der Juden deutscher Staatsangehörigkeit. Vom 12. November 1938« ist im *Reichsgesetzblatt* Teil I vom 14. November 1938, Nr. 189, S. 1579 abgedruckt. Heiden zitiert mit kleinen formalen Abweichungen; so streicht er vor allem Angaben wie die Paragraphenzahlen. Die Verordnung findet sich auch als Abdruck in: National-Zeitung (Essen), 13. November 1938, Jg. 9, Nr. 311, S. 1, aus der Heiden bereits an anderer Stelle zitiert. – Die Verordnung ist eine weitere Steigerung der finanziellen und wirtschaftlichen Diskriminierung der deutschen Juden, die unmittelbar nach Regierungsantritt mit dem Boykott gegen jüdische Geschäfte einsetzte und sich in der ›Arisierung‹ sowie in Sondersteuern und -abgaben fortsetzte. Vgl. Barkai 1988.
228 »auch« handschriftlich hinzugefügt.
229 In der englischsprachigen Endnote wird kein Name genannt; es ist von »local potentates« die Rede (Heiden 1939a: 128).
230 In der englischsprachigen Ausgabe wird der Name der Behörde nicht genannt, vgl. Heiden 1939a: 130.
231 In der englischsprachigen Ausgabe folgen zwei Sätze, die im deutschen Typoskript nicht enthalten sind: »Window displays still gleam? Neon signs still flicker?« (Heiden 1939a: 130)
232 Nachträglich »Jewish« handschriftlich in »Jews« geändert.
233 Im Zeitungsartikel und in der englischsprachigen Ausgabe heißt es »2.000.000.000«, vgl. Heiden 1939a: 131.
234 Vgl. »Germany and the Jews«, in: The Times, 15. November 1938, S. 14: ›Selbst Parteimitglieder, die behaupten gut informiert zu sein in diesen Dingen, setzen die Summe nicht mit mehr als 2,600.000.000 an, und es erscheint naheliegend, dass die höhere Zahl zitiert wurde, um das deutsche Volk mit dem Reichtum der Juden zu beeindrucken. Im Vergleich dazu sind, so stellen

die Zeitungen an diesem Abend fest, die Schäden durch Feuer und Zerstörungen, in einer Höhe von vielleicht 2,600.000.000, »nur ein kleiner Teil«. Jüdische Geschäfte wechseln den Besitzer mit großer Schnelligkeit und zu extrem niedrigen Preisen. Mindestens ein Fall ist bekannt, in dem ein großer Industriekonzern letztendlich für ein Fünfhundertstel seines Wertes verkauft worden ist.‹

235 Der Rest des Satzes fehlt in der englischsprachigen Ausgabe, vgl. Heiden 1939a: 131.

236 Nachträglich »315.000« handschriftlich in »31.500« geändert.

237 Der Rest des Satzes fehlt in der englischsprachigen Ausgabe, vgl. Heiden 1939a: 135.

238 »immer« handschriftlich hinzugefügt.

239 Immer wieder bezogen sich die Nationalsozialisten in ihrer Propaganda auf die antisemitischen Reden Luthers, um so eine Legitimation – vor allem gegenüber christlichen Kreisen – vorweisen zu können. So heißt es in der Einleitung zum hier zitierten Artikel der *Nationalsozialistischen Partei-Korrespondenz*: »Ihnen [= den über die Pogrome entsetzten deutschen Christen] schlägt vierhundert Jahre nach seinem Tode Martin Luther durch seine Schrift ›Von den Juden und ihren Lügen‹ aufs Maul […]« (Blatt 14). Als ein Beispiel der häufigen Verbreitung von Luthers *Von den Juden und ihren Lügen* (1543) ist Walther Lindens Ausgabe unter dem Titel *Luthers Kampfschrift gegen das Judentum* aus dem Jahr 1936 zu nennen, der es als »religiös-völkisches Bekenntnis« (Linden 1936: 11) Luthers bezeichnet.

240 Im zitierten Artikel: »Talmudisten«.

241 Vgl. »Martin Luthers Rezept. Vorschläge zur Lösung der Judenfrage«, in: Nationalsozialistische Partei-Korrespondenz, 18. November 1938, Nr. 270, Sonderausgabe der NSK: Judas Schuldkonto in Deutschland. Warum wir zur Abhilfe gezwungen sind, Bl. 14 f. Heiden verzichtet auf die Zwischenüberschriften der einzelnen Punkte (»Synagogen verbrennen«, »Häuser zerstören«, »Gebetbücher abnehmen« usw.) und markiert die von ihm vorgenommenen Auslassungen. Er lässt den siebten Punkt aus: »Zur Arbeit zwingen …«.

242 In der englischsprachigen Ausgabe »centuries« (Heiden 1939a: 136).

243 Im Zeitungsartikel: »ergangene«.

244 Im Zeitungsartikel: »erachtete«.

245 »Die Milliarde«, in: Berliner Börsen-Zeitung, 18. November 1938, Nr. 540, S. 1; Heiden zitiert mit kleinen formalen Abweichungen.

246 »Verordnung zur Wiederherstellung des Straßenbildes bei jüdischen Gewerbebetrieben« vom 12. November 1938, in: Deutsches Reichsgesetzblatt Teil 1, 14. November 1938, Nr. 198, S. 1581. Heiden gibt die Paragraphen 1 und 2 der Verordnung bis auf den eigentlichen Singular bei »von dem jüdischen Inhaber« wortgetreu wieder. Der Text der Verordnung wurde landesweit in Zeitungen publiziert, vgl. etwa »Die Lösung der Judenfrage«, in: National-Zeitung (Essen), 13. November 1938, Jg. 9, Nr. 311, S. 1.

247 »aus den« handschriftlich hinzugefügt, vorher »an«.

248 Die »Verordnung zur Ausschaltung der Juden aus dem deutschen Wirtschaftsleben« ist abgedruckt in: Deutsches Reichsgesetzblatt Teil 1, 14. November 1938, Nr. 198, S. 1580. Heiden lässt rechtliche Einfügungen wie »(§ 5

der Ersten Verordnung zum Reichsbürgergesetz vom 14. November 1935 Reichsgesetzbl. I Seite 887)« aus und weicht orthographisch leicht ab.

249 Heiden bezieht sich hier auf den dritten Paragraphen der Verordnung zur Ausschaltung der Juden aus dem deutschen Wirtschaftsleben vom 12. November 1938.

250 Vgl. zur Entwicklung und Struktur des *Schwarzen Korps* Combs 1986.

251 »Juden, was nun?«, in: Das Schwarze Korps, 24. November 1938, Folge 47, 4. Jahrgang, S. 1. Der erste Teil steht unter der Zwischenüberschrift »Laßt es bleiben!«. Bis auf die Sperrungen und die Zwischenüberschrift ist der Artikel vollständig wiedergegeben.

252 So im Zeitungsartikel.

253 Im zitierten Artikel folgt hier die Zwischenüberschrift »In die Kriminalität«.

254 Mithridates (geb. vermutlich 134 v. Chr.) war in seiner Funktion als König von Pontos in der heutigen Türkei Führer eines Kriegsheeres gegen das Römische Reich. Im Jahre 88 v. Chr. ließ er mindestens 80.000 Römer und Italiker, sowohl Männer, Frauen als auch Kinder, während eines Massakers ermorden. Diese Tat brachte ihm den Ruf als »Roms größte[m] Feind« (Mayor 2011) ein. Die drei Mithridatischen Kriege gegen die Römer dauerten insgesamt 40 Jahre an, am Ende beging Mithridates Selbstmord. Er gilt den einen als mutiger Kämpfer gegen die Überlegenheit Roms, für andere ist er ein grausamer Mörder von Unschuldigen.

255 Timur Leng (1328-1405), der in Europa als Tamerlan bekannt ist, war ein mongolischer Kriegsherr, der auf seinen Feldzügen durch Russland, China, Indien und Kleinasien die damalige islamische Welt unterwarf, um sie als mongolisches Reich zu einen. Er gilt wegen der zahlreichen Massaker während seiner Eroberungen als Schreckensgestalt: »Der grausamste Menschenschlächter aller Zeiten sei er gewesen, schlimmer noch als Dschinggis-Chan; Entsetzen und Tod habe er in der Welt verbreitet, […] nichts als Ruinen hinterlassen« (Nagel 1993: 9).

256 Im letzten Kapitel von *Mein Kampf*, das mit »Notwehr als Recht« betitelt ist, schreibt Hitler: »Hätte man zu Kriegsbeginn und während des Krieges einmal zwölf- oder fünfzehntausend dieser hebräischen Volksverderber so unter Giftgas gehalten, wie Hunderttausende unserer allerbesten deutschen Arbeiter aus allen Schichten und Berufen es im Felde erdulden mußten, dann wäre das Millionenopfer der Front nicht vergeblich gewesen.« Hitler ereifert sich in diesem Zusammenhang über die angeblich jüdischen »marxistischen Führer«, die mit dem Frieden von Versailles Vaterlandsverrat begangen hätten (Hitler 1936: 772).

257 In Offenbach begingen am 13. November 1938 das Ehepaar Friederike, geb. Neuhaus, und Robert Boley mit Antonie/Antonia Grosch (geb. 17. August 1871 in Offenbach) und deren Schwiegertochter Elisabeth Grosch (geb. 7. September 1894 in Heßloch) Selbstmord durch Gas. Als der Milchmann Adam Theobald Jakoby am nächsten Tag die Türklingel der Parterrewohnung in der Bahnhofstraße 20 betätigte, kam es zu einer Explosion, bei der auch er ums Leben kam. Nach der Evakuierung der übrigen Hausbewohner wurde das Haus gesprengt. Die Aufräumarbeiten mussten von Offenbacher Juden durchgeführt werden. Vgl. die Stolpersteine für das Ehepaar Boley und die Familie Grosch: http://www.offenbach.de/offenbach/themen/unterwegs-in-

offenbach/stadtinfo/stadtgeschichte/offenbacher-stolpersteine/ (Abruf: 3. Juni 2013).

258 In der englischsprachigen Ausgabe wird der vorangegangene Einschub ausgelassen, vgl. Heiden 1939a: 150.

259 Der Justizinspektor Friedrich Kellner konstatierte ebenfalls in seinem Tagebucheintrag vom 1. Oktober 1938, dass bald ein Krieg ausbrechen würde, »[n]achdem wir durch das Verhalten Deutschlands am Rande des Weltkrieges uns befanden u. die Hetze des Propagandaministers Göbbels überhaupt nicht mehr zu überbieten war« (Kellner 2011: 16). Kellner brach sein Tagebuch nach diesem Eintrag ab und nahm es erst im August 1939 wieder auf, um die (Kriegs-)Stimmung in Deutschland zu beschreiben. Vgl. ebd.

260 Beispielsweise wurde ein Parteigerichtsverfahren gegen Alfons Oswald, seinerzeit Regierungsrat in der Kreisverwaltung Donaueschingen, durchgeführt, weil er Ende September 1938 Unterkünfte für Angehörige, die nahe der Grenze zu Frankreich lebten, organisierte und er in Verdacht stand, auch für sich und seine Familie entsprechend vorgesorgt zu haben. Das Verfahren wurde erst 1943 eingestellt. Vgl. diverse Schreiben und Aussagen in Oswalds Personalakte, Hauptstaatsarchiv Stuttgart, EA 2/150 Bü 1252 sowie Schreiben der Partei-Kanzlei der NSDAP an den Reichsminister des Innern, 12. März 1943, BArch, R 1501 PA/9479.

261 »sich« handschriftlich hinzugefügt.

262 NS-Gegner und zahlreiche Zeitgenossen gingen davon aus, dass die Nationalsozialisten selbst den Brand gelegt haben. In der Forschung ist die Alleintäterschaft von Marinus van der Lubbe bis heute nicht vollständig akzeptiert. Vgl. Kellerhoff 2008.

263 »Damit wir uns recht verstehen …«, in: Das Schwarze Korps, 1. Dezember 1938, Folge 48, 4. Jahrgang, S. 2. Die beiden Sätze sind im Zeitungsartikel durch einen Absatz getrennt; zudem enden sie mit einem Ausrufezeichen.

264 Der Rest des Satzes fehlt in der englischsprachigen Ausgabe, vgl. Heiden 1939a: 154.

265 Auch die Exil-SPD hielt für viele Regionen eine ablehnende Haltung und stille Empörung der Bevölkerung fest. Vgl. Deutschland-Berichte 1989/5: 1204-1211.

266 Vgl. »Nazi attacks on Jews. Orgy of Hitler Youth. Synagogues burnt. Destruction and plunder«, in: The Times, London, 11. November 1938, S. 14: ›Die zuschauende Menge zeigte, soweit das beurteilt werden konnte, eine Mischung aus Erstaunen, Belustigung und Ablehnung. Es gab einige spontane Bekundungen der Zuschauer, die damit zufrieden waren, die Arbeit denen zu überlassen, die sie übernommen hatten. Allerdings drückten viele Deutsche ihre Abscheu gegenüber den angewandten Methoden aus; ein Arbeiter sagte zu mir, dass er als Deutscher lieber nicht die Fotografien sehen möchte, die morgen in den ausländischen Zeitungen abgedruckt werden würden.‹

267 Vgl. »Simultaneous Attacks/Orgy of destruction«, in: The Daily Telegraph and Morning Post, 11. November 1938, S. 17: ›Rassenhass und Hysterie schienen ansonsten ehrbare Menschen komplett ergriffen zu haben. Ich sah modisch gekleidete Frauen applaudieren und vor Entzücken schreien, während respektable Mütter der Mittelklasse ihre Kleinkinder hochhielten, damit sie den »Spaß« sehen konnten. Frauen, die Kindern Vorhaltungen machten,

wenn diese mit Spielzeugen aus den zerstörten jüdischen Geschäften davonliefen, wurden angespuckt und von dem Mob attackiert.‹ – In der englischsprachigen Ausgabe folgt an dieser Stelle das Zitat aus dem *Manchester Guardian* vom 11. November 1938, das im deutschen Typoskript erst später angeführt wird, vgl. Heiden 1939a: 156.

268 ›Die Menge schaute dem Brand der Synagogen im Großen und Ganzen teilnahmslos zu, obgleich es auch zahlreiche Unterstützer der Brandstiftungen gab.‹ – Das Zitat ließ sich im *Manchester Guardian* nicht nachweisen.

269 So im Typoskript.

270 Vgl. »Nazi Attack on the Pope«, in: The Daily Telegraph and Morning Post, 12. November, S. 14: ›Heute herrscht große Empörung unter den Bayern über die grausame Behandlung der Juden. Ich habe mit vielen Münchenern geredet, und alle, mit Ausnahme der Nazis, äußerten sich mit größtem Entsetzen über die Brutalität des Mobs.‹

271 Im Zeitungsartikel: »solcher ›organisierter‹ ›arischer‹ Roheit«.

272 Vgl. »Augenzeugen berichten über die antisemitischen Exzesse in Deutschland«, in: National-Zeitung (Basel), 14. November 1938, S. 2.

273 ›Viele Ladenbesitzer und tatsächlich auch der größte Teil der Bevölkerung fühlen nichts anderes als Mitgefühl für die verfolgten Juden.‹

274 Heiden zitiert aus einem Bericht, den vermutlich Josef Bettelheim vom Amsterdamer *Jewish Central Information Office* am 21. November 1938 verfasst hat. Vgl. Barkow/Gross/Lenarz 2008: 334.

275 Vgl. mit kleinen Abweichungen ebd.: 335.

276 Vgl. den ähnlichen Bericht »Männer, Frauen und einzelne Kinder irren an der Grenze umher«, den das *Jewish Central Information Office* am 21.11.1938 per Rundschreiben verschickte, Archiv für Zeitgeschichte der ETH Zürich, IB JUNA-Archiv/1546, o. Bl.

277 In der englischsprachigen Ausgabe heißt es verkürzt »From Munich« (Heiden 1939a: 159).

278 Vgl. »Munich Jews' Plight«, in: The Times, 15. November 1938, S. 14: ›Der Zustand der meisten Juden ist geprägt von Elend, Schrecken und Verzweiflung. Viele von ihnen verstecken sich noch, um einer Verhaftung zu entgehen, und Suchaktionen wurden von der Polizei in den »arischen« Wohngebieten unternommen, von denen vermutet wird, dass sie dort Unterschlupf gefunden haben.‹

279 In der englischsprachigen Ausgabe folgt an dieser Stelle ein Satz, der sich im deutschen Typoskript nicht findet: »Many of these Jews hid in cellars for weeks« (Heiden 1939a: 159).

280 Vgl. »Photographer arrested«, in: Manchester Guardian, 11. November 1938, S. 11: ›Der Berliner Korrespondent des »Manchester Guardian« meldet am 10. November die Verhaftung von mehr als einhundert arischen Deutschen, die es gewagt hatten, ihr Missfallen gegenüber den Geschehnissen auszudrücken.‹

281 Heiden zitiert den Bericht eines Sprachlehrers, der die Geschehnisse nicht miterlebt hat, sondern sie aus Erzählungen Anderer wiedergibt. Vgl. Barkow/Gross/Lenarz 2008: 385.

282 Vgl. ebd.: 383.

283 Nach der Ausrufung der Republik im November 1918 kam es vor allem in

Berlin zu Ausschreitungen und Schusswechseln zwischen Anhängern einer Räterepublik und Soldaten der Reichswehr. Federführend war unter anderem der *Spartakusbund* Rosa Luxemburgs und Karl Liebknechts, aus dem 1919 die KPD hervorging. Vgl. Ullrich 2009: 44 ff.

284 Heiden zitiert mit Abweichungen aus dem Bericht eines niederländischen Arztes. Vgl. Barkow/Gross/Lenarz 2008: 228.

285 »Dieses Pack ist schlimmer!«, in: Das Schwarze Korps, 17. November 1938, Folge 46, 4. Jahrgang, S. 1. Es fehlt nach dem ersten Absatz die Zwischenüberschrift »Die armen Juden«.

286 Ebd.

287 ›Ich selbst konnte kaum glauben, dass solche Dinge in einer Gesellschaft im zwanzigsten Jahrhundert geschehen können.‹ – Die Erklärung Roosevelts ist auch in einer 1939 von Heiden anonym herausgegebenen Dokumentation über die ›Kristallnacht‹ abgedruckt (vgl. Anonym 1939: 98 f. sowie ferner den Bericht »Die Welt will helfen«, in: Pariser Tageszeitung, 16. November 1938, S. 1).

288 ›Die Versammlung begrüßt die Aussagen Seiner Gnaden des Vorsitzenden – und möchte sich ihnen anschließen – über die Empörung, welche die Christen dieses Landes fühlten, als sie von den an den Juden begangenen Greueltaten und Zerstörungen in Deutschland und Österreich lasen.‹ Vgl. zu den Reaktionen englischer Kirchenvertreter auch die Äußerungen in Anonym 1939: 103 f. sowie den Artikel »Unterhausdebatte über die Pogrome in Deutschland«, in: Pariser Tageszeitung, 15. November 1938, S. 1.

289 Vgl. dazu den Aufruf Baldwins, den Heiden auch in der 1939 von ihm anonym herausgegebenen Dokumentation (Anonym 1939: 99 f.) aufnimmt.

290 Reaktionen aus den Niederlanden druckte Heiden in der 1939 von ihm anonym herausgegebenen Dokumentation über die ›Kristallnacht‹ ab (vgl. Anonym 1939: 149-152). – In der englischsprachigen Ausgabe wird dieser Absatz ausgelassen, vgl. Heiden 1939a: 165.

291 In der englischsprachigen Ausgabe folgt der Zusatz »in southern Germany« (Heiden 1939a: 166).

292 Das von Heiden stammende Nachwort ist im deutschen Typoskript nicht überliefert. Es wurde jedoch in die englisch-, schwedisch- und französischsprachigen Ausgaben aufgenommen, vgl. Heiden 1939a: 170-176, Heiden 1939b: 118-123 sowie Heiden 1939c: 167-174. Aus dem Englischen von Julia Ruth Richter und Christiane Weber.

293 Heiden 1934a: 214.

294 Hitler 1936: 782. Dies ist der vorletzte Absatz des »Schlußworts«.

Konrad Heiden, vermutlich in den 1930er Jahren

Konrad Heiden (1901-1966) – Annäherungen an Leben und Werk

von Markus Roth

Die Nachrichten von den brennenden Synagogen, von der Verwüstung und Plünderung der jüdischen Geschäfte sowie von der Heimsuchung der Juden in ihren Wohnungen und den Massenverhaftungen im Deutschen Reich wühlten die deutschen Emigranten und Flüchtlinge auf. Die Exilpresse war voll von Schreckensmeldungen. Die von Konrad Heiden geschmähte und verachtete *Pariser Tageszeitung* zum Beispiel, die einzige Tageszeitung des deutschen Exils, brachte in den ersten Tagen nach dem Pogrom täglich Berichte über die Ereignisse in Deutschland sowie über die Reaktionen in der Welt.[1]

Eine breite Berichterstattung und zahlreiche Proteste gegen die antijüdische Politik des NS-Regimes hatte es bereits aus anderen Anlässen gegeben, angefangen beim Boykott der jüdischen Geschäfte am 1. April 1933. Im November 1938 aber war vielen deutschen Beobachtern im Exil klar, dass die Verfolgung der Juden mit den Pogromen und den unmittelbar folgenden antijüdischen Verordnungen und Maßnahmen eine neue Qualität erreicht hatte. Der überwiegend staatlich entfachte und gelenkte Terror ließ nun weitaus Schlimmeres denken als ›nur‹ die Isolation, Diskriminierung und wirtschaftliche Ausschaltung der Juden. War schon seit Beginn der NS-Herrschaft und nach ihren ersten antijüdischen Maßnah-

1 Vgl. neben zahlreichen weiteren Artikeln: »Schwere antisemitische Ausschreitungen in ganz Deutschland«, in: Pariser Tageszeitung, 11. November 1938, S. 1; »Der Abscheu der Welt über die deutschen Pogrome«, in: ebd., 12. November 1938, S. 1; »Pogrome auch in Wien«, in: ebd., S. 2; »Erste Bilanz der deutschen Pogrome«, in: ebd., 13./14. November 1938, S. 2; »Unterhausdebatte über die Pogrome in Deutschland«, in: ebd., 15. November 1938, S. 1; »Die Massenverhaftung von Aerzten und Anwälten«, in: ebd., S. 2; »Die antisemitischen Verheerungen in Wien«, in: ebd., 16. November 1938, S. 3. – Einige der herangezogenen Zeitungsartikel stammen aus dem Verlagsarchiv des Oprecht Verlags in der Zentralbibliothek Zürich und sind dort nicht immer mit Seitenzahlen nachgewiesen.

men die Rede davon gewesen, die Juden würden vernichtet, seinerzeit im Sinne von ›ausschalten‹ oder ›ihrer Existenzgrundlage berauben‹ verstanden, wurde nun, im November 1938, eine weitere Bedeutung des Wortes denkbar – die Ermordung. Die sozialdemokratische Wochenzeitung *Neuer Vorwärts* ließ knapp zwei Wochen nach den Pogromen keinen Zweifel daran, dass Mord, Massenmord gar, durchaus in den Bereich des Vorstellbaren gerückt war. »Die Männer des Systems«, heißt es dort, »haben die Vernichtung der noch in Deutschland lebenden Juden beschlossen. [...] Denn was wirklich mit den Juden in Deutschland vor sich geht, das wagt man auch ausserhalb von Deutschland sich nicht klar vorzustellen, weil die wahrhaftige Vorstellung unerträglich wäre. Selbst die deutschen Juden wagen nicht ihr Schicksal zu Ende zu denken, weil sie nicht sterben, sondern leben wollen. Es ist deshalb keine Hilfe gegen diese schmachvolle Verfehlung zu erwarten. Niemand hat seinerzeit den unglücklichen Armeniern geholfen, als sie buchstäblich ausgerottet worden sind.«[2]

Die Pogrome in Deutschland und vor allem auch die neue Qualität der Verfolgung trieben auch den Journalisten und Publizisten Konrad Heiden im Pariser Exil um. Bald nach dem Novemberpogrom machte er sich an die Recherchen für den vorliegenden Bericht und schrieb ihn innerhalb weniger Wochen nieder.[3] Material für das Buch fand Heiden – wie auch für frühere Werke – sowohl in der NS-Presse als auch in ausländischen Zeitungen. In erster Linie aber wertete er im *Jewish Central Information Office* in Amsterdam[4] zahlreiche Augenzeugenberichte jüdischer Flüchtlinge oder ausländischer Beobachter aus, die dort gesammelt worden waren.[5] So erhielt er einen umfassenden und eindringlichen Einblick in die Ereignisse jener Nacht im November 1938. Die Berichte der Exil-SPD, die über ein relativ dichtes und zuverlässiges Informantennetz im Deutschen Reich verfügte, ergänzten die der unmittelbar

2 »Die Schmach. Der Massenwahn als Kampfmittel«, in: Neuer Vorwärts, Nr. 283, 20. November 1938, S. 1.

3 Kurze Zeit später gab Heiden anonym ein weiteres Buch über den Novemberpogrom heraus, in dem er Zeitungsmeldungen und Reaktionen aus aller Welt abdruckte. Vgl. Anonym 1939.

4 Vgl. dazu Barkow 1997.

5 Seit 2008 liegen diese Berichte in einer Edition vor, vgl. Barkow/Gross/Lenarz 2008.

selbst Betroffenen. Auf dieser Grundlage schrieb Heiden das erste quellenbasierte Buch über die Pogromnacht.

Bereits Heidens frühere Bücher erreichten hohe Auflagen und wurden in mehrere Sprachen übersetzt; sein neues war kaum weniger erfolgreich. Die englische Ausgabe erschien 1939, eine französische und eine schwedische Übersetzung folgten im selben Jahr. Eine niederländische Übersetzung aber wurde vom Amsterdamer *Jewish Central Information Office* auf Druck der niederländischen Regierung, die wohl außenpolitische Verwicklungen befürchtete, nicht veröffentlicht.[6] Vor allem die englische Ausgabe fand weithin Beachtung. Peter Halm würdigte sie im New Yorker *Aufbau* als eine »atemberaubende Reportage«[7], Charles Poore nannte das Buch in der *New York Times* »a searing record of the German persecutions«[8]. Warum jedoch der den Übersetzungen zugrunde liegende deutsche Text nie publiziert worden ist, bleibt unklar, zumal der Züricher Europa Verlag, in dem Heiden früher schon erfolgreich veröffentlicht hatte, vom Kriegsgeschehen nicht unmittelbar betroffen war.

Das Interesse ausländischer Verlage an dem Buch und dessen Erfolg vor allem im englischsprachigen Raum lässt sich zum einen auf Heidens Bekanntheit als Experte für das NS-Regime und den Erfolg seiner früheren Werke zurückführen. Zum anderen spielte sicherlich auch eine Rolle, dass derart schnell ein Buch über das einschneidende Ereignis des Novemberpogroms verfügbar war, das noch dazu durch seine Quellen nah am Geschehen blieb.

Die Gründe für Heidens Bucherfolge jedoch liegen nicht ausschließlich darin, dass er sehr früh über Themen schrieb, die bald schon für Europa und letztlich die ganze Welt äußerst relevant wurden: den Aufstieg des Nationalsozialismus, die Etablierung der NS-Diktatur und schließlich über den Diktator selbst. Viele Kritiker lobten Heiden auch für seine nüchterne und pointierte Darstellung und vor allem für seinen eingängigen Stil. Das meiste davon

6 Vgl. dazu Barkow 1997: 73.

7 »Anti-Nazi-Bücher«, in: Aufbau, Nr. 17, 15. September 1939, S. 14. Zwei Monate später hieß es im *Aufbau*, das Buch sei »rasch berühmt geworden« (Aufbau, Nr. 21, 15. November 1939).

8 »Books of the Times«, in: New York Times, 1. Juli 1939. Einen Monat darauf machte die *New York Times* noch auf die günstige Ausgabe des Buches bei Modern Age Books aufmerksam, vgl. »Books and Authors«, in: New York Times, 6. August 1939.

gilt gleichfalls für sein letztes Buch vor Beginn des Zweiten Weltkriegs, den hier vorliegenden Bericht.

Heiden versteht es, den Leser mit einer atmosphärisch dicht erzählten Einleitung direkt in den Bann zu ziehen, er nimmt ihn gleichsam an die Hand, führt ihn durch jene Nacht im November 1938 und schildert szenisch in lebendigen Bildern das Geschehen: »Hier und da glänzt in dieser deutschen Nacht ein Feuerschein. Geht nicht zu nah hin, ihr siebenundsiebzig Millionen, schlaft lieber, dies ist nichts für euch. Da steht im Nachtdunkel eine schwarze Schar, von Fackeln beleuchtet, ein schwarzer Block mit Hunderten von Köpfen, kalkweiss im künstlichen Licht« (S. 7). Immer wieder bedient er sich der erlebten Rede, um den Leser näher an das Dargestellte zu binden, ihn hinein in den Sog der Ereignisse zu ziehen. Er spricht den Leser auch direkt an: »Das also ist das Los der Juden: Ausweisung, Flucht, Abschub auf der Eisenbahn, Einkerkerung hinter Stacheldraht. Das heisst Jude sein. Wenn man Glück hat, bleibt es einem eine Zeitlang erspart; aber einmal kommt es. Man muss es sich gefallen lassen, sich ducken, schweigen. Die andern haben die eisenbeschlagenen Stiefel und die Knute, wir haben den Rücken. Duck dich und bete still, dass du erst möglichst spät getreten wirst« (S. 11 f.).

Auch an Heidens Text lässt sich nachvollziehen, dass nach den Novemberpogromen 1938 ›vernichten‹ zwar auch noch im Sinne von ›ausschalten‹ gebraucht wird, nun aber auch die tödliche Dimension des Begriffs in den Bereich des Denkbaren rückt. Spricht er im Zusammenhang mit der wirtschaftlichen Diskriminierung und Ausschaltung der Juden noch von einem »Programm der völligen Vernichtung« (S. 84), geht es wenige Seiten später tatsächlich um physischen Mord. Heiden zitiert aus einem Artikel der SS-Postille *Schwarzes Korps*, in dem von »ausrotten« und »restlose[r] Vernichtung« die Rede ist. »Im Stadium einer solchen Entwicklung«, heißt es dort, »ständen wir daher vor der harten Notwendigkeit, die jüdische Unterwelt genauso auszurotten, wie wir in unserem Ordnungsstaat Verbrecher eben auszurotten pflegen: mit Feuer und Schwert. Das Ergebnis wäre das tatsächliche und endgültige Ende des Judentums in Deutschland, seine restlose Vernichtung.«[9]

9 »Juden, was nun?«, in: Schwarzes Korps, 24. November 1938, S. 1. Zitiert nach dem vorliegenden Bericht Heidens, S. 87.

Das ist in den Augen Heidens nun keine bloße rabulistische, antisemitische Rhetorik mehr, denn mit den Toten der Pogromnacht, mit den Ereignissen dieser Tage insgesamt hat sich etwas grundlegend geändert: »Es wird empfohlen, den letzten Absatz nochmals zu lesen. Man erinnere sich gewisser Taten, die in der Nacht vom 9. auf den 10. November 1938 geschahen. Man setze voraus, dass es keine Verworfenheit gibt, die grundsätzlich unmöglich wäre. Sechshunderttausend Menschen durch Raub in den Hunger, durch den Hunger in Verzweiflung, durch Verzweiflung zu unberechenbaren Ausbrüchen und durch diese Ausbrüche unter das wartende Schlachtmesser zu treiben – das ist der kalt ausgedachte Plan. Ein Massenmord wird gewünscht; ein Massaker, wie es die Geschichte trotz Mithridates und Tamerlan vermutlich noch nie sah« (S. 87 f.).

So weit zu gehen, Heiden habe die Dimension des Holocaust, dessen europäische Reichweite gar, bereits Jahre vorher erkannt, wäre sicherlich verfehlt. Gleichwohl sah er klar eine grundlegend neue Qualität der Verfolgung, in der Mord als System nun denkbar, ja sogar beabsichtigt war. Die folgende Passage zeigt, dass er mit dieser Einsicht und der genauen Kenntnis von *Mein Kampf* der späteren furchtbaren Realität recht nahekommen konnte, wenn er weiter schreibt: »Unter welchen technischen Formen diese Massenhinrichtungen sich vollziehen sollen, können wir nur vermuten. In dem Buche ›Mein Kampf‹ hat der Verfasser auf Seite 772 den Rat gegeben, die zu tötende Menschenmenge ›unter Giftgas zu halten‹, er spricht dort freilich nur von zwölf- oder fünfzehntausend. Inzwischen ist der Vernichtungswille in den leitenden Schichten des Regimes zweifellos gewachsen; zum guten Teil deshalb, weil sie ihre bisherigen Taten, entgegen der eigenen Erwartung, ohne wesentlichen Widerstand oder gar Strafe begehen konnten. […] Von hohen Führern des Regimes wird heute gern die Wendung ›auf den Knopf drücken‹ gebraucht, wobei sich die Zuhörer nie recht klar sind, ob sie das Gesagte ganz ernst nehmen sollen; erläuternd wird – immer noch unter der Maske der eventuellen Scherzhaftigkeit – gesagt: alle Juden werde man in einem grossen Raum versammeln und dann durch Knopfdruck das Gas auslösen« (S. 88).

Wer aber war dieser Konrad Heiden, der aus der Ferne des Pariser Exils zu solchen klarsichtigen, fast gespenstisch anmutenden Einsichten kommen konnte? Obwohl Konrad Heiden einer der frühesten kritischen Chronisten des Nationalsozialismus und einer der wohl erfolgreichsten Publizisten im Exil war – weit über den relativ kleinen Kreis deutscher Emigranten bekannt, zeitweise berühmt –, gibt es bis heute keine Biographie über ihn.[10] In der frühen NS- und Hitler-Forschung fanden seine Werke noch Beachtung. Viel, worauf man sich hätte stützen können, gab es seinerzeit noch nicht. Er selbst aber schaltete sich nach dem Krieg in den Diskurs nicht (wieder) direkt ein. Bereits wenige Jahre nach seinem Tod 1966 war Konrad Heiden in Deutschland weithin vergessen.

Die frühen Jahre

Konrad Heiden war ein Kind der Arbeiterbewegung, aber kein Arbeiterkind. Seine Mutter Lea wurde 1877 in Berlin als Tochter des Schuhmachers Moritz Deutschmann in eine jüdische Familie geboren und wuchs überwiegend in München auf. Nach dem Besuch der dortigen Mädchenhandelsschule engagierte sie sich in der proletarischen Frauenbewegung und widmete sich vor allem in Frauenbildungsvereinen der gewerkschaftlichen Organisierung der Frauen im Handel. Aktiv war sie zunächst in München, dann in Frankfurt am Main, wo sie bis 1904 Leiterin des *Bildungsvereins für Frauen und Mädchen* war, schließlich in Berlin und bis zu ihrem Tod wieder in München. 1902 wurde sie zur Vertrauensperson der Frankfurter Sozialdemokratinnen gewählt.[11] Sie veröffentlichte Rezensionen und Artikel vor allem in der sozialdemokratischen *Die neue Zeit*.[12] Enge Kontakte knüpfte sie zu Mitstreiterinnen

10 Stefan Aust veröffentlichte 2016 ein Buch über Heiden, in dem Aust in einigen Kapiteln zahlreiche Passagen aus Heidens Hitler-Biographie ohne Kennzeichnung übernimmt und so Mindestanforderungen seriöser publizistischer Arbeit missachtet. Vgl. dazu Roth 2017.

11 Vgl. den Nachruf auf Lea Heiden-Deutschmann, in: Die Gleichheit 16 (1906), 17. Oktober 1906, S. 147 f. sowie Klausmann 1997: 348. Ferner ihre Zeugnisse von der Mädchenhandelsschule in: Zentralbibliothek Zürich, Nachlass Konrad Heiden 2.2.

12 Vgl. u.a. »Das Zentrum und die Arbeiterinnenfrage«, in: Die neue Zeit, 1906, Heft 27, S. 33-36.

wie Henriette Fürth oder Clara Zetkin.[13] Ein Nachruf auf die schon 1906 gestorbene Lea Heiden-Deutschmann charakterisiert sie als eine »leidenschaftliche Kämpferin« und »eine zärtliche, treubesorgte und einsichtsvolle Mutter«[14].

Johannes Heiden stammte aus Demmin in Pommern, wo er 1874 geboren wurde. Auch er hatte sich der Arbeiterbewegung verschrieben, nachdem er zuvor bei verschiedenen Firmen und Rechtsanwaltskanzleien in Hamburg und München als Schreiber sowie Buchhalter gearbeitet hatte. In Frankfurt am Main widmete er sich als Arbeitersekretär vor allem der Gewerkschaftsarbeit. Überdies publizierte er zahlreiche Aufsätze zu Fragen der Arbeiterversicherung und Arbeiterbildung.[15] Seine Tätigkeit brachte es mit sich, dass er vielfältige Kontakte in der sozialdemokratischen Arbeiterbewegung knüpfte, auf die Konrad Heiden später während seines Studiums und wohl auch in seiner journalistischen Arbeit zurückgreifen konnte.

Von Juli 1889 bis September 1890 lebte und arbeitete Johannes Heiden in München, wo er seine spätere Frau kennenlernte. Die beiden heirateten an Heiligabend 1900.[16] Schon am 7. August des folgenden Jahres wird Konrad Heiden in München als erster und einziger Sohn geboren. Lange hält das junge Glück nicht: Im November 1904 verlässt Lea Heiden ihren Mann, die Ehe wird im März 1905 geschieden.[17] Das Verhältnis der beiden zueinander war aber weitaus früher schon abgekühlt und von Krisen geschüttelt.[18] Konrad lebte nach der Trennung der Eltern mit seiner Mutter eine Zeitlang in Berlin, im Oktober 1905 zogen die beiden dann nach

13 Zu Henriette Fürth vgl. Fürth 2010, zu Clara Zetkin Puschnerat 2003.

14 Nachruf auf Lea Heiden-Deutschmann, in: Die Gleichheit 16 (1906), 17. Oktober 1906, S. 148.

15 Vgl. z. B. »Die Rechtsprechung in der Arbeiterversicherung«, in: Sozialistische Monatshefe 15 (1909), Heft 17/18, S. 1115-1123; »Die Reform der Arbeiterversicherung«, in: ebd. 14 (1908), Heft 24, S. 1519-1528; »Die Stellung der sozialdemokratischen Partei zur sozialpolitischen Gesetzgebung. Auch ein Nachwort zu den Reichstagswahlen«, in: ebd. 13 (1907), Heft 5, S. 355-365.

16 Vgl. Zentralbibliothek Zürich, Nachlass Konrad Heiden 2.1.

17 Urteil des Königlichen Landgerichts Frankfurt, 30. März 1905, in: Zentralbibliothek Zürich, Nachlass Konrad Heiden 2.3 sowie Klausmann 1997: 121.

18 Probleme klingen beispielsweise in einem wahrscheinlich 1903 geschriebenen Brief Lea Heidens an die Genossin »Z.« (wohl Zetkin) an. Vgl. Zentralbibliothek Zürich, Nachlass Konrad Heiden 2.4.

München, wo Leas Mutter und Schwester wohnten. Nach dem Tod der Mutter im September 1906 lebte Konrad bei seinem Vater in Frankfurt, der 1909 zum zweiten Mal heiratete. Doch auch diese Ehe hielt nur kurz; bereits nach wenigen Monaten war sie zerrüttet, und die Eheleute lebten getrennt, bis schließlich 1911 die Scheidung vollzogen werden konnte.[19]

Konrad Heiden wuchs in kleinbürgerlichen, aber keineswegs stabilen Familienverhältnissen auf. Eine intakte Familie hatte er kaum erlebt. Durch die hohe Arbeitsbelastung seines Vaters, die auch durch Reisen zu Kongressen oder Parteitagen verursacht war, blieb er viel sich selbst überlassen. Überdies war Johannes Heiden spätestens ab 1914 oft krank und mitunter monatelang in Kur. Der intensive Briefwechsel aus dieser Zeit, Johannes Heiden schrieb täglich an Konrad, zeigt einen besorgten und fürsorglichen Vater, der sehr unter der Trennung von seinem Sohn litt und aus der Entfernung um ein enges, vertrauensvolles Verhältnis bemüht war. Konrad scheint die sich ihm eröffnenden Freiräume genossen zu haben und entzog sich ein wenig der immer wieder drängenden, ihn womöglich auch erdrückenden Fürsorge des Vaters. Tagelang ließ er ihn ohne Antwort auf die vielen Briefe und Karten, was dieser immer wieder – mal flehend, mal ermahnend und drohend – monierte.[20]

So erdrückend die Zuwendung des Vaters, der seine Abwesenheiten kompensieren und ihm alles sein wollte – Vater, Freund und dabei gewissermaßen die fehlende Mutterliebe ersetzend –, für Konrad auch mitunter gewesen sein mag, wurde er doch auch zu einem freien Geist und allem Anschein nach recht liberal erzogen. Davon zeugt ein Vorfall vom November 1914: Mitschülern gegenüber soll Konrad Heiden mehrfach geäußert haben, es sei das Beste, der Kaiser würde verhaftet, »dann würde mancherlei anders werden«[21]. Dies war in der national aufgeheizten Atmosphäre in den ersten Monaten des Weltkriegs etwas Unerhörtes. Doch damit nicht genug: Der Dreizehnjährige provozierte die gleichfalls

19 Vgl. Zentralbibliothek Zürich, Nachlass Konrad Heiden 2.5.

20 Vgl. dazu die zahlreichen Briefe und Postkarten des Vaters, in: Zentralbibliothek Zürich, Nachlass Konrad Heiden 3.6.

21 Direction des Lessing-Gymnasiums Frankfurt an Johannes Heiden, 17. November 1914, in: Zentralbibliothek Zürich, Nachlass Konrad Heiden 4.5.

grassierende Spionagehysterie, indem er seinen Schulkameraden die Räuberpistole erzählte, er habe die Pläne des Wasserwerks und könne diese an ein englisches Büro in Frankfurt verkaufen, weswegen er nachmittags oft unterwegs sei.[22] Die Empörung hierüber war groß. Zwar hielt der Direktor seinem Schüler eine womöglich ausgeprägte Phantasie zugute, fand es aber entsetzlich, »daß ein Kind überhaupt mit solchen Gedanken des Hochverrats am Vaterlande spielen kann«[23], und vermutete, dass »die Seele dieses Kindes [...] von unsauberen Gedanken geradezu vergiftet ist«[24]. Damit spielte er vielleicht auf den sozialdemokratischen Familienhintergrund an. Überdies brachte er weiter die Überlegung ins Spiel, ob auch die häufige Abwesenheit des Vaters negativen Einfluss gehabt haben könnte, was Johannes Heiden besonders schmerzlich getroffen haben dürfte. Was nun drohte, war nichts Geringeres als ein Schulverweis.

Der Vater schaltete einen alten Freund der Familie, den Juristen Hugo Sinzheimer[25], ein, der bei der Schule vorsprach. Der Schulverweis konnte abgewendet werden, stattdessen wurde ein scharfer schriftlicher Verweis erteilt, da in den Äußerungen über den Kaiser ein »Mangel an nationalem Empfinden«[26] zu sehen sei. Zu Gunsten Konrads wurde sein bislang tadelloses Betragen in Rechnung gestellt. Dem Vater schrieb der Schuldirektor überdies, dass äußere Einflüsse oder Lektüren vielleicht eine Rolle gespielt hätten. »Wir haben ferner geglaubt annehmen zu sollen«, so der Direktor weiter, »daß er in der Tat – neben einem oft merkwürdig klaren Verstande – zugleich eine ausserordentlich lebhafte Phantasie besitzt, die vielleicht durch die Einsamkeit, in der er sich jetzt wochenlang befunden hat, noch genährt worden ist.«[27]

All dies – drohender Schulverweis und ›vaterlandsverräterische‹ Äußerungen – hätte 1914 in den meisten Familien sicherlich Anlass zu strengsten Maßregelungen gegeben. Johannes Heiden aber

22 Vgl. ebd.
23 Ebd.
24 Ebd.
25 Zu Sinzheimer vgl. Frankfurter Biographie 1996: 391 f., Keiji 1985, Knorre 1991, Sinzheimer-Postma 1988.
26 Direction des Lessing-Gymnasiums Frankfurt an Johannes Heiden, 24. November 1914, in: Zentralbibliothek Zürich, Nachlass Konrad Heiden 4.5.
27 Ebd.

reagierte überaus zurückhaltend. Sicherlich trafen ihn die Worte des Direktors, der ihm kaum verhohlen eine gehörige Portion ›Mitschuld‹ zuschrieb, sehr. Vielleicht teilte er aber schlicht die nationale Euphorie nicht und konnte in den Äußerungen seines Sohnes daher nichts Verwerfliches sehen, wie er auch an Konrad schrieb: »Was du getan hast, sind ja keine Schlechtigkeiten und Ausgeburten verächtlicher Gesinnung, aber ich frage mich nur, wie kommst du bloß zu solcher Redeweise?«[28] Was den Vater vor allem traf, war die Gedankenlosigkeit Konrads über die Folgen solcher Äußerungen, obwohl er ihn doch schon früher ermahnt hatte, die Konsequenzen seiner Worte abzuwägen. Er zeigte sich traurig darüber, die Mahnungen in den Wind gesprochen zu haben, und vor allem auch darüber, dass Konrad über die Vorfälle und die Verhöre in der Schule in seinen Briefen kein Wort verloren habe, obwohl der Vater sich doch auch als seinen besten Freund ansehe.[29] Nachsichtiger und liberaler konnte ein Vater in einer derart aufgeheizten nationalen Stimmung und bei den drohenden harten Konsequenzen sicherlich kaum reagieren.

Etwas mehr als ein Jahr später, im Januar 1916, starb Johannes Heiden;[30] mit gerade einmal vierzehn Jahren war Konrad nun Vollwaise. Aus unbekannten Gründen konnte er nicht bei seiner Tante Hanna oder seiner Großmutter leben, stattdessen scheinen sich in Frankfurt wechselnde Frauen um ihn gekümmert zu haben. Dies geschah nicht immer frei von Konflikten, wie er beispielsweise Ende März 1916 seiner Tante schrieb.[31] Hugo Sinzheimer, der alte Freund der Familie, wachte in dieser Zeit über ihn; in manchen Kurzbiographien über Konrad Heiden heißt es zudem, er habe im Hause Sinzheimer gelebt.[32] Dieser enge Kontakt zu Sinzhei-

28 Johannes Heiden an Konrad Heiden, 25. November 1914, in: Zentralbibliothek Zürich, Nachlass Konrad Heiden 4.5.

29 Vgl. ebd.

30 Vgl. auch die Nachrufe auf Johannes Heiden, z.B. in: Münchener Post, 12. Januar 1916 sowie Volksstimme, 14. Januar 1916.

31 Vgl. Konrad Heiden an Hanna Bodenheimer-Deutschmann, 30. März 1916 (Datum des Poststempels), in: Zentralbibliothek Zürich, Nachlass Konrad Heiden 4.2. – Hanna Deutschmann (geb. 1878) heiratete 1910 den Kaufmann Oskar Daniel Bodenheimer und lebte mit ihm in München. Sie starb schon am 14. März 1930 in München. Vgl. Biographisches Gedenkbuch 2003: 174.

32 So z.B. Werner Maser in der Neuen Deutschen Biographie (vgl. Maser 1969).

mer jedenfalls war neben dem Elternhaus die prägende Phase in Heidens Leben, die wohl entscheidend seinen weiteren Werdegang beeinflusst hat. Sinzheimer war wie Heidens Vater – und wenig später Heiden selbst – Sozialdemokrat und saß für die SPD in der Weimarer Nationalversammlung, wo er als Jurist maßgeblichen Einfluss auf Teile der Reichsverfassung nahm. Während der Novemberrevolution war er zeitweise Polizeipräsident in Frankfurt. Ab 1920 lehrte er Arbeitsrecht und Rechtssoziologie an der Frankfurter Universität.[33] Wie und bei wem genau in Frankfurt Heiden die nächsten Jahre verbrachte, ist nicht bekannt. 1919 aber legte er dort schließlich das Abitur ab und schrieb sich im Mai 1920 in München für ein Studium der Rechte und Staatswissenschaften ein. Tatsächlich jedoch konzentrierte er sich mehr auf Volkswirtschaft und hoffte 1923 noch, in einem Jahr seinen Doktor zu haben.[34] Dazu allerdings kam es nicht mehr. Zwar blieb er bis zum Wintersemester 1924/25 eingeschrieben,[35] schloss sein Studium aber nicht mehr ab, da er bereits zuvor einen anderen Weg eingeschlagen hatte.

In München, das in den frühen zwanziger Jahren schon ein Biotop für völkische Gruppierungen und Sektierer war,[36] trat Heiden als streitbarer, engagierter Demokrat hervor. Mit wenigen Kommilitonen machte er sich im *Republikanischen Studentenbund* für die junge Republik stark, die an deutschen Universitäten bereits seinerzeit nicht allzu viele Anhänger unter den Studenten hatte, wurden doch die Universitäten während der Weimarer Republik

Die Tochter Sinzheimers erwähnt in einem Text über die Zeit der Familie im niederländischen Exil und Untergrund zwar Konrad Heiden, dass dieser aber in Frankfurt bei den Sinzheimers gelebt habe, schreibt sie nicht. Vgl. Sinzheimer-Postma 1988: 214.

33 Vgl. Keiji 1985 und Knorre 1991. Ferner Belke 1993: 141, die den großen Einfluss Sinzheimers auf Heiden betont und darauf aufmerksam macht, dass u.a. Franz Neumann, der später im Exil mit *Behemoth* eine umfassende Analyse des Nationalsozialismus vorlegte, in den zwanziger Jahren Assistent Sinzheimers war.

34 Vgl. Konrad Heiden an Robert Wissell, 12. April 1923, in: Zentralbibliothek Zürich, Nachlass Konrad Heiden 6.

35 Vgl. Archiv der LMU München, Stud.-Kart. I, Heiden, Konrad.

36 Vgl. z.B. Large 1998. Ein plastisches Bild Münchens in den Jahren nach dem Ersten Weltkrieg zeichnet auch Lion Feuchtwanger in seinem Roman *Erfolg*, dem ersten Band seiner *Wartesaal*-Trilogie (Feuchtwanger 1991).

mehr und mehr zum Hort nationalistischer und republikfeindlicher Kräfte.[37]

Im Krisenjahr 1923 versuchte Heiden namhafte Vertreter der großen demokratischen Parteien für eine Vortragsreihe des *Studentenbundes* zu gewinnen, um der völkisch-nationalistischen Dominanz in München etwas entgegenzuhalten und die Werbetrommel für die Demokratie zu rühren. Männer wie Gustav Radbruch, Adolf Koester, Hermann Luppe oder Robert Wissell[38] erhielten Einladungen von Heiden. Die meisten kannten seinen Vater und zum Teil auch ihn selbst. »Das Schlagwort ›Republik‹«, unterstrich Heiden die Dringlichkeit, für die Demokratie zu werben, »kennt die hiesige Oeffentlichkeit fast nur aus den gegnerischen Blättern und Versammlungen.«[39] Ferner betonte er, »wie gefährlich die Lage gerade im Augenblick ist«. Er sollte recht behalten mit seiner pessimistischen Einschätzung: »und diese Gefahr wird auch bei einem evtl. Abflauen der akutesten Phänomene auf lange hinaus nicht gebannt sein.«[40]

Das völkische Milieu der bayerischen Hauptstadt kannte Heiden aus eigener Anschauung gut. Schon seit 1920 beobachtete er die Anfänge der NSDAP und den Aufstieg Hitlers.[41] Die umtriebigen Aktivitäten des versprengten Haufens demokratischer Studenten konnten die Eruptionen der Völkischen freilich nicht abwenden. Viel des später bekannten NS-Gegners und erfolgreichen Publizisten Heiden war bereits in dem jungen Studenten in München vorhanden: die feste demokratische Grundüberzeugung ebenso wie ein ausgeprägter Kampfgeist für die als gut erkannte Sache, ein waches Sensorium für die Entwicklungen und Gefahren seiner Zeit ebenso

37 Vgl. Kater 1975.

38 Gustav Radbruch (SPD) war langjähriger Reichsjustizminister; Adolf Koester (SPD) war von April bis Juni 1920 Reichsaußenminister und von Oktober 1921 bis November 1922 Reichsinnenminister; Hermann Luppe (Deutsche Demokratische Partei) war Oberbürgermeister von Nürnberg; Rudolf Wissell (SPD) war 1919 Reichswirtschaftsminister und von 1928 bis 1930 in der Großen Koalition Reichsarbeitsminister.

39 Konrad Heiden an Rudolf Wissell, 12. April 1923, in: Zentralbibliothek Zürich, Nachlass Konrad Heiden 6.

40 Konrad Heiden an Adolf Koester, 30. April 1923, in: Zentralbibliothek Zürich, Nachlass Konrad Heiden 6.

41 Vgl. Heiden 1936: 5 f.

wie ein Gespür dafür, wo der Feind zu suchen ist. Die flotte Feder und der Zugang zu einem Massenpublikum aber fehlten noch.

Journalist und Autor in Deutschland

Der Grundstein für seinen Erfolg als Autor wurde ungefähr zur gleichen Zeit gelegt, und Heiden stieg hoch ein: 1923 begann er seine journalistische Laufbahn im Münchener Büro der *Frankfurter Zeitung* bei Otto Groth, dem bekannten Zeitungswissenschaftler und Journalisten. Heidens Karriere bis zur Regierungsübergabe an die Nationalsozialisten ist bislang etwas nebulös geblieben. Sicher ist, dass Heiden noch bis 1929 bei der *Frankfurter Zeitung* in München arbeitete, dann kurze Zeit in ihrem Frankfurter und anschließend dem Berliner Büro. Ein durchaus lukratives Angebot des sozialdemokratischen *Hamburger Echo* schlug er 1929/30 aus, nutzte es aber, um bessere Bedingungen für sich bei der *Frankfurter Zeitung* zu verhandeln.[42] 1930 oder 1931 verließ er die Zeitung, da er, wie er später erklärte, mit ihrem politischen Kurswechsel in jener Zeit nicht einverstanden gewesen sei.[43]

Für die *Frankfurter Zeitung* berichtete Heiden über den Aufstieg des Nationalsozialismus in München, er verfasste Rezensionen und Reisebilder aus der Republik, aus denen er auch ein Buch machen wollte.[44] In den Jahren 1928 bis 1930 veröffentlichte er

42 Vgl. den Schriftwechsel Heidens mit dem *Hamburger Echo* von Oktober 1929 bis Januar 1930 sowie ein Schreiben Heidens an die *Frankfurter Zeitung* vom 29. Dezember 1929, in: Zentralbibliothek Zürich, Nachlass Konrad Heiden 5.8.

43 Vgl. Form N. F. No. 1, American Consulate, Niagara Falls, Canada, 8. Dezember 1944, in: IfZ, ED 209/56, Bl. 87v.; Konrad Heiden an Carlo Schmid, 17. Januar 1958, in: ebd., ED 209/53, Bl. 114; Konrad Heiden, Eidesstattliche Versicherung, 18. Dezember 1957, in: Entschädigungsamt Berlin, Entschädigungsakte Konrad Heiden, Reg. Nr. 346365. Ähnliches berichtete auch Norbert Mühlen, ein Freund Heidens, in den siebziger Jahren in einem Interview (IfZ, ZS 3082, Bd. 1, Mühlen, Dr. Norbert, Bl. 7).

44 Vgl. z. B. eine Rezension des Buchs *Die gepanzerte Nachtigall oder Wir wollen dennoch singen* von Otto Maag, in: Frankfurter Zeitung, 24. Februar 1929, S. 8 sowie ferner die Serie »Aus dem Lande der Osthilfe«, in: ebd., 29. Juni 1930, S. 1 f., 3. Juli 1930, S. 1 f., 22. Juli 1930, S. 1 f. und 2. August 1930, S. 4. Die Typoskripte seiner Reisebilder bzw. Vorarbeiten zu dem geplanten Buch finden sich in: Zentralbibliothek Zürich, Nachlass Konrad Heiden 7.

parallel ebenfalls Artikel in Leopold Schwarzschilds *Das Tagebuch.* Auch hier waren es Feuilletons und politische Beiträge,[45] so zum Beispiel im Mai 1929 ein Artikel über einen Beleidigungsprozess, in dem es um Hitlers Haltung zu Südtirol und sein Verhältnis zu Mussolini ging.[46] Ein erzählerischer Einstieg, beißende Ironie, treffsichere Pointen und ein Gespür für die Schwächen und Lücken in der Argumentation anderer beherrschte Heiden als Journalist meisterhaft. »Die eine Prozeßpartei ist ziemlich regelmäßig Adolf Hitler«, schreibt er. »Er füllt mit seinen Mannen und zumal Frauen den Saal, soweit er für die Zuschauer reserviert ist. Die Luft ist auch entsprechend schlecht.«[47] Heiden schreibt hier nicht als ein um Sachlichkeit und Ausgewogenheit bemühter journalistischer Beobachter, zwar mit Distanz zu beiden Prozessparteien, aber mit einer klaren Haltung, nicht davor zurückschreckend, Hitler auch lächerlich zu machen: »Adolf ist sehr leicht beleidigt, er regt sich furchtbar auf, wenn man ihm widerspricht.«[48] An anderer Stelle nennt er Hitler den »nationalen Adolf«[49]. Allerdings ließ er es nicht dabei bewenden, ihn despektierlich zu charakterisieren und zu etikettieren, sondern brachte am Ende des Artikels die Absurdität von Hitlers politischer Einstellung zu Südtirol auf den Punkt. Hitler habe gar nichts gegen die ›Verzichtspolitik‹ Stresemanns, wenn sie erfolgreich sei, und er verzichte gerne auf Südtirol. »Man nennt dies Erfüllungspolitik«, so Heiden, »die offenbar nur so lange schimpflich ist, als man sie nicht selber betreibt. […] Darum verzichtet er auf etwas, was ihm nicht gehört, und tauscht dafür etwas ein, was ihm niemand gibt.«[50]

In den Jahren der Präsidialkabinette von 1930 bis 1933, als die Demokratie bereits ausgehöhlt wurde, arbeitete Heiden allem Anschein nach als freier Journalist und schrieb vor allem für die *Vossische Zeitung,* in der er weiter Reisebilder und Reportagen aus Deutschland veröffentlichte.[51] Im Entschädigungsverfahren Ende

45 Nachweise finden sich in Archiv Bibliographia Judaica 2002: 298.

46 Vgl. »Hitler klagt«, in: Das Tagebuch 10 (1929), Heft 20, 18. Mai 1929, S. 816 f. Hier im Folgenden zitiert nach Weyrauch 1966: 296 ff.

47 Weyrauch 1966: 296.

48 Ebd.

49 Ebd.

50 Ebd.: 298.

51 Vgl. z. B. »Der Sängerkrieg von Traunstein«, in: Vossische Zeitung, 27. September 1931, S. 11.

der 1950er Jahre gab er an, 1931/32 im Zeitungsbüro Dammert gearbeitet zu haben und 1932/33 Redakteur der *Welt am Montag* sowie Chefredakteur beim *Montag Morgen* gewesen zu sein.[52]

Seine Reportagen aus der deutschen Provinz sollte Heiden nie als Buch veröffentlichen, es war das erste einer Reihe weiterer nie vollendeter Buchprojekte. Stattdessen flossen seine langjährigen Beobachtungen und Recherchen zu Hitler und der NSDAP in sein erstes Buch mit dem Titel *Geschichte des Nationalsozialismus* ein, das im November 1932 im Berliner Rowohlt Verlag erschien und dessen erste Auflage von 5000 Exemplaren rasch vergriffen war – zu einer zweiten kam es wegen der Ernennung Hitlers zum Reichskanzler nicht mehr. Die *Vossische Zeitung* druckte vom 6. bis 12. November 1932, in der Woche unmittelbar nach der Reichstagswahl, bei der die NSDAP empfindliche Stimmeneinbußen erlitt, Auszüge aus dem Buch ab.[53]

Die *Geschichte des Nationalsozialismus* ist, wie Ingrid Belke schreibt, »das stilistisch brillanteste«[54] Buch jener Zeit über den Nationalsozialismus. Aus eigener Anschauung in München, aus Gesprächen mit Nationalsozialisten und aus deren Taten und Schriften entwickelt Heiden eine scharfsinnige Analyse der Ideologie und Psychologie der führenden Männer der Partei, ihrer Widersprüche ebenso wie ihrer Stärken.[55] Ihren Aufstieg schildert er chronologisch und bedient sich dabei all jener Stilmittel, die die Darstellung so packend machen und die auch zum Erfolg seiner späteren Bücher erheblich beitrugen: bisweilen nüchterne Distanz, vor allem aber beißende Ironie, dialogische Passagen vor allem bei der Skizzierung von Konflikten und den Positionen von Kontrahenten, erlebte Rede und direkte Leseransprachen. Seine journa-

52 Vgl. Konrad Heiden, Eidesstattliche Versicherung, 18. Dezember 1957, in: Entschädigungsamt Berlin, Entschädigungsakte Konrad Heiden, Reg. Nr. 346365. In der Ausbürgerungsakte Heidens ist zudem vermerkt, er sei seit 1930 Redakteur des *Vorwärts* gewesen (vgl. Politisches Archiv des Auswärtigen Amtes, R 99650). Die genaue Klärung muss einer noch zu schreibenden Biographie vorbehalten bleiben. Zur liberalen Presse jener Jahre vgl. u.a. Bosch 1976.

53 »Hitlers Kometenbahn«, in: Vossische Zeitung, 6.-12. November 1932, jeweils S. 4.

54 Belke 1993: 143.

55 Eine eingehende Analyse des Buchs unternimmt Belke 1993: 144-157.

listische Schulung und Lust am Erzählen kommen so zu vollster Blüte.

Heiden war auch vor Veröffentlichung des Buches kein Unbekannter für die Nationalsozialisten gewesen, hatte er doch in München oft in ihren Versammlungen gesessen und auch mit etlichen, zum Teil führenden Männern der NSDAP gesprochen. Der Erfolg des Buches gerade in dieser durchaus kritischen Phase vor Erlangung der Macht und die mitunter ätzenden psychologischen, wenig schmeichelhaften Charakterisierungen der NS-Führungsriege aber werden diese noch einmal besonders provoziert haben. Von Hitler-Anhängern soll das Buch schon vor Machtantritt verbrannt worden sein.[56] Heiden war daher ab Februar 1933 besonders in Gefahr, in einem der zahlreichen Folterkeller der SA malträtiert oder gar zu Tode geprügelt zu werden wie nicht wenige politische Gegner. Warum er bei dieser ernsten Gefahrenlage noch nach Reichstagsbrandverordnung und Ermächtigungsgesetz, mit denen sich abzeichnete, dass Hitlers Herrschaft durchaus dauerhafter sein könnte, weiter in Deutschland blieb, ist unbekannt. Ob er, wie viele andere auch, anfangs gedacht oder gehofft hatte, Hitlers Kanzlerschaft sei nur von kurzer Dauer, oder welche anderen Gründe ihn dazu bewogen, noch so lange zu bleiben, wissen wir nicht. Ebenso ungewiss ist, wie viel Energie die Nationalsozialisten (und wer genau von ihnen) darauf verwendeten, ihn ausfindig zu machen. Vom Rowohlt Verlag gewarnt, dass er gesucht würde, versteckte er sich und verließ erst im Mai 1933 das Land und ging nach Zürich.[57]

56 Vgl. Archiv Bibliographia Judaica 2002: 297.

57 Konrad Heiden, Eidesstattliche Versicherung, 18. Dezember 1957, in: Entschädigungsamt Berlin, Entschädigungsakte Konrad Heiden, Reg. Nr. 346365. Der genaue Zeitpunkt der Emigration lässt sich nicht klären. Norbert Mühlen sprach in den siebziger Jahren davon, Heiden sei im Mai 1933 schon mehrere Wochen in der Schweiz gewesen (vgl. IfZ, ZS 3082, Bd. 1, Mühlen, Dr. Norbert, Bl. 1), während es in Heidens Ausbürgerungsakte in einem Vermerk heißt, er sei erst im September 1933 geflohen (Politisches Archiv des Auswärtigen Amtes, R 99650).

Jahre des Exils

In Zürich blieb Heiden nur wenige Monate bis Ende 1933, ohne dort einen Status als politischer Flüchtling anzustreben.[58] Mit welchen Schwierigkeiten seine Flucht und seine ersten Exilmonate verbunden gewesen sein mögen, ist nicht bekannt. Wenn Heiden in dieser Zeit eine persönliche Krise angesichts der politischen Entwicklung und seiner eigenen Lage durchlitten haben sollte, hat er diese allem Anschein nach rasch wieder überwunden und neuen Tatendrang entwickelt. In den Zürcher Monaten muss er Kontakt zum Verleger Emil Oprecht[59], dessen Buchhandlung *die* Anlaufstelle und *der* Treffpunkt deutscher Flüchtlinge war, aufgenommen und ein neues Buchprojekt vereinbart haben: eine Geschichte der Etablierung der NS-Herrschaft. Der Kontakt zu Oprecht, bald schon mehr als eine nur geschäftsmäßige Beziehung eines Verlegers zu seinem Autor, sollte in den folgenden Jahren für beide große Erfolge bringen. Für Heiden wurde er überdies zeitweise von geradezu existenzieller Bedeutung, da die Vorschüsse Oprechts für seinen Lebensunterhalt eminent wichtig waren.

Ein Jahr nach seinem ersten Buch war mit *Die Geburt des dritten Reiches* schon sein zweites auf dem Markt, gewissermaßen eine Fortsetzung. Pointiert zeigt Heiden im Vorwort Zusammenhang und Kern der beiden Bücher auf: »Jener erste Band sollte unsern Kameraden am Beispiel des Feindes zeigen, wie man um Macht kämpft. Das jetzige Buch zieht das ganze politische Geschehen während der letzten Jahre der deutschen Republik heran und will an ihrem Beispiel zeigen, wie man Macht verliert.«[60] Seine Publizistik sah Heiden nun im Exil mehr noch als früher schon als ein Mittel des Kampfes: »Eine wesentliche Voraussetzung des Kampfes ist«, schreibt er einleitend, »daß man den Gegner kenne. Wir müssen wissen, wie dieser Gegner groß geworden ist und uns geschlagen hat.«[61] Gleichwohl machte er sich keine Illusionen über seine

58 Vgl. den Schriftwechsel zwischen Schweizer Bundesanwaltschaft und Zürcher Fremdenpolizei, in: Schweizerisches Bundesarchiv, E4320B/C.16-06489 P.

59 Zu Oprecht, seinen Verlagen und seiner Bedeutung für die deutsche Emigration vgl. Stahlberger 1970.

60 Heiden 1934a: 6.

61 Ebd.: 5.

Möglichkeiten und Reichweite, da das Buch vor allem im Ausland gelesen werde. Mittel- oder langfristig aber sah er sich und alle, die den Kampf und die Hoffnung nicht aufgegeben hätten, auf der richtigen und der letztlich siegreichen Seite, denn, so schließt er sein Vorwort optimistisch: »Die Geschichte geht aufwärts, darum geht sie mit uns.«[62]

Nach einem knappen Abriss über die Anfänge des Nationalsozialismus, im Wesentlichen eine Zusammenfassung des ersten Buches auf wenigen Seiten, konzentriert sich Heiden besonders auf den Niedergang der Weimarer Republik und die Etablierung der Diktatur in Deutschland. Die erste deutsche Demokratie zerbrach nach Heidens Auffassung »an ihren inneren Fehlern«[63]: eine nicht gewollte und bestenfalls halbherzig betriebene Revolution 1918/19, die Zersplitterung der Linken und eine grob fahrlässige Unterschätzung des Gegners. Die zugespitzten Vorwürfe gegen die sozialdemokratische Führung und ihr Verhalten während des sogenannten Preußenschlags im Juli 1932 brachten Heiden scharfe Kritik ein, vor allem natürlich aus der Exil-SPD.[64]

Kaum umstritten hingegen war Heidens Darstellung der Machtübergabe an die Nationalsozialisten und des Prozesses der Etablierung ihrer Herrschaft von der brutalen Ausschaltung der politischen Opposition, der Kaltstellung ihrer bürgerlich-konservativen Bundesgenossen oder der beginnenden Verfolgung der Juden. In der Ernennung Hitlers zum Reichskanzler sah Heiden nicht das Ende des Ringens der Nationalsozialisten um die Macht, sondern den eigentlichen Beginn dieses Kampfes, in dem zwei Ziele verfolgt würden: mittels Propaganda die Mehrheit hinter Hitler zu bringen und alle Gegner auszuschalten. Diesen Prozess und das Versagen der bürgerlichen Kräfte schildert Heiden minutiös, stilistisch geschliffen und bildreich. Über die Deutschnationalen zum Beispiel schreibt er: »Ringsum steigt die Sintflut, aber die Herren von der deutschnationalen Front setzen ihre Hüte gerade und benehmen sich würdevoll, als wären sie auf einer angenehmen Wasserfahrt.«[65]

62 Ebd.: 7.

63 Ebd.: 31.

64 Vgl. z.B. »Ein Buch Konrad Heidens«, in: Beilage des Neuen Vorwärts, Nr. 27, 17. Dezember 1933.

65 Heiden 1934a: 137.

Sehr viel klarer sieht Heiden nun auch den Antisemitismus der Nationalsozialisten und erkennt in den antijüdischen Maßnahmen »eine systematische Judenverfolgung«[66], manifestiert im Boykott Anfang April und in den rasch aufeinanderfolgenden Gesetzen, die die Juden aus dem Staatsapparat, aus Schulen und Hochschulen sowie aus Berufen wie Arzt oder Rechtsanwalt verdrängten. Überdies macht er nicht nur einen von oben in Verordnungen gegossenen und inszenierten Antisemitismus, sondern auch eine darüber hinausgehende antijüdische Haltung und Bewegung von unten aus der Bevölkerung aus, die sich, sei es aus Überzeugung oder aus Furcht vor eigener Benachteiligung, in einem »stillschweigenden Boykott«[67] gegen Juden übe. Als vollkommen illusorisch bezeichnet er die Hoffnung, dass sich hieran etwas ändern könne. »Zwecklos wäre es«, schreibt Heiden, »auf eine Besserung der Lage der Juden in Deutschland zu rechnen, solange der Nationalsozialismus regiert«[68]. Den Antisemitismus der Nationalsozialisten sieht Heiden nur als Teil einer weitaus umfassenderen rassischen Utopie, »der Erzeugung einer Volksgemeinschaft, in der ein hochwertiger Rassetypus herrscht«[69].

Die Einrichtung von Konzentrationslagern schon wenige Wochen nach Machtantritt der Nationalsozialisten war kein Geheimnis, die NS-Presse selbst berichtete beispielsweise über Dachau. Überdies erreichten das Ausland bald die ersten Berichte, Flüchtlinge oder Entlassene aus den Lagern konnten aus Deutschland entkommen und von dem Schreckensregiment in den Lagern Zeugnis ablegen. Erste Broschüren und Bücher mit solchen Berichten wurden bereits 1933 veröffentlicht. Sie bilden eine wesentliche Grundlage für Heidens Darstellung der Zustände in den KZ, so wie später die Augenzeugenberichte geflohener und vertriebener Juden Ausgangspunkt für sein Buch über die ›Kristallnacht‹ waren. Mangels anderer verfügbarer Quellen zog Heiden auch die deutsche Presse heran, um eine ungefähre Vorstellung von der tödlichen Dimension der Verfolgung politischer Gegner zu bekommen: Von

66 Ebd.: 208.

67 Ebd.: 214.

68 Ebd.: 215.

69 Ebd.: 216. Einen Grundstein hierfür sieht er in dem »Gesetz zur Verhütung erbkranken Nachwuchses« vom 17. Juli 1933.

Ende Januar bis zum 23. August 1933 zählte er im *Völkischen Beobachter* und in der *Frankfurter Zeitung* Meldungen von insgesamt 196 getöteten Oppositionellen. Stichproben in der Provinzpresse zeigten ihm, dass die Zahl noch sehr viel höher sein musste, zumal Heiden nicht vergaß, den Leser auf die wohl noch größere Zahl überhaupt nicht gemeldeter Todesfälle hinzuweisen.[70]

Abgesehen von der Kritik vor allem sozialdemokratischer Rezensenten an Heidens Ursachenforschung für den Untergang der Republik waren die Reaktionen überaus positiv. Die Schweizer *Arbeiter Zeitung* lobte seine gute und atemlose Darstellung,[71] andernorts hieß es, es sei ein »mit erstaunlicher Objektivität, bei aller Deutlichkeit kritischer Einstellung durchweg ritterlich geschriebene[s] Buch, das jedem politisch interessierten Menschen nur aufs wärmste empfohlen werden kann«[72]. Innerhalb kürzester Zeit hatte Heiden sich so zu einem weithin anerkannten Experten für den Nationalsozialismus ›hochgeschrieben‹. Der Wirkungskreis freilich war begrenzt – in Deutschland konnten und durften seine Bücher nicht gelesen werden, Österreich oder die Schweiz waren klein, und der Kreis der Emigranten war ebenso überschaubar.

Im Deutschen Reich war das Publikum nicht zu erreichen und mit solchen Büchern nichts auszurichten, das war Heiden bewusst. Anderswo war die Situation freilich eine ganz andere: Im Saarland konnte sich die Bevölkerung in vollem Bewusstsein dessen, was in Deutschland seit 1933 im Gange war, für oder gegen einen Anschluss an das Reich entscheiden. Daher zog es Konrad Heiden Ende 1933 oder Anfang 1934 dorthin. Das kleine Land war in Erfüllung des Versailler Vertrags gebildet und unter Völkerbundmandat gestellt worden. Am 13. Januar 1935 sollte die Bevölkerung darüber abstimmen, ob sie für einen Anschluss an Deutschland oder an Frankreich oder aber für die Beibehaltung des Status quo sei. Hier konnte Aufklärung über die Methoden und Ziele der Nationalsozialisten, über die wahren Zustände im ›Dritten Reich‹ noch etwas bewirken und eine Ausdehnung der Diktatur verhin-

70 Vgl. ebd.: 234 f.

71 Vgl. Arbeiter Zeitung, 4. Januar 1934.

72 Volksrecht, 27. Januar 1934.

dern helfen. Nicht wenige Exilanten zog es daher entweder dorthin, oder sie engagierten sich aus der Ferne.[73]

Im Saarland wollte Heiden gegen die Nationalsozialisten für die demokratische Sache kämpfen – und kämpfen hieß bei ihm immer in erster Linie schreiben. In Saarbrücken schrieb er u.a. unter dem Pseudonym Argus für verschiedene demokratische Zeitungen, etwa für die *Volksstimme*, die *Deutsche Freiheit* und für *Westland* und später *Grenzland*.[74] Neben Karl Kautsky, Rudolf Breitscheid und anderen war Heiden mit einem kurzen Beitrag in einer Tarnschrift vertreten, die als Sonderausgabe für den Schulgebrauch von Ciceros *Drei Bücher von den Pflichten* daherkam.

Mit zwei Broschüren, 1934 unter dem Pseudonym Klaus Bredow beziehungsweise anonym in Saarbrücken veröffentlicht, versuchte Heiden, eine Entlarvung des wahren Charakters der Nationalsozialisten und der Bloßlegung von Propagandalügen: *Hitler rast*, so der Titel der einen, bietet einen komprimierten Abriss der Biographie Hitlers, der führenden Nationalsozialisten und der Geschichte der Partei bis zum Regierungsantritt. Sodann schildert er die Vorgeschichte und Hintergründe der Morde Ende Juni/Anfang Juli 1934, mit denen die SA entmachtet und Widersacher im konservativen Lager ausgeschaltet wurden. Diese Publikationen waren sehr viel mehr noch als seine Bücher auf den politischen Kampf der Gegenwart ausgerichtet und mit einem Demaskierungsgestus verfasst. *Hitler rast* mündet in die wortstark vorgetragene Hoffnung auf eine Erosion des Regimes und auf den Sieg des Sozialismus: »Das System ist an einer entscheidenden Stelle zerbrochen. Es beruhte den eigenen Anhängern gegenüber bisher auf der Massensuggestion. Jetzt muß es übergehen zum Massenmord. Dieser Wandel hat einen tiefen Sinn. Eine Diktatur ohne dauernden Mord wäre unnatürlich gewesen. […] Aber weder Lüge noch Revolver können auf die Dauer die Sehnsucht nach Freiheit töten, die die

73 Zum Saargebiet in jener Zeit und zum Abstimmungskampf vgl. von zur Mühlen 1979.

74 Vgl. Abschrift des Schreibens der Preußischen Geheimen Staatspolizei an den Reichs- und Preußischen Minister des Innern, betr.: Aberkennung der deutschen Reichsangehörigkeit des Redakteurs Konrad Heiden, 8. November 1935, sowie ein Interview von Dr. Hoch und Dr. Röder mit Norbert Mühlen, 29. November 1974, in: IfZ, ZS 3082, Bd. 1, Mühlen, Dr. Norbert, Bl. 1.

Triebkraft aller revolutionären Epochen ist. Es wird auch Hitler nicht gelingen, die Revolution zu sterilisieren. Die moderne Form der Freiheit ist der Sozialismus. Jede Revolution, die nicht zur Freiheit führt, endet im Mord. Jede moderne Revolution, die nicht im Sozialismus endet, erstickt im Blut. Aber aus dem Blut steigen neue Revolutionen herauf – bis die ewige, grauenvolle Unruhe endlich zu Ruhe und Frieden kommt in der neuen sozialistischen Ordnung der Menschheit.«[75]

Unter dem Titel *Sind die Nazis Sozialisten?* versucht Heiden die arbeiterfreundliche NS-Propaganda als hohle Phrasen zu entlarven, indem er Auszüge aus der Presse, aus Verordnungen, Statistiken und Äußerungen der NS-Führung dokumentiert und in einleitenden Bemerkungen kommentiert. Heidens Fazit fällt eindeutig aus: »Sind die Nazis Sozialisten? Viele ihrer Anhänger gewiß. Ist der Nationalsozialismus Sozialismus? Die hier gesammelten Dokumente beweisen das Gegenteil.«[76] Aus der Opposition in Deutschland, so schreibt er weiter, kämen in den letzten Wochen überaus optimistische Berichte und in der Arbeiterschaft mache sich die Überzeugung breit, dass die Zeit des NS-Regimes bald abgelaufen sei. Diesen Überschwang teilt Heiden nicht uneingeschränkt, endet aber dennoch zuversichtlich und kämpferisch: »Nun mögen dabei manche Momente übersehen werden, die die Gnadenfrist für Hitler noch etwas verlängern können. Aber unbestreitbar ist, daß die Stimmung für das Gewaltregime reißend schnell sinkt. Ein Teil der Arbeiterschaft hat von Hitler vertrauensvoll Sozialismus erwartet. Von der Sklaverei, die jetzt offenbar wird, wendet sie sich ab. Dabei darf es aber nicht bleiben. Sie muß sich gegen die Sklaverei wenden. Und sie wird es tun. Das läßt sich bereits heute mit völliger Sicherheit voraussagen. Und wenn dieser Tag kommt, dann wehe den von vornherein Besiegten!«[77]

Der Optimismus trog, und all die Aufklärungsarbeit stieß auf taube Ohren. Mit über neunzig Prozent entschieden sich die Saarländer für den Anschluss an das Deutsche Reich und damit für eine Ausdehnung des NS-Regimes. Die Propaganda der Nationalsozi-

75 Bredow 1934: 58.
76 Anonym 1934: 53.
77 Ebd.: 54.

alisten, die aus der Abstimmung erfolgreich eine Frage pro oder contra Deutschland gemacht hatten, hatte gefruchtet. Im überwiegend katholischen Saarland, wo die NSDAP noch im Juli 1932 nur weit unter zehn Prozent der Stimmen erringen konnte, stimmten nun über neunzig Prozent in letzter Konsequenz pro Hitler, angelockt auch von den Verheißungen des sichtbaren Aufschwungs in Deutschland. Für Konrad Heiden und viele andere profilierte NS-Gegner bedeutete dies erneute Flucht. Sein Weg führte ihn ins benachbarte Frankreich nach Paris, einem der Zentren der deutschsprachigen Emigration,[78] wo er die Jahre bis zum Kriegsbeginn verbringen sollte.

In Paris hat Heiden in erster Linie Bücher geschrieben; er lebte von deren Verkaufserlösen beziehungsweise den bescheidenen Vorschüssen, die Oprecht ihm zahlen konnte. Schon seine beiden ersten Bücher waren relativ erfolgreich; 1934 erschien eine französische Übersetzung in einem Band, im Jahr darauf eine englische bei Knopf in New York.[79] In Paris aber wurde Heiden zum Bestsellerautor, dessen Bücher in weitaus mehr Sprachen übersetzt wurden und die hohe Auflagen erzielten.

Furore machte er mit dem ersten Band seiner Hitler-Biographie, die 1935 fast zeitgleich mit der seines Kollegen Rudolf Olden wieder im Europa Verlag erschien. Nach dem ersten Buch über den Aufstieg der Bewegung und dem zweiten über den Aufbau des NS-Staates wolle er nun die maßgebende Person beschreiben: »Ich halte das für gerechtfertigt«, so Heiden. »›Adolf Hitler ist Deutschland‹, wurde von heute maßgebender Stelle verkündet; nun, so versuche ich, in Adolf Hitler dies heutige Deutschland zu erklären.«[80] Heute, wo wahrlich kein Mangel an Hitler-Biographien herrscht, ist es kaum vorstellbar, welche Wirkung eine solche erste fundierte Erkundung der Wurzeln dieses Mannes und seiner Persönlichkeit haben musste, kursierten bis dahin doch nur eine Vielzahl, meist von Hitler in *Mein Kampf* selbst in die Welt gesetzter Legenden oder Gerüchte, die seine politischen Gegner streuten. Erstmals

78 Zur deutschsprachigen Emigration in Paris vgl. u.a. Saint Sauveur-Henn 2002.

79 Vgl. Heiden 1934b, Heiden 1935.

80 Heiden 1936: 6. Die erste Auflage erschien bereits 1935, obwohl im Buch selbst als Erscheinungsjahr 1936 abgedruckt wurde.

konnte das Lesepublikum auf einigermaßen fundierter Grundlage etwas über Hitlers Kindheit und Jugend, über seinen Aufstieg zum unangefochtenen ›Führer‹ erst der Partei, dann ganz Deutschlands lesen.

Auch in seinem neuesten und lange Zeit erfolgreichsten Buch zieht Heiden die Leser mit seinem flotten und eingängigen Stil sowie mit treffsicheren und pointierten Urteilen und Schlussfolgerungen in den Bann und bringt den Charakter Hitlers und das Unglaubliche seines Aufstiegs glänzend auf den Punkt: »Hitler, der Privatmensch, ist der recht alltägliche Taugenichts mit den ewig hochfliegenden Plänen, der nie fünfzig Pfennig in der Tasche hat, weil er grundsätzlich nur Millionengeschäfte macht. Hitler, der Politiker, ist ein unwahrscheinlicher Romanheld: der Taugenichts, der die Millionengeschäfte tatsächlich macht.«[81] Daraus folgert er weiter: »Es ist also falsch, zu fragen: Kämpft er für seinen Ehrgeiz oder für sein Volk? Er kämpft für seinen Ehrgeiz um sein Volk. Er formt es mit gewaltiger Suggestionskraft nach dem Vorbilde der eigenen verletzten Eitelkeit, füllt es mit hysterisch übersteigerten Vorstellungen von Ehre, Macht und Ueberlegenheit, füllt es mit allen Irrtümern und Vorurteilen eines Zukurzgekommenen.«[82] Auch wenn sein Blick auf NS-Deutschland heute, nach jahrzehntelanger Forschung, stark hitlerzentriert erscheint, hat vieles Bestand und sind seine scharfsinnigen Urteile nach wie vor oft zutreffend.

In den dreißiger Jahren, als die halbe Welt das Mysterium Hitler zu entschlüsseln suchte, traf er jedenfalls einen Nerv mit seinen mit spitzer Feder dargebotenen Recherchen und Urteilen. Die Autorin Thea Sternheim, wie Heiden in Frankreich im Exil, überschlug sich in ihrem Tagebuch vor Begeisterung: »Unablässig über Konrad Heidens fulminanter Hitlerbiographie. Scheinwerfer über Deutschland. Man dankt plötzlich Gott für das Vorhandensein dieses schönen Gewissens. Ist dies Buch nicht die erste entscheidende Bresche in das himmelschreiende Verbrechen, das sich in Deutschland vollzieht?«[83] Thea Sternheim fühlte sich nach der Lektüre wie befreit, schrieb sie Heiden: »Welch eine Freude ein so

81 Ebd.: 325.
82 Ebd.
83 Sternheim 2011: 664 (Eintrag vom 31. Oktober 1935).

scharfgeschliffenes Florett blitzen zu sehen! [...] Es würde mich belasten, Ihnen nicht Dank zu sagen. Dank für solche Zucht in so viel Unzucht. Für Ihre Geduld. Ihre Klarheit. Für Ihre politische Subtilität.«[84] Harry Graf Kessler war zurückhaltender in seinem Urteil; zwar fand er, es sei ein »kluges und aufschlussreiches Buch«, sah aber zwei Eigenschaften Hitlers, die wesentlich zu seinem Erfolg beigetragen hätten, bei Heiden vernachlässigt: Hitlers gesunder Menschenverstand und »seine intuitive, blitzartig schnelle Erfassung von Situationen«[85]. Heiden hatte den Erfolg Hitlers auf andere Faktoren zurückgeführt: »Aktivierung der Masse, Hingabe an die Rede und Rastlosigkeit im Wirken sind die drei Schlüssel seines Erfolges«[86].

Das Buch war nach wenigen Wochen bereits über zehntausendmal verkauft worden, Übersetzungen ins Französische, Englische und Niederländische waren in Arbeit und Verhandlungen über weitere Übersetzungen im Gange.[87] Die Kritik fiel überwiegend positiv aus. Die sozialdemokratische Schweizer Zeitung *Volksrecht* brachte es auf den Punkt: »Diese Hitlerbiographie ist ein wertvolles Buch, aufschlußreich, voll überlegener Ironie, glänzend geschrieben.« Das Buch sei »ein politisches Ereignis«, da es wie Wolfgang Langhoffs *Die Moorsoldaten* dazu beitragen könne, »jenen gemütlichen Schweizern, die bisher die nationalsozialistische Gefahr noch nicht bemerkt haben«[88], die Augen zu öffnen. Nicht alle Sozialdemokraten freilich waren angetan von Heidens Buch. Wieder war es der *Neue Vorwärts*, der eine in Teilen polemische Rezension eines Werks von Heiden abdruckte. Erneut waren es die gleichen Gründe, die diesmal Friedrich Stampfer gegen Heiden aufbrachten – dessen scharfe Kritik am Verhalten der Sozialdemokraten, namentlich Friedrich Eberts, während der Novemberrevolution sowie seine Vorwürfe gegen die Parteispitze im Zusammenhang mit dem ›Preußenschlag‹, der widerstandslos hingenommenen ver-

84 Ebd.: 666 (Eintrag vom 4. November 1935).
85 Kessler 2010: 663.
86 Heiden 1936: 103.
87 »Heidens Hitler-Biographie«, in: Pariser Tageblatt, 15. Oktober 1935, S. 3.
88 Volksrecht, 15. Oktober 1935.

fassungswidrigen Absetzung der sozialdemokratischen Regierung Preußens am 20. Juli 1932.[89]

Auch jenseits des Rheins fand das Buch seine Leser: Propagandaminister Joseph Goebbels höchstpersönlich las das Buch oder zumindest in dem Buch. Empört schreibt er in sein Tagebuch: »Welch ein Unrat, welch ein Schmutz.«[90] Zuvor schon hatte das Auswärtige Amt auf diplomatischen Kanälen gegen das Buch interveniert. Der deutsche Gesandte in Bern, Ernst von Weizsäcker, sprach bei den Schweizer Behörden vor und führte ins Feld, das Buch »enthalte zwar keine direkten Schmähungen, seine ganze gehässige Tendenz müsse jedoch als für Deutschland ausserordentlich beleidigend bezeichnet werden«[91]. Die Schweizer Behörden konnten diese Sicht nach Prüfung des Buches nicht teilen, das eine »wenn in der Tendenz auch feindselige, so doch in der Methode durchaus objektive und beinahe wissenschaftliche Zusammenstellung von allgemein bekannten Tatsachen« sei. Glücklich war man dennoch nicht darüber, »dass solche Bücher, die letzten Endes nicht dem Nutzen unseres Landes, sondern den Zielen der roten Internationale und der hinter ihr stehenden deutschen Emigration dienen, immer wieder gerade in der Schweiz erscheinen müssen«.

Praktische Folgen für die Verbreitung des Buches hatte weder die Intervention von Weizsäckers noch die vollkommen fehlgehende Einschätzung Heidens durch die Schweizer Behörden als Handlanger der »roten Internationale«. Den Zorn der NS-Führung und -Bürokratie, den Heiden sich damit zugezogen hatte, sollte er rasch zu spüren bekommen. Kurz vor von Weizsäckers Intervention in Bern war das Auswärtige Amt schon in anderer Richtung aktiv geworden. Mitte September schrieb es an den Reichsinnenminister, dass Heidens erste beiden Bücher nun auf Englisch erschienen seien. Es sah »in der weiteren Herausgabe seiner deutschfeindlichen Bücher ein[en] besonders schwerwiegende[n] Verstoss

89 Vgl. »Diktatur der Deklassierten. Konrad Heidens Hitlerbuch«, in: Neuer Vorwärts, Nr. 125, 3. November 1935.

90 Tagebücher 2001: 30.

91 Eidgenössisches Politisches Departement an die Schweizerische Bundesanwaltschaft, 6. November 1935, in: Schweizerisches Bundesarchiv, E4320B/C.16-06489 P. Die folgenden Zitate ebd.

gegen die Treuepflicht gegenüber Volk und Reich«[92] und regte daher die Wiederaufnahme des Ausbürgerungsverfahrens an. Dieses war während Heidens Zeit im Saargebiet ausgesetzt worden, da die dortigen Bürger unter besonderem Schutz standen. Über ein Jahr später, im Dezember 1936, wurde die Ausbürgerung schließlich vollzogen;[93] Heiden war damit ein staatenloser Flüchtling.

Die diplomatischen Interventionen konnten die weltweite Verbreitung des ersten Teils der Hitler-Biographie ebenso wenig aufhalten, wie die Ausbürgerung Heiden davon abhielt, weiter über Hitler und NS-Deutschland zu schreiben. Schon im Frühsommer 1937 lag mit *Ein Mann gegen Europa* der zweite Teil der Hitler-Biographie vor, in dem Heiden »das Bild der europäischen Gestalt Hitler« und das »Phänomen Hitler« beschreiben wollte, »wo es mit der Welt entscheidend zusammenstößt«[94]. Es ging vor allem um Hitler und den NS-Staat im europäischen Kontext. In der Charakterisierung des Wesens der NS-Diktatur kommt Heiden zu geradezu modernen, durchaus heute noch gültigen Feststellungen, wenn er etwa schreibt: »Die Diktatur handelt nicht anders, als sie spricht, sondern sie handelt heute anders als gestern, und hier anders als dort. Dies ist tief im Wesen des reinen Handelns um seiner selbst willen begründet. Die Diktatur hat keine Theorie; alle Versuche, ihr eine zu unterlegen, sind müßige Spielereien. Die Diktatur ist nichts als eine Praxis der Herrschaft, und ihre Widersprüche sind nur Methode, mit den Widersprüchen des beherrschten Stoffes fertig zu werden.«[95]

Die »Praxis der Herrschaft« stützt sich nach Heiden vor allem auf zweierlei, auf Kontrolle und Gewalt von oben und auf Zustimmung von unten; ein System, in dem bereits geringfügiger Widerstand Risse im Fundament der Diktatur verursachen kann. Oder in Heidens Worten: »Innere Spannungen, die eine Demokratie in

92 Schreiben des Auswärtigen Amts an den Reichs- und Preußischen Minister des Innern, 18. September 1935 (Entwurf), in: Politisches Archiv des Auswärtigen Amtes, R 99650. Auf die Übersetzung hatte zuvor das Deutsche Generalkonsulat in New York aufmerksam gemacht.

93 Vgl. Reichs- und Preußischer Minister des Innern an das Auswärtige Amt, 2. Dezember 1936: Niederschrift zur Bekanntmachung über die Aberkennung der deutschen Staatsangehörigkeit, in: Politisches Archiv des Auswärtigen Amtes, R 99650.

94 Heiden 1937: 7 f.

95 Ebd.: 62.

ihrer Elastizität ohne Schaden erträgt, würden das starre System der Diktatur sofort sprengen. Dem Begriff des totalen Staates entspricht die totale Zustimmung; auch ein schmaler Sektor des Widerspruchs ist bereits eine Bresche im System. Was das Individuum denkt, läßt sich nicht kontrollieren, am wenigsten am Manometer erzwungener Abstimmungen; aber die Aeußerung der Gedanken und die Vereinigung der oppositionellen Meinungen mehrerer, somit den Schritt vom individuellen Gedanken zur politischen Wirklichkeit, kann ein unendlich gewaltiger und unendlich feiner Polizeiapparat verhindern. Das ist die Hysterie der Diktatur, daß sie nur vergnügte Gesichter um sich sehen kann und selbst vereinzelter Widerspruch sie in ihrem Wesen erschüttert. Der umfangreiche Apparat, den sie zur Bekämpfung dieses Widerspruchs aufbieten muß, zeigt somit zugleich ihre Stärke und ihre Schwäche.«[96] Die Frage ist also seiner Meinung nach nicht, ob das NS-Regime eine Zustimmungsdiktatur *oder* ein Terrorstaat ist, wie manchmal in der Forschung der letzten Jahre zugespitzt diskutiert wurde, sondern das eine bedingt für ihn das andere.

Auch der zweite Band verkaufte sich sehr gut und sicherte Heiden für einige Zeit sein Auskommen. Mitte Juli 1937 warb der Verlag damit, dass innerhalb von zwei Wochen schon über 10.000 Exemplare verkauft worden seien.[97] Bereits im Vorfeld des Erscheinens beschäftigte das Buch die Schweizer Behörden. Die Bundesanwaltschaft hatte die Druckfahnen geprüft und teilte der Abteilung für Auswärtiges mit, man lehne »es grundsätzlich ab, eine Vorzensur auszuüben und Bücher vor ihrem Erscheinen in der Schweiz zu überprüfen«[98]. Der Chef der Abteilung des Auswärtigen schloss sich bedauernd dieser Meinung an, obwohl, wie er meinte, das Werk »unter dem Deckmantel eines ruhigen und wissenschaftlichen Tones gegen Deutschland und seine Behörden eine systematische Hetze betreibt«[99]. Er sprach sich aber dafür aus,

96 Ebd.: 147.

97 Vgl. die Verlagsanzeige in: Basler Nachrichten, 11. Juli 1937.

98 Schweizerische Bundesanwaltschaft an die Abteilung für Auswärtiges des Eidgenössischen Politischen Departements, 5. Mai 1937, in: Schweizerisches Bundesarchiv, E2001D/A.15.71.11.

99 Der Chef der Abteilung für Auswärtiges an die Schweizerische Bundesanwaltschaft, 14. Mai 1937, in: ebd. Das folgende Zitat ebd.

dass es wenigstens nicht »zu einem Propagandapreis feilgeboten werden« dürfe. Versuche, den Verkauf wenigstens in den Schweizer Bahnhofsbuchhandlungen zu unterbinden, scheiterten.

Nur wenige deutsche Emigranten konnten mit ihrer publizistischen Arbeit derartige Erfolge verbuchen wie Heiden, der durch die zahlreichen Übersetzungen zudem weit über den kleinen Kreis des deutschsprachigen Exils hinaus bekannt und erfolgreich wurde. Ein weiteres Buch über die Gegenwartskrise, *Europäisches Schicksal*, erschien im gleichen Jahr. Andere Projekte wie ein Werk über die Entstehung und Folgen des Versailler Vertrags blieben unvollendet; das Manuskript ist in den Wirren der Flucht aus Europa verschollen.

Heiden schrieb zwar in seiner Pariser Zeit in der Hauptsache Bücher, trat aber auch mit einer Reihe von Artikeln, vornehmlich in Leopold Schwarzschilds *Das neue Tage-Buch*, in Erscheinung. Einige Monate nach seiner Ankunft in Frankreich wandte er sich in einem Artikel im *Pariser Tageblatt* mit dem programmatischen Titel »Heraus aus der Zersplitterung« an die Exilöffentlichkeit und prangerte deren Uneinigkeit und Unentschlossenheit an: »Die Kräfte sind da. Die einigende Parole fehlt. Bis jetzt heißt es: gegen Hitler. Gut. Aber wofür? Denn wer gegen eine Sache ist, muss für eine andere sein; wer ein Stück Gegenwart vernichten will, muss ein Stück Zukunft in sich tragen. Also: warum gegen Hitler?«[100] Seine Antwort war ein freiheitsliebender Sozialismus. Um dieses Ziel jedoch erreichen zu können, müsste die Zersplitterung in zahlreiche Organisationen überwunden werden, denn »der schwerste Schlag ist in dieser Stunde eure Einigung«[101]. Heiden endet mit einem flammenden Appell: »Heraus aus der Zersplitterung! Hinein in den Kampf! Wer tut den ersten Schritt?«[102] Der Artikel weckt fast den Eindruck, von einem Unbeteiligten beziehungsweise einem Außenstehenden verfasst worden zu sein. Vielleicht hat sich Heiden als solchen betrachtet – tatsächlich aber war er schon mittendrin und sollte bald auch tief in den Grabenkämpfen der Emigration stecken und manche Gegnerschaft unerbittlich pflegen.

100 »Heraus aus der Zersplitterung!«, in: Pariser Tageblatt, 26. Juni 1935, S. 1.
101 Ebd.: 2.
102 Ebd.

Es ist hier nicht der Ort, die verwickelte Geschichte und die Vorbereitungen einer Einigung der Kräfte des Exils in einer Volksfront, die vor allem die Gräben im linken Lager überwinden sollte, im Detail aufzurollen, zumal Konrad Heidens Rolle hierin noch weiterer Klärung bedarf. In die frühen Bemühungen und Überlegungen jedenfalls war Heiden involviert und stand darüber auch in Kontakt mit Rudolf Breitscheid. Sein Artikel »Heraus aus der Zersplitterung!« stammt aus genau dieser Phase. An vorbereitenden Treffen für die Bildung einer Volksfront war Heiden als Vertreter des *Schutzverbands Deutscher Schriftsteller* beteiligt. Bei den weiteren Aktivitäten, die ohnehin wegen innerer Uneinigkeiten erschwert waren, scheint er keine Rolle gespielt zu haben. Im Frühjahr 1937 war auch diese kurze Episode einer Einigung wieder Geschichte.[103]

Torpediert wurden die Sammlungsbemühungen schon 1936 durch die Affäre um das *Pariser Tageblatt*, die in der deutschen Emigration tiefe Gräben aufriss. Georg Bernhard und weite Teile der Redaktion intrigierten gegen ihren Verleger Wladimir Poljakow. Sie unterstellten ihm, das Blatt wegen dessen prekärer finanzieller Lage an die Nationalsozialisten verkaufen zu wollen, und bezichtigten ihn des Verrats und der Kollaboration. Im Juni 1936 gründete Bernhard mit anderen die *Pariser Tageszeitung*, und das *Tageblatt* musste eingestellt werden. Gerichte und Untersuchungskommissionen stellten zwar fest, dass die Vorwürfe aus der Luft gegriffen waren, doch das änderte an der eingetretenen Klimavergiftung nichts mehr.[104]

Die Zeitungsintrige bewegte Heiden zu einem weiteren grundsätzlichen Artikel über den Zustand des deutschen Exils; er sah hier einen »Prüfungsfall der Emigration«, wie er seinen Aufsatz im *Neuen Tage-Buch* überschrieb. Allerdings lag der Prüfungsfall nicht in der Affäre an sich, sondern im Umgang der Untersuchungskommission der Emigranten damit. Diese habe zwar zweifelsfrei festgestellt, ein Verkauf an Nationalsozialisten hätte niemals auch nur in Rede gestanden, habe die Verleumdungen gegen Poljakow aber als nicht erwiesen dargestellt. Obwohl Heiden ausdrücklich betont,

103 Vgl. insgesamt Langkau-Alex 2004; zu Heidens Rolle ebd.: 155, 159 f., 165-167 und 177-179.

104 Zur Affäre vgl. Peterson 1987.

sich »gemäßigter Worte« zu bedienen, geht in dem Artikel sein polemisches Temperament mit ihm durch, denn er sagt über die Zeitung, sie sei »eine schlechte und nur in negativer Richtung bedeutungsvolle Zeitung«, und wirft Bernhard und seinen Mitstreitern vor, »nationalsozialistische Methoden nachzuahmen«[105]. Im Kern allerdings ging es ihm um das Rechtsgefühl, das er in Gefahr sah – mit fatalen Folgen: »Die deutsche Opposition – und die Emigration ist ein Teil von ihr – kämpft um das Recht, das ihr und ihrem Volke im eigenen Lande genommen ist. Ihre ganze moralische Legitimation ginge ihr verloren, wenn sie in eigner Angelegenheit andern das Recht verweigerte, wie es in diesem Fall durch eine kleine, aber laute Gruppe geschehen ist.«[106] Damit war die Bedeutung der ganzen Angelegenheit ins Grundsätzliche gesteigert und mit verletzender Polemik aufgeladen.

Klaus Mann reagierte umgehend auf Heidens Artikel und erinnerte ihn: »[W]ir haben doch andere Feinde, man soll sein polemisches Temperament nicht verschwenden«[107]. Mann verweist auf Verdienste Bernhards und darauf, dass manches noch der Klärung bedürfe. Vielleicht spielt er in seiner Kritik auch auf Heidens Artikel im *Pariser Tageblatt* im Juni 1935 an, als er weiter schreibt: »Was für eine Nervosität ist denn da plötzlich ausgebrochen! Das ist doch bedauerlich und ganz einfach blamabel. Mit einer hysterischen Gereiztheit schimpft da plötzlich der eine Leidensgenosse gegen den anderen – mit konstruktiver Selbstkritik hat das nichts mehr zu tun. Vier Jahre lang hat man leidlich Frieden gehalten, und das fünfte beginnt mit dem unwürdigsten Zank. [...] Handelt es sich hier um eine Ermüdungserscheinung?«[108] In seiner Antwort dankte Heiden Mann zwar für seine offenen Worte, von seiner grundsätzlichen Kritik wollte er jedoch nicht lassen und konnte sich weitere Polemik nicht versagen.[109]

105 »Der Prüfungsfall der Emigration«, in: Das neue Tage-Buch 5 (1937). Heft 12, 20. März 1937, S. 277.

106 Ebd.

107 Klaus Mann an Konrad Heiden, März 1937, in: Mann 1975: 283.

108 Ebd.: 286.

109 Vgl. Konrad Heiden an Klaus Mann, 23. März 1937, in: ebd.: 289 f. Unter anderem schreibt Heiden: »Die ›Pariser Tageszeitung‹ ist einfach polizeiwidrig schlecht und für die ganze Emigration kompromittierend« (289).

Wie tief der Graben zwischen Konrad Heiden und Georg Bernhard aufgerissen war, illustriert eine Episode aus dem Frühjahr 1938. Als Rudolf Olden im April Heiden freundlich aufforderte, dem *Deutschen Exil-PEN-Club* beizutreten, ließ Heiden sich zunächst Statuten und Mitgliederverzeichnis schicken. Nachdem er beides erhalten hatte, erteilte er Olden eine Absage, da Georg Bernhard bereits Mitglied war. »Ich habe Georg Bernhard oeffentlich angegriffen wegen seines Verhaltens, das ich als unmoralisch bezeichnen musste«, schreibt Heiden. »Es waere nicht anstaendig, wenn ich nun mit ihm demselben Verein angehoeren wuerde.«[110]

Kurze Zeit nach seiner Polemik gegen Bernhard grenzte sich Heiden noch in eine andere Richtung deutlich ab. Im Juli 1937 gründete er gemeinsam mit Leopold Schwarzschild und anderen den antikommunistischen *Bund Freie Presse und Literatur*, der durchaus auch gegen Bernhard und andere gerichtet war und ein weiteres Zeichen für die trotz aller Einigungsbestrebungen fortbestehende Spaltung war.[111] Heinrich Mann, exponierter Vertreter des Volksfrontgedankens, sah darin nur die Motivation, »der Volksfront zu schaden, und auch dies nur infolge nichtiger, persönlicher Zwischenfälle und Bedürfnisse«[112].

Flucht aus Europa und amerikanisches Exil

Ob geeint oder innerlich zerstritten – aufhalten konnten die Emigranten den Drang NS-Deutschlands zur kriegerischen Expansion freilich nicht. Mit der Zuspitzung der außenpolitischen Lage im Sommer 1939 und der immer virulenter werdenden Kriegsgefahr verschärfte sich die Lage der deutschen Flüchtlinge in ihren Aufnahmeländern dramatisch. Mit dem heraufziehenden Krieg 1939 änderte sich auch in Frankreich die Situation grundlegend. Im August 1939 begann die französische Regierung mit der Internierung

110 Konrad Heiden an Rudolf Olden, 18. Mai 1938, in: DNB, Exilarchiv, Exil-Pen.

111 Vgl. dazu Schiller 2010. Heiden hielt auf Veranstaltungen des *Bundes* Vorträge mit Titeln wie »Der Gegner« oder »Die Zukunft des Sozialismus«, von deren Inhalt nichts überliefert ist. Vgl. Sozialistische Warte 13 (1938), Heft 5, 4. Februar 1938 sowie Pariser Tageszeitung, 23. Mai 1939, S. 3.

112 Heinrich Mann an Klaus Mann, 26. Juli 1937, in: Mann 1975: 309.

Deutscher als ›feindliche Ausländer‹, unter ihnen war auch Konrad Heiden, der mit vielen anderen im Pariser *Stade des Colombes* interniert wurde. Wahrscheinlich im November wurde er bereits wieder entlassen.

Der Beginn des ›Westfeldzugs‹, der Überfall auf die Niederlande, auf Belgien, Luxemburg und Frankreich im Mai 1940, änderte die Lage für die deutschen Flüchtlinge dramatisch. Wieder wurden sie interniert und drohten in die Fänge der Nationalsozialisten zu geraten. Heiden war unter anderem in Meslay-du-Meine und Les Arcis eingesperrt. Als aber die Internierten zu Fuß in Richtung Süden evakuiert wurden, gelang ihm gemeinsam mit seinem Freund Norbert Mühlen die Flucht. Sie konnten sich in einem tagelangen Marsch bis nach Montauban im Südwesten Frankreichs durchschlagen. Unterwegs trafen sie auf französische Soldaten, die in den beiden deutsche Spione sahen und sie standrechtlich erschießen wollten. In letzter Minute konnten sie entkommen. In Montauban harrte Heiden unter falschem Namen aus.[113] Über seine Zeit dort ist nur wenig bekannt. Ende Juli schrieb Heiden einen Brief an Bert Berg in Newark, in dem er vor allem um finanzielle Unterstützung bat, der Rest werde sich finden. Über seine Situation schreibt er sonst fast nichts, nur die allgemeine Bemerkung: »I have suffered here very badly, but the courage is intact.«[114]

Viele deutsche Emigranten saßen nun in Südfrankreich in der unbesetzten Zone fest, viele in den dortigen Internierungslagern, in vollkommener Ungewissheit, ob sie nach jahrelanger Flucht nun doch noch den Nazi-Häschern in die Hände geraten würden.[115] Heiden stand wegen seiner Bücher sicherlich weit oben auf der Liste der Nationalsozialisten und musste um sein Leben fürchten. In Südfrankreich waren mehrere Organisationen wie das *Emergency Rescue Committee* unter Federführung von Varian Fry rasch

113 Vgl. Interview mit Norbert Mühlen, in: IfZ, ZS 3082, Bd. 1, Mühlen, Dr. Norbert, Bl. 9 f.

114 Englische Übersetzung eines Briefes von Konrad Heiden an Bert Berg, 30. Juli 1940, in: DNB, Exilarchiv, EB 73/21: Heiden, Konrad.

115 Die dramatische Situation beschreiben viele Emigranten später in ihren Erinnerungen oder in Romanen. Vgl. z. B. Feuchtwanger 2000, Fittko 1985, Frank 1975, Frei 1980, Morgenstern 2000, Seghers 1989. Zur Lage der Emigranten in dieser »Zone der Ungewißheit« vgl. auch die Beiträge in Grandjonc/Grundtner 1993.

aktiv geworden, um den Bedrängten aus ihrer Notlage zu helfen, indem sie ihnen Papiere beschafften, mit denen sie auf halblegalen Wegen das Land verlassen und über Spanien bis ins neutrale Portugal gelangen konnten.[116]

Auch um Konrad Heiden bemühte man sich, war doch seine besondere Gefährdung durch seine Prominenz bekannt. Hilfe kam auch von anderer Seite: Emil Oprecht, der Verleger vieler der nun in Südfrankreich gestrandeten Emigranten, versuchte von Zürich aus zu helfen, wo er nur konnte. Er stand mit Heiden in Kontakt und unterstützte ihn mit Geldsendungen.[117]

Heiden hielt es für das Beste, zunächst in Montauban auszuharren. Ende August aber wurde er aktiv, zumal die Lage immer brenzliger wurde. Er ging nach Marseille, wo er sich einen polnischen Pass auf dem Namen Isidor Goldberg kaufte, der ihn allerdings in neue Gefahr brachte. Polen, von denen nicht klar ist, wer diese waren, griffen ihn auf und wollten ihn nach Nordafrika zur Ausbildung in eine polnische Legion bringen. Buchstäblich in letzter Minute gelang ihm im Hafen von Marseille die Flucht. Wenige Tage später konnte er sich – ausgestattet mit unzureichenden Papieren des amerikanischen Konsulats und einem tschechischen Pass auf den Namen David Silbermann – illegal über die Pyrenäen durch Spanien bis nach Lissabon durchschlagen.[118]

Den Weg nach Portugal nahmen viele Flüchtlinge, so dass Lissabon für einige Zeit das Zentrum der Exil-Prominenz war, die dort auf die Möglichkeit zur Ausreise in die USA wartete. Heiden erreichte die portugiesische Hauptstadt Mitte September. In den nächsten Wochen kümmerte sich das *Emergency Rescue Committee* um die nötigen Papiere und Tickets für die Schiffspassage und versorgte ihn mit Geld.[119] In der ersten Oktoberhälfte verließen bereits Lion Feuchtwanger, Heinrich Mann und andere prominente Emigranten Portugal.[120] Heiden konnte eine Fahrkarte für eine

116 Vgl. dazu vor allem Frys Bericht über seine Rettungsaktivitäten in Frankreich: Fry 2009.

117 Vgl. den Schriftwechsel zwischen Emil Oprecht und Konrad Heiden (unter dem Pseudonym Kurt Baer), in: Zentralbibliothek Zürich, Ms Oprecht 6.50.

118 Vgl. Interview mit Norbert Mühlen, in: IfZ, ZS 3082, Bd. 1, Mühlen, Dr. Norbert, Bl. 9 f.

119 Vgl. den Schriftwechsel in: DNB, Exilarchiv, EB 73/21: Heiden, Konrad.

120 Vgl. »Der Hölle Europas entronnen«, in: Aufbau, 18. Oktober 1940, S. 3. Im

Schiffspassage wenig später bekommen und erreichte Ende Oktober New York.

Heiden war kein Unbekannter, als er in den Vereinigten Staaten ankam, schon gar nicht in der überschaubaren deutschen Exilszene. Der *Aufbau* berichtete groß über die Ankunft der Schiffe aus Europa, und Konrad Heiden war einer derjenigen, die besonders herausgestellt wurden: »Der Autor der drei grossen und international angesehenen Bücher ›Hitler‹, ›Die Geschichte des Nationalsozialismus‹ und ›Die neue Inquisition‹[121] ist nach seiner Flucht aus Frankreich über die Pyrenäen in New York angekommen.«[122]

Kaum dass er in New York war, suchte er keineswegs längere Erholung von den Strapazen der letzten Wochen und Monate, sondern entfaltete umtriebige Aktivitäten, in dem Bewusstsein, dass weiterhin viele Flüchtlinge dringend auf Hilfe angewiesen waren und in einer ähnlichen Lage steckten wie er selbst kurz zuvor. Im November ging er auf Vortragsreise durch die USA, um auf Veranstaltungen des *Emergency Rescue Committee* seinen Beitrag zur Sammlung von Spenden zu leisten, damit die wichtigen Rettungsaktivitäten in Europa fortgesetzt werden konnten.[123] Die deutschen Vertretungen in den USA beobachteten dies mit Argwohn und berichteten darüber nach Berlin.[124]

Bald schon aber widmete Heiden sich wieder seiner publizistischen Arbeit. Neben manchen Artikeln und Rezensionen in der Exilpresse und in amerikanischen Zeitungen[125] konzentrierte er

selben Artikel kündigte der *Aufbau* an, dass auch Heiden und Leonard Frank bereits unterwegs nach New York seien.

121 Der *Aufbau* nennt hier den Titel der englischen Ausgabe von Heidens vorliegendem Bericht über die ›Kristallnacht‹.

122 »Neue Gesichter in New York«, in: Aufbau, 1. November 1940, S. 7. Vgl. auch einen Artikel in der *New York Times* über die Ankunft des Schiffes vom 27. Oktober 1940.

123 Vgl. »Die gerettete Literatur. Europa in einem New Yorker Hotel«, in: Aufbau, 8. November 1940, S. 9; »Heiden und Bohn in Yorkville«, in: Aufbau, 15. November 1940, S. 5; »Vortrag Heiden-Bohn«, in: Aufbau, 22. November 1940, S. 5.

124 Vgl. Deutsches Konsulat Cleveland an die Deutsche Botschaft in Washington, betr.: Rede des Flüchtlings Konrad Heiden in Cleveland, 5. Februar 1941, in: Politisches Archiv des Auswärtigen Amtes, R 99650.

125 Vgl. z. B. »Was von Weimar blieb«, in: Neue Volks-Zeitung, 12. Dezember 1942.

sich in erster Linie auf ein neues Buchprojekt. Anfang 1944 erschien *Der Fuehrer*, eine Neubearbeitung und Fortschreibung seiner beiden früheren Hitler-Bücher. Mit diesem Buch gelang ihm der Durchbruch in den Vereinigten Staaten; es stand wochenlang auf den amerikanischen Bestsellerlisten, und in den Zeitungen erschienen lobende Rezensionen in Serie, die auch über den Autor selbst manches zu berichten wussten.[126] Mit dem Riesenerfolg war zunächst Heidens Auskommen gesichert, und der Grundstein für eine größere Karriere in den USA schien gelegt.

Sein größter Erfolg sollte zugleich sein letztes Buch bleiben. Heiden konnte nach dem Krieg nie mehr daran anknüpfen. Zwar verfolgte er weitere Buchprojekte, für die er auch mühelos einen Verlag fand, schloss diese jedoch nie ab. Ob dies Ausdruck einer tiefer gehenden persönlichen Krise war oder sich schon Anzeichen seiner späteren schweren Krankheit bemerkbar machten, ist unklar. An Ideen und Angeboten jedenfalls mangelte es nicht. Mit dem New Yorker Verlag Doubleday and Company hatte er im November 1946 zunächst einen Vertrag über ein Buch über den Nürnberger Kriegsverbrecherprozess abgeschlossen,[127] ohne dies jedoch vollenden zu können. Man einigte sich dann Anfang der fünfziger Jahre auf ein neues Projekt, ein Buch über Nachkriegsdeutschland mit dem Titel *The Fourth Reich – the Mind and Morals of Modern Germany*, das Ende 1952 abgeschlossen sein sollte.[128]

Heiden reiste im Frühjahr 1952 im Auftrag des *Life Magazin* nach Deutschland, um über die junge Bundesrepublik und die Deutschen zu berichten. Das sollte auch wesentliche Grundlage für das geplante Buch werden, das, wie Heiden an den Verlag schrieb, eine Serie persönlicher Impressionen und Erfahrungen enthalten

126 Vgl. die Bestsellerlisten in: New York Times Book Review, 20. Februar, 27. Februar, 12. März, 19. März, 26. März, 9. April und 23. April 1944; ferner New York Herald Tribune Weekly Book Review, 20. Februar 1944. Zahlreiche Zeitungen rezensierten das Buch im Januar und Februar 1944. Eine Auswahl findet sich in: IfZ, ED 209/54, darin z.B. von Orville Prescott: »Books of the Times«, in: New York Times, 28. Januar 1944; »The Man who Unmasked Hitler«, in: New York Post, Daily Magazine and Comic Section, 6. März 1944, oder »Master of Masses«, in: Times, 7. Februar 1944, S. 99.

127 Vgl. Doubleday and Company an Konrad Heiden, 5. November 1951, in: IfZ, ED 209/53, Bl. 11.

128 Vgl. ebd.

sollte. Ein Teil sei bereits stenographisch verfasst, so Heiden.[129] Dem bislang so langmütigen Verlag riss Ende 1953 langsam der Geduldsfaden, als der *Life*-Artikel längst erschienen war und alle Absprachen erneut gebrochen wurden. Er solle, schrieb Lee Barker vom Verlag an Heiden, doch den Artikel nehmen und um seine Notizen ausweiten. Verständnislos hielt er Heiden vor, seine Karriere als Schriftsteller leichtfertig aufs Spiel zu setzen: »All the research is done now, and you still haven't written the book. I just don't understand, and I can't see why you're allowing your entire writing career to reach this sort of stalemate.«[130] Das Buch blieb ungeschrieben. Äußerungen Heidens lassen jedoch erkennen, dass es durchaus kritisch ausgefallen wäre. Im April 1952 zum Beispiel schrieb er aus Hamburg an Melvin Evans vom New Yorker Verlag: »I'm sorry to say that my German impressions are not too good. The Nazis are still there – there can be no doubt; the quite bad ones just peeping out of their holes, the others already scurrying all over the place again; with plenty of people around who honestly believe that there were never gas chambers.«[131] Auch spätere Buchprojekte, etwa eines über den Kommunismus, blieben unvollendet.[132]

Heidens frühere Bücher wurden auch nach dem Krieg mehrfach wieder aufgelegt, allerdings in ihren alten Fassungen. An eine Aktualisierung und Erweiterung um die Geschichte Hitlers und des NS-Regimes auch während des Kriegs hatte Heiden sich nicht gemacht. Das Interesse hieran war freilich da; der Dietz Verlag zum Beispiel fragte wegen eines Buches über das ›Dritte Reich‹ bei ihm an und bot hierfür einen großzügigen Vorschuss.[133] Stattdessen suchte Heiden beruflichen Anschluss in Deutschland, ohne dass er eine Rückkehr zu erwägen schien. Er hatte Kontakt zu mehreren

129 Vgl. Konrad Heiden an Doubleday and Company, 22. April 1952, in: ebd., Bl. 10.

130 Doubleday and Company an Konrad Heiden, 22. Dezember 1953, in: ebd., Bl. 13.

131 Konrad Heiden an Doubleday and Company, 22. April 1952, in: ebd., Bl. 10.

132 Teile des Manuskripts bzw. Typoskripts des mit dem Titel *The Fallacy of Power* geplanten Buches finden sich in Heidens Nachlass im Institut für Zeitgeschichte, ED 209/17. Vgl. dazu auch den Brief Heidens an Joseph Buttinger, 10. März 1957, in: ebd., ED 209/56, Bl. 13.

133 Vgl. Konrad Heiden an Carlo Schmid, 17. Januar 1958, in: ebd., ED 209/53, Bl. 114.

Zeitungen, mit denen zum Teil eine kurzfristige Zusammenarbeit zustande kam.[134] Ein regelmäßiges Einkommen sicherte ihm die langjährige Zusammenarbeit mit dem *Süddeutschen Rundfunk*, für den er ab Sommer 1952 über mehrere Jahre hinweg Woche für Woche Berichte über das politische und gesellschaftliche Leben in den USA beisteuerte.[135]

Seit Mitte der fünfziger Jahre aber wurde sein Einkommen unregelmäßiger, und eine Parkinson-Erkrankung machte sich zunehmend bemerkbar. Sie schränkte Heiden erheblich in seiner Arbeitskraft ein, das Schreiben fiel ihm schwerer und war ab Anfang der sechziger Jahre vollkommen unmöglich. Vor allem sein Freund Joseph Buttinger, den er während der Internierung in Frankreich kennengelernt hatte, und dessen Frau Muriel unterstützten ihn in dieser Zeit in jeder Hinsicht: mit persönlicher Zuwendung, finanzieller Unterstützung und im Umgang mit seiner Krankheit und den Ärzten, denn Muriel Buttinger war Ärztin. Joseph Buttinger gab Heiden den Auftrag, eines seiner Bücher ins Deutsche zu übersetzen – wohl mehr ein Akt der finanziellen Hilfe und ein Versuch, Heiden am Arbeiten zu halten.[136] Die letzten Jahre verbrachte Heiden, der zuvor in Massachusetts gelebt hatte, wieder in New York, wo er am 18. Juni 1966 starb. In Deutschland war er bald schon weithin in Vergessenheit geraten. Während die frühere Forschung zu Hitler und dem Nationalsozialismus Heidens Bücher noch rege rezipierte, galt das für spätere Werke lange Zeit nicht mehr. Im englischen Sprachraum aber blieben seine Bücher, vor allem *Der Fuehrer*, Standardwerke und sind bis heute lieferbar und in Buchhandlungen präsent.

134 Vgl. *Der Monat* an Konrad Heiden, 1. September 1953, in: ebd., Bl. 37; *Stuttgarter Woche* an Konrad Heiden, 7. Oktober 1959, in: ebd., Bl. 53.

135 Heidens Rundfunktexte sind in seinem Nachlass überliefert. Vgl. IfZ, ED 209/36-46.

136 Vgl. u.a. Konrad Heiden an Joseph Buttinger, 21. Oktober 1954, in: ebd., ED 209/56, Bl. 11; Konrad Heiden an Joseph Buttinger, 27. April 1958, in: ebd., Bl. 20 und zahlreiche weitere Briefe ebd.

Editorische Notiz

Die vorliegende Ausgabe folgt einem erhalten gebliebenen Durchschlag des Originaltyposkripts von Konrad Heiden, das dieser, so die Angaben auf der Titelseite, um Neujahr 1939 unter dem Titel *Nächtlicher Eid* abschloss; es umfasst 164 paginierte Seiten. Heute befindet sich der Durchschlag in der Zentralbibliothek in Zürich (Signatur: Ms. Oprecht T152).

Übersetzungen

Heidens Text wurde kurz nach Fertigstellung des deutschsprachigen Manuskripts ins Englische, Schwedische und Französische übersetzt und publiziert.[1] Eine niederländische Ausgabe war geplant, wurde aber durch den Niederländischen Premierminister untersagt.[2]

Keine dieser drei Ausgaben übersetzt den Originaltitel, sie heißen stattdessen *The New Inquisition* (›Die neue Inquisition‹), *Tyskland i fara. Novemberpogromen 1938* (›Deutschland in Gefahr. Der Novemberpogrom 1938‹) und *Les Vêpres Hitlériennes. Nuits sanglantes en Allemagne* (›Hitlers Abendmessen. Blutige Nächte in Deutschland‹). Die fremdsprachigen Ausgaben folgen eng dem deutschsprachigen Original. Der englischsprachigen Ausgabe ist ein Vorwort von Hendrik Willem van Loon[3] vorangestellt. Ein ins Englische übersetztes Nachwort – das nicht in dem erhalten gebliebenen deutschen Typoskript vorhanden ist – hatte Konrad Heiden während seines Aufenthalts in Neuilly-sur-Seine verfasst. Die schwedische und die französische Ausgabe haben kein Vorwort, aber ihnen ist ebenfalls das Nachwort Heidens beigefügt.

1 Vgl. Heiden 1939a, 1939b und 1939c.

2 Vgl. zu den Übersetzungen das Nachwort von Markus Roth.

3 Hendrik Willem van Loon (1882-1944) war ein Schriftsteller und Journalist sowie Verfasser populärer Geschichtsbücher. Geboren in den Niederlanden, emigrierte er als Zwanzigjähriger in die USA. In den Folgejahren kehrte er immer wieder nach Europa zurück. Er pflegte guten Kontakt zu deutschen Exilanten und half ihnen, ihre Texte zu veröffentlichen. Vgl. van Minnen 2005.

Titelbild der amerikanischen Ausgabe

Beispielhaft für die drei Übersetzungen lassen sich an der englischen Ausgabe die wenigen Veränderungen im Hinblick auf das Original illustrieren: So werden etwa die im Text gemachten Quellenangaben nicht dem Zitat vorangestellt, sondern oft erst am Ende des Zitats genannt. Auch verzichtet der Übersetzer an vielen Stellen auf die von Heiden formulierten Einleitungen wie »Der Berliner Korrespondent der ›Times‹ hat diese Szene beschrieben.« (S. 38) Stattdessen wird in der nachgestellten bibliographischen Angabe auf den Korrespondenten verwiesen: »Berlin correspondent, The Times, London, November 11, 1938.«[4] In der englischsprachigen Fassung kommt es auch zu kleineren Umstellungen und Umformulierungen, die jedoch am Inhalt nichts verändern. Auch gibt es kleinere Modifizierungen, die der Übersetzung geschuldet sind: Indirekte Zitate im deutschen Typoskript werden beispielsweise in der englischen Übersetzung als direkte Zitate in Anführungszeichen wiedergegeben. Die vermutlich von Heiden vorgenommenen handschriftlichen Korrekturen und Streichungen im deutschsprachigen Typoskript wurden von dem Übersetzer Heinz Norden bis auf vier kleinere Fälle, die in den Endnoten dieser Edition verzeichnet werden, berücksichtigt. In den Endnoten der vorliegenden deutschen Edition werden daher alle – soweit vorhandenen – semantischen

4 Heiden 1939a: 69. – Diese Umformulierung wird in der englischsprachigen Ausgabe durchgehend vorgenommen und wurde deshalb in der vorliegenden Edition nicht durch einzelne Endnoten vermerkt.

Titelbild
der schwedischen Ausgabe

Titelbild
der französischen Ausgabe

Veränderungen beschrieben, nicht aber Änderungen der Absatzstruktur oder etwa das Austauschen eines Semikolons gegen ein Komma.

Alle drei Übersetzungen beinhalten Endnoten zur weiteren Information des Lesers und zur Nennung derjenigen Zeitungsquellen, die nicht im Haupttext aufgenommen wurden. Dabei stimmt der Anhang in den drei Übersetzungen überein. In den 30 Endnoten verweisen die Ausgaben ausgiebig auf Äußerungen von Nationalsozialisten und deren Schriften (so wird z.B. Robert Ley zitiert) sowie auf zeitgenössische – oft auch deutschsprachige – Quellen wie *Das Schwarzbuch über die Lage der Juden in Deutschland*. Es wird außerdem auf die anderen Texte Heidens, wie z.B. *Ein Mann gegen Europa*, hingewiesen. Auffallend ist, dass auch die Endnoten als Bekräftigung für die im Text gemachten Äußerungen fungieren und an vielen Stellen diese noch einmal bestätigen und bewerten, so heißt es z.B.: »It is not unusual for parents to tremble in fear of their children in present-day Germany« oder »We have evidence that it did so in the case here related.«[5] Ein besonderer Fokus wird auf die Reaktion des Auslands gelegt, so werden über fast fünf Seiten – bei einem insgesamt neun Seiten umfassenden Appendix – internationale Proteste beschrieben und die Äußerungen einflussreicher Staatsmänner verschiedener Länder zitiert.

Zur vorliegenden Ausgabe

Die Edition bleibt nah am vorgefundenen Typoskript. Dabei wurden vier grundlegende Regeln aufgestellt: Erstens wurde auf Fußnoten verzichtet, die den Text unterbrechen. Weiter gehende Informationen zu historischen Personen, Ereignissen und Nachweise der Berichte und Zeitungsartikel werden in den Endnoten gebündelt. Zweitens wurde, um die Schreibsituation Heidens im Exil zu verdeutlichen, wo ihm keine Schreibmaschine mit dem deutschen ›ß‹ oder den Umlauten zur Verfügung stand, die Schreibung aus dem Typoskript (also ›ss‹ statt ›ß‹ oder ›oe‹ statt ›ö‹) übernommen. Drittens wurden die englischen Zitate, die Heiden in seinem Typoskript aus Zeitungen wie der *Times* entnimmt und in der Originalsprache beibehält, nicht durch eine deutsche Übersetzung ersetzt. Die deutschen Fassungen der Artikel wurden von Julia Ruth Richter und Christiane Weber erstellt und finden sich in den Endnoten. Viertens wurden zeitgenössische Schreibweisen – auch wenn sie nicht immer dudenkonform waren – beibehalten.

Orthographische Fehler, bei denen es sich eindeutig um Tippfehler Heidens handelt, wurden stillschweigend korrigiert. Beispiele dafür sind etwa »Reichspopagandaminister« und »Baylon«. Ein anderer Fall sind offensichtlich unbeabsichtigte Doppelungen wie in dem Satz »Das dauerte dauerte so den Tag über.«

Korrigiert Heiden Tippfehler im Typoskript von Hand, wurden diese Verbesserungen übernommen und es wurde zur besseren Lesbarkeit des Texts darauf verzichtet, eine Endnote zu setzen.

Heiden gibt in seinem Typoskript Zitate aus anderen Quellen in der Regel mit dem Original übereinstimmend wieder. Kleinste Veränderungen durch Heiden in den Zitaten, die als Versehen

5 Beide Zitate Heiden 1939a: 181.

gelten können – z.B. das Ersetzen eines Kommas durch ein Semikolon oder das Vertauschen der Reihenfolge von Bindestrich und Komma –, wurden stillschweigend korrigiert. Auslassungen werden mit der Angabe der Quelle in den Endnoten genannt.

Zeitungsartikel

»Dies Buch wünscht objektiv zu sein« (S. 36) – so fasst Konrad Heiden den Anspruch an sein Buch selbst zusammen. Heiden verfolgte die Ereignisse der Reichspogromnacht im Exil. Er stützt seine Analysen daher zum einen auf Berichte von Augenzeugen und zum anderen auf Zeitungsartikel aus verschiedenen deutschen und internationalen Zeitungen.[6] Heiden zitiert auch die meisten Zeitungsartikel übereinstimmend mit dem Original. Wenn er abweicht, geschieht dies partiell und sinngemäß. Ein Beispiel aus Heidens Zitat des Artikels »Der Fall Grünspan. Von Reichsminister Dr. Goebbels« im *Völkischen Beobachter* vom 12. November 1938 sei hier stellvertretend vorgestellt. Heiden schreibt:

»›Man erklärt‹, sagt Dr. Goebbels, ›die spontanen Reaktionen des deutschen Volkes seien durch organisierte Mannschaften durchgeführt worden; wie [im Artikel: *.Wie*] wenig Ahnung doch diese Zeilenschinder von Deutschland haben! Wie erst hätten die [im Artikel: *diese*] Reaktionen ausgesehen, wären die [im Artikel: *sie*] organisiert gewesen! … Die Reaktion [im Artikel: *Sie wurde,* mit Bezug auf den vorangehenden Satz] des deutschen Volkes auf den feigen Meuchelmord in Paris wurde weder organisiert noch vorbereitet, sondern sie brach spontan aus der Nation heraus‹« (S. 51).

Da diese Änderungen in der Regel marginal sind und die inhaltliche Aussage nicht beeinflussen, wurde auf Hinweise in den Endnoten verzichtet. Inhaltliche Auslassungen oder semantische Veränderungen werden selbstverständlich mit den bibliographischen Angaben verzeichnet.

6 Für eine Übersicht der zitierten Zeitungen vgl. das Literaturverzeichnis dieser Edition. Es macht deutlich, auf welch große Bandbreite von Zeitungen Heiden seine Aussagen stützt.

Berichte von Augenzeugen

Eine wichtige Quelle sind für Heiden die Berichte von Augenzeugen. Diese schützt er durch Anonymisierungen. Dennoch können heute viele Berichte in der Sammlung der *Wiener Library* und in den Deutschland-Berichten der Exil-SPD den Zitaten Heidens zugewiesen werden.[7] Trotz intensiver Recherchen konnten freilich einzelne der zitierten Augenzeugenberichte nicht auf eine Quelle zurückgeführt werden.

In die zitierten Berichte greift Heiden an einzelnen Stellen ebenfalls stilistisch ein. Er markiert dies – von Auslassungen abgesehen – nicht, jedoch handelt es sich meist nur um Veränderungen im Satzbau. Ein Beispiel dafür ist der »Bericht einer jungen Witwe«. Zur Verdeutlichung ist die Originalformulierung des Berichts in eckigen Klammern wiedergegeben:

»… als ich im Nebenhause ein furchtbares Klirren und Poltern [im Bericht: *Poltern und Klirren*] hörte. Ich rannte zum Fenster und hörte auch schon Stimmen [im Bericht: *eine Schar junger Männer*] auf der Strasse sagen: ›So, jetzt in dieses Haus und zu …‹, es folgten Namen [im Bericht: *So, jetzt in dieses Haus und zu den Familien*]. Ich hörte, dass man zu mir auch [im Bericht: *auch zu mir*] kommen wollte, schloss rasch meine Wohnungstür und meine Schlafzimmertür [im Bericht: *meine Wohnungstür, meine Schlafzimmertür*], holte meinen schlafenden Jungen aus dem Bett und schloss mich mit ihm im Badezimmer ein [im Bericht: *holte meinen schlafenden Jungen aus dem Bett, da ich mit diesem alleine war, und schloss mich ins Bad ein*]. In meinem Hause wohnten ausser mir noch zwei jüdische Familien. [im Bericht: *Da in meinem Hause außer mir noch zwei jüdische Familien wohnten, hörte ich unten*] Ich hörte unten furchtbares [im Bericht: *dasselbe furchtbare*] Zerschlagen und Schreien, worauf ich glaubte, auch die Menschen würden angegriffen. Dann [im Bericht: *, dann*] wiederholte sich dasselbe auf meiner Nebenetage. Kurze Zeit darauf wurde meine Wohnungstür eingedrückt [im Bericht: *, während kurze Zeit darauf auch meine Wohnungstür eingedrückt wurde*], und [im Bericht: *in meine Wohnung*] ca. zwanzig [im Bericht: *20*] junge Men-

7 Vgl. Barkow/Gross/Lenarz 2008 und Deutschland-Berichte 1989/5.

schen stürmten in meine Wohnung [im Bericht: *hineinstürmten*], welche mit Beilen und Spitzhacken alles [im Bericht: *sofort meine ganze Wohnung*] zertrümmerten. Die Scheiben wurden eingeschlagen, [im Bericht: *, die Möbel zermatscht, alles kurz und klein geschlagen,*] die Bilder zerschnitten, die Lehnen und Sessel der Stühle [im Bericht: *der Möbel*] zerhackt, die Tischplatten zerschlagen … [im Bericht: *, kurz und gut alles zerstört und zum Schluss sämtliche Möbel übereinander geworfen.*]« (S. 27)

In diesen Fällen wurde auf einen genauen Nachweis der Änderungen verzichtet. Auf Auslassungen und inhaltliche Hinzufügungen Heidens wird hingegen hingewiesen und diese – wenn inhaltlich relevant – komplett wiedergegeben.

Handelt es sich um längere Zitate, die Heiden aus den Berichten von Augenzeugen wiedergibt, wurde die Anmerkungsziffer vor das Zitat gesetzt. Dies vereinfacht die Orientierung in den Endnoten zu Heidens Eingreifen.

Rezensionen

Es ließen sich neben den beiden im Beitrag von Markus Roth erwähnten Rezensionen der englischsprachigen Ausgabe nur kleinere Besprechungen und Erwähnungen in kleinen regionalen Zeitungen in den USA finden, nicht jedoch in den großen Blättern.[8] Das unterscheidet dieses Buch Heidens von seinen anderen Werken, die immer auf eine große mediale Resonanz stießen.

In Schweden konnten weder über die Königliche Bibliothek (*Kungliga Biblioteket*) noch über den Verlag der schwedischen Ausgabe Rezensionen ermittelt werden. Verträge oder Korrespondenz zwischen Heiden und dem Verlag (*Tidens Förlag*) lassen sich ebenfalls nicht recherchieren (Information des ›Zentrums für Unternehmensgeschichte‹; *Centrum för Näringslivshistoria*).

8 Vgl. beispielsweise die Rezension von Peter Halm: »Anti-Nazi-Bücher«, in: Aufbau, Nr. 17, 15. September 1939, S. 14 sowie allgemein den Beitrag von Markus Roth in diesem Band.

Abbildungs- und Literaturverzeichnis

Abbildungen

S. 134: Konrad Heiden, vermutlich in den 1930er Jahren, in: Zentralbibliothek Zürich, Nachlass Heiden 5a.

S.. 174: Titelbild der amerikanischen Ausgabe (Heiden 1939a).

S.. 175 (l.): Titelbild der schwedischen Ausgabe (Heiden 1939b).

S.. 175 (r.): Titelbild der französischen Ausgabe (Heiden 1939c).

Unveröffentlichte Quellen

Archiv der LMU München
Stud.-Kart. I, Heiden, Konrad

Archiv für Zeitgeschichte der ETH Zürich
IB JUNA-Archiv/1546

Bundesarchiv Berlin
BArch, R 1501 PA/9479 Personalakte von Alfons Oswald

Deutsche Nationalbibliothek, Exilarchiv, Frankfurt
EB 73/21 Emergency Rescue Committee, Personenakte Konrad Heiden
EB 75/175 Exil-PEN 504: PEN Writers in Exile an Heiden, 24. April 1938
525: Brief Heidens an Rudolf Olden, 2. Mai 1938
526: PEN Writers in Exile an Heiden, 4. Mai 1938
568: Brief Heidens an Rudolf Olden, 28. Mai 1938

Entschädigungsamt Berlin
Reg. Nr. 346365 Entschädigungsakte Konrad Heiden

Hauptstaatsarchiv Stuttgart
EA 2/150 Bü 1252 Personalakte Alfons Oswald

Institut für Zeitgeschichte, München
Ed 209/1-56 Heiden, Konrad: Manuskripte und Korrespondenzen 1941-1969
ZS 3082 Bd. 1, Mühlen, Dr. Norbert

International Tracing Service (ITS), Bad Arolsen
Dokumenten IDs (Unterlagen zu Sendel und Rifka Grynszpan):
67268571
67268644
78795367
99161735
99161738

Politisches Archiv des Auswärtigen Amtes, Berlin
R 99650 Ausbürgerung Heidens
R 99600 Tätigkeit deutscher Emigranten im Ausland

Schweizerisches Bundesarchiv Bern
E4320B/C.16-06489 P
E2001D/A.15.71.11

Zentralbibliothek Zürich
Nachlass Konrad Heiden
Verlagsarchiv Oprecht/Europa Verlag

Periodika

12Uhr-Blatt
Amstettner Anzeiger. Kreisblatt
Arbeiter Zeitung
Aufbau
Basler Nachrichten
Berliner Börsen-Zeitung. Tageszeitung für nationale Politik/Wirtschaft/Kultur
Berliner Morgenpost
Das Neue Tage-Buch
Das Schwarze Korps. Zeitung der Schutzstaffeln der NSDAP
Das Tagebuch
Der Stürmer. Deutsches Wochenblatt zum Kampfe um die Wahrheit
Deutsche Justiz. Rechtspflege und Rechtspolitik. Amtliches Blatt der deutschen Rechtspflege
Deutsches Reichsgesetzblatt
Die Gleichheit
Die neue Zeit
Frankfurter Zeitung
Jüdische Rundschau
Manchester Guardian

Münchener Post
Münchener Zeitung
Nationalsozialistische Partei-Korrespondenz
National-Zeitung (Basel)
National-Zeitung (Essen). Organ der Nationalsozialistischen Deutschen Arbeiterpartei
Neue Freie Presse
Neue Volks-Zeitung
Neue Zürcher Zeitung
Neuer Vorwärts
Neues Wiener Tagblatt
New York Times
Pariser Tageblatt
Pariser Tageszeitung
Reichsgesetzblatt
Sozialistische Monatshefte
Sozialistische Warte
The Daily Telegraph and Morning Post
The Times
Völkischer Beobachter. Kampfblatt der national-sozialistischen Bewegung Großdeutschlands (Norddeutsche und Berliner Ausgaben)
Volksrecht
Volksstimme
Vossische Zeitung
Westfälische Landeszeitung – Rote Erde (Dortmunder Ausgabe)

Sekundärliteratur

Ackermann 1970: Ackermann, Josef: Heinrich Himmler als Ideologe. Göttingen.

AdG: Archiv der Gegenwart (AdG). Die weltweite Dokumentation für Politik und Wirtschaft (damals: Keesing's Archiv der Gegenwart).

Anonym 1934: [Heiden, Konrad]: Sind die Nazis Sozialisten? 100 Dokumente aus 14 Monaten. Saarbrücken.

Anonym 1939: [Heiden, Konrad]: Der Pogrom. Vorwort von Heinrich Mann. Zürich/Paris.

Archiv Bibliographia Judaica 2002: Archiv Bibliographia Judaica: Lexikon deutsch-jüdischer Autoren. Band 10: Güde-Hein. Redaktionelle Leitung Renate Heuer. München.

Bajohr 1997: Bajohr, Frank: »Arisierung« in Hamburg. Die Verdrängung der jüdischen Unternehmer 1933-1945. Hamburg.

Bareiß 2005: Bareiß, Andreas Friedrich: Herschel Feibel Grynszpan. Der Attentäter und die »Kristallnacht«. Gießen.

Barkai 1988: Barkai, Avraham: Vom Boykott zur Entjudung. Der wirtschaftliche Existenzkampf der Juden im Dritten Reich 1933-1943. Frankfurt a.M.

Barkow 1997: Barkow, Ben: Alfred Wiener And the Making of the Holocaust Library. London.

Barkow/Gross/Lenarz 2008: Barkow, Ben, Raphael Gross und Michael Lenarz: Novemberpogrom 1938. Die Augenzeugenberichte der Wiener Library, London. Frankfurt a.M.

Bärsch 2004: Bärsch, Claus-Ekkehard: Der junge Goebbels. Erlösung und Vernichtung. München.

Bedürftig 1997: Bedürftig, Friedemann: Lexikon Drittes Reich. Zürich.

Belke 1993: Belke, Ingrid: »Publizisten warnen vor Hitler. Frühe Analysen des Nationalsozialismus«, in: Horch, Hans Otto und Horst Denkler (Hg.): Conditio Judaica. Judentum, Antisemitismus und deutschsprachige Literatur vom Ersten Weltkrieg bis 1933/1938. Interdisziplinäres Symposion der Werner-Reimers-Stiftung Bad Homburg v.d.H. Dritter Teil. Tübingen, S.116-176.

Benz 1988: Benz, Wolfgang: »Erzberger, Matthias«, in: ders. und Hermann Graml (Hg.): Biographisches Lexikon zur Weimarer Republik. München, S.77f.

Benz 1993: Benz, Wolfgang (Hg.): Die Juden in Deutschland 1933-1945. Leben unter nationalsozialistischer Herrschaft. Dritte, durchgesehene Auflage. München.

Benz/Graml/Weiß 1998: Benz, Wolfgang, Hermann Graml und Hermann Weiß (Hg.): Enzyklopädie des Nationalsozialismus. Stuttgart.

Biermann 2011: Biermann, Matthias: »Das Wort sie sollen lassen stahn …« Das Kirchenlied im Kirchenkampf der evangelischen Kirche 1933-1945. Göttingen.

Biographisches Gedenkbuch 2003: Biographisches Gedenkbuch der Münchner Juden 1933-1945. Band 1 (A-L). Hg. vom Stadtarchiv München. München.

Bosch 1976: Bosch, Michael: Liberale Presse in der Krise. Die Innenpolitik der Jahre 1930 bis 1933 im Spiegel des »Berliner Tageblatts«, der »Frankfurter Zeitung« und der »Vossischen Zeitung«. Bern u.a.

Bredow 1934: Bredow, Klaus [d.i. Konrad Heiden]: Hitler rast. Der 30. Juni. Ablauf, Vorgeschichte und Hintergründe. Saarbrücken.

Breig 2002: Breig, Werner: »Parsifal«, in: Schmierer, Elisabeth (Hg.): Lexikon der Oper. Band 2: Li-Z. Darmstadt, S.340-343.

Bruppacher 2008: Bruppacher, Paul: Adolf Hitler und die Geschichte der NSDAP. Teil 1: 1889 bis 1937. Norderstedt.

Combs 1986: Combs, William L.: The Voice of the SS. A History of the SS Journal ›Das Schwarze Korps‹. New York/Bern/Frankfurt a.M.

Comité des délégations juives 1934: Comité des délégations juives (Hg.): Das Schwarzbuch. Tatsachen und Dokumente. Die Lage der Juden in Deutschland 1933. Paris.

Deutschland-Berichte 1989/5: Deutschland-Berichte der Sozialdemokratischen Partei Deutschlands (Sopade) 1934-1940. Fünfter Jahrgang 1938. Salzhausen/Frankfurt a.M.

Diller 1980: Diller, Ansgar: Rundfunkpolitik im Dritten Reich. Bd. 2 der Reihe Rundfunk in Deutschland. Hg. von Hans Bausch. München.

Domarus 1965: Domarus, Max: Hitler. Reden und Proklamationen 1932-1945, Band I, 2. Halbband. München.

Döpp 1992: Döpp, Heinz-Martin: »Schulchan Aruch«, in: Schoeps, Julius (Hg.): Neues Lexikon des Judentums. Gütersloh/München, S. 415.

Dreyer 2011: Dreyer, Michael: Hugo Preuß – Vater der Weimarer Verfassung. Eine politische Biographie. Darmstadt.

Drimmel 1987: Drimmel, Heinrich: Vom Kanzlermord zum Anschluß. Österreich 1934-1938. Wien/München.

Eberle 2005: Eberle, Annette: »Häftlingskategorien und Kennzeichnungen«, in: Benz, Wolfgang und Barbara Distel (Hg.): Der Ort des Terrors. Band 1: Die Organisation des Terrors. München, S. 91-109.

Faludi 2013: Faludi, Christian (Hg.): Die »Juni-Aktion« 1938. Eine Dokumentation zur Radikalisierung der Judenverfolgung. Frankfurt a.M./New York.

Feuchtwanger 1991: Feuchtwanger, Lion: Erfolg. Roman. Frankfurt a.M.

Feuchtwanger 2000: Feuchtwanger, Lion: Der Teufel in Frankreich: Erlebnisse, Tagebuch 1940, Briefe. Berlin.

Fittko 1985: Fittko, Lisa: Mein Weg über die Pyrenäen. Erinnerungen 1940/41. München/Wien.

Fölsing 1997: Fölsing, Albrecht: Heinrich Hertz. Eine Biographie. Hamburg.

Frank 1975: Frank, Bruno: Der Reisepaß. München.

Frankfurter Biographie 1996: Frankfurter Biographie. Personengeschichtliches Lexikon. Im Auftrag der Frankfurter Historischen Kommission. Hg. von Wolfgang Klötzer. Zweiter Band: M-Z. Frankfurt a.M.

Frei 1980: Frei, Bruno: Die Männer von Vernet. Ein Tatsachenbericht. Berlin u.a.

Frei 1988: Frei, Norbert: »Jung, Edgar«, in: Benz, Wolfgang und Hermann Graml (Hg.): Biographisches Lexikon zur Weimarer Republik. München, S. 166.

Friedländer 2000: Friedländer, Saul: Das Dritte Reich und die Juden. Die Jahre der Verfolgung 1933-1939. München.

Fry 2009: Fry, Varian: Auslieferung auf Verlangen. Die Rettung deutscher Emigranten in Marseille 1940/41. Frankfurt a.M.

Fürth 2010: Fürth, Henriette: Streifzüge durch das Land eines Lebens. Autobiographie einer deutsch-jüdischen Soziologin, Sozialpolitikerin und Frauenrechtlerin (1861-1938). Hg. von Monika Graulich. Wiesbaden.

Gerhard/Karlauf 2009: Gerhard, Uta und Thomas Karlauf (Hg.): Nie mehr zurück in dieses Land. Augenzeugen berichten über die Novemberpogrome 1938. Berlin.

Grandjonc/Grundtner 1993: Grandjonc, Jacques und Theresia Grundtner (Hg.): Zone der Ungewißheit. Exil und Internierung in Südfrankreich 1933-1944. Reinbek.

Große Kracht 2011: Große Kracht, Klaus: »Erich Klausener (1885-1934). Preußentum und Katholische Aktion zwischen Weimarer Republik und Drittem Reich«, in: Faber, Richard und Uwe Puschner (Hg.): Preußische Katholiken und katholische Preußen im 20. Jahrhundert. Würzburg, S. 271-296.

Heiden 1932: Heiden, Konrad: Geschichte des Nationalsozialismus. Die Karriere einer Idee. Berlin.

Heiden 1934a: Heiden, Konrad: Geburt des dritten Reiches. Die Geschichte des Nationalsozialismus bis Herbst 1933. Zürich.

Heiden 1934b: Heiden, Konrad: Histoire du national socialism: 1919-1934. Paris.

Heiden 1935: Heiden, Konrad: A History of National Socialism. New York.

Heiden 1936: Heiden, Konrad: Adolf Hitler. Das Zeitalter der Verantwortungslosigkeit. Eine Biographie. Zürich.

Heiden 1937: Heiden, Konrad: Ein Mann gegen Europa. Zürich.

Heiden 1939a: Heiden, Konrad: The New Inquisition. Translated by Heinz Norden. New York.

Heiden 1939b: Heiden, Konrad: Tyskland i fara. Novemberpogromen 1938. Stockholm.

Heiden 1939c: Heiden, Konrad: Les Vêpres Hitlériennes. Nuits sanglantes en Allemagne. Paris.

Hein 2012: Hein, Bastian: Elite für Volk und Führer? Die Allgemeine SS und ihre Mitglieder 1925-1945. München.

Hitler 1936: Hitler, Adolf: Mein Kampf. 204.-208. Auflage. München.

http://www.stolpersteine-cannstatt.de/node/33 (Abruf: 8. Mai 2013).

http://www.offenbach.de/offenbach/themen/unterwegs-in-offenbach/stadtinfo/stadtgeschichte/offenbacher-stolpersteine/ (Abruf: 3. Juni 2013).

Jasper 1986: Jasper, Gotthard: Die gescheiterte Zähmung. Wege zur Machtergreifung Hitlers 1930-1934. Frankfurt a.M.

Kaienburg 2006: Kaienburg, Hermann: »Sachsenhausen – Stammlager«, in: Benz, Wolfgang und Barbara Distel (Hg.): Der Ort des Terros. Geschichte der nationalsozialistischen Konzentrationslager. Band 3: Sachsenhausen, Buchenwald. München, S. 17-72.

Kater 1975: Kater, Michael H.: Studentenschaft und Rechtsradikalismus in Deutschland 1918-1933. Eine sozialgeschichtliche Studie zur Bildungskrise in der Weimarer Republik. Hamburg.

Keiji 1985: Keiji, Kubo: Hugo Sinzheimer – Vater des deutschen Arbeitsrechts. München.

Keim 1991: Keim Anton (Hg.): »Als die letzten Hoffnungen verbrannten …« 9./10. November 1938. Mainzer Juden zwischen Integration und Vernichtung. Mainz.

Kellerhoff 2008: Kellerhoff, Sven Felix: Der Reichstagsbrand. Die Karriere eines Kriminalfalls. Berlin.

Kellner 2011: Kellner, Friedrich: »Vernebelt, verdunkelt sind alle Hirne«. Tagebücher 1939-1945. Hg. von Sascha Feuchert u.a. Göttingen.

Kessler 2010: Kessler, Harry Graf: Das Tagebuch. Neunter Band: 1926-1937. Hg. von Sabine Gruber und Ulrich Ott. Stuttgart.

Klausmann 1997: Klausmann, Christina: Politik und Kultur der Frauenbewegung im Kaiserreich. Das Beispiel Frankfurt. Frankfurt a.M./New York.

Klee 2003: Klee, Ernst: Das Personenlexikon zum Dritten Reich. Wer war was vor und nach 1945. Frankfurt a.M.

Kluke 1957: Kluke, Paul: »Der Fall Potempa«, in: Vierteljahrshefte für Zeitgeschichte 5 (1957), S. 279-297.

Knorre 1991: Knorre, Susanne: Soziale Selbstbestimmung und individuelle Verantwortung. Hugo Sinzheimer (1875-1945). Eine politische Biographie. Frankfurt a.M.

Kohl 1988: Kohl, Wolfgang: »Preuß, Hugo«, in: Benz, Wolfgang und Hermann Graml (Hg.): Biographisches Lexikon zur Weimarer Republik. München, S. 258f.

Kropat 1988: Kropat, Wolf-Arno: Kristallnacht in Hessen. Der Judenpogrom vom November 1938. Eine Dokumentation. Wiesbaden.

Langkau-Alex 2004: Langkau-Alex, Ursula: Deutsche Volksfront 1932-1939. Zwischen Berlin, Paris, Prag und Moskau. Erster Band: Vorgeschichte und Gründung des Ausschusses zur Vorbereitung einer deutschen Volksfront. Berlin.

Large 1998: Large, David Clay: Hitlers München. Aufstieg und Fall der Hauptstadt der Bewegung. München.

Linden 1936: Linden, Walther: Luthers Kampfschrift gegen das Judentum. Berlin.

Longerich 2008: Longerich, Peter: Heinrich Himmler. Biographie. München.

Maier-Metz 2005: Maier-Metz, Harald: »Hermann Jacobsohn: Sein Leben«, in: Köhler, Kai u.a. (Hg.): Germanistik und Kunstwissenschaften im »Dritten Reich«. München, S. 143-152.

Mann 1975: Mann, Klaus: Briefe und Antworten. Band I: 1922-1937. Hg. von Martin Gregor-Dellin. München.

Marx 1988: Marx, Albert: »Die jüdische Gemeinde Saarbücken (1933-1945)«, in: Stadtverband Saarbücken (Hg.): Zehn statt tausend Jahre. Die Zeit des Nationalsozialismus an der Saar 1935-1945. Saarbrücken, S. 200-217.

Maser 1969: Maser, Werner: »Konrad Heiden«, in: Neue Deutsche Biographie 8 (1969), S. 246 (online unter: http://www.deutsche-biographie.de/sfz28743.html; Abruf: 13. Juni 2013).

Mayor 2011: Mayor, Adrienne: Pontisches Gift. Die Legende von Mithridates, Roms größtem Feind. Stuttgart.

Morgenstern 2000: Morgenstern, Soma: Flucht in Frankreich. Ein Romanbericht. Berlin.

Nagel 1993: Nagel, Tilman: Timur der Eroberer und die islamische Welt des späten Mittelalters. München.

NS-Presseanweisungen 1999: NS-Presseanweisungen der Vorkriegszeit. Edition und Dokumentation Band 6/III: 1938. Quellentexte September bis Dezember. Bearbeitet von Karen Peter. München.

Pehle 1988: Pehle, Walter H.: »Rathenau, Walther«, in: Benz, Wolfgang und Hermann Graml (Hg.): Biographisches Lexikon zur Weimarer Republik. München, S. 262 f.

Peterson 1987: Peterson, Walter F.: The Berlin Liberal Press in Exile: A History of the Pariser Tageblatt – Pariser Tageszeitung 1933-1940. Tübingen.

Plöckinger 2011: Plöckinger, Othmar: Geschichte eines Buches. Adolf Hitlers »Mein Kampf« 1922-1945. München.

Puschnerat 2003: Puschnerat, Tania: Clara Zetkin. Bürgerlichkeit und Marxismus. Eine Biographie. Essen.

»Ratisbon«, in: Encyclopaedia Judaica, http://www.jewishencyclopedia.com/articles/12640-regensburg (Abruf: 25. Juni 2013).

Reichert 2011: Reichert, Folker: »Hans Bettmanns Freitod und das Ende der deutsch-jüdischen Symbiose«, in: Zeitschrift für die Geschichte des Oberrheins 159 (2011), S. 531-553.

Reuter 1984: Reuter, Fritz: Warmaisa. 1000 Jahre Juden in Worms. Worms.

Roth 2017: Roth, Markus: »Wer erzählt hier eigentlich?« Stefan Aust hat eine Biographie über den NS-Gegner Konrad Heiden geschrieben. Hat er bei ihm abgeschrieben? In: taz. Die tageszeitung, 27.6.2017, S. 15.

Saint Sauveur-Henn 2002: Saint Sauveur-Henn, Anne (Hg.): Fluchtziel Paris. Die deutschsprachige Emigration 1933-1940. Berlin.

Schellenberger 1998: Schellenberger, Barbara: »Adalbert Probst (1900-1934). Katholischer Jugendführer – Opfer des Nationalsozialismus«, in: Düsseldorfer Jahrbuch. Beiträge zur Geschichte des Niederrheins 69 (1998), S. 279-286.

Schiller 2010: Schiller, Dieter: »›In bewußtem Gegensatz zu der kommunistisch-ullsteinschen Bande‹. Leopold Schwarzschilds Bund Freie Presse und Literatur 1937 bis 1939«, in: ders.: Der Traum von Hitlers Sturz. Studien zur deutschen Exilliteratur 1933-1945. Frankfurt a. M. u. a., S. 143-157.

Schmidt 2008: Schmidt, Anna: Hattersheim, Eddersheim, Okriftel im Nationalsozialismus. Diktatur, Widerstand, Verfolgung 1933-1945. Hattersheim.

Schölzel 2006: Schölzel, Christian: Walther Rathenau. Eine Biographie. Paderborn.

Seghers 1989: Seghers, Anna: Transit. Roman. 15. Auflage. Frankfurt a. M.

Selig 1988: Selig, Wolfram: »Kahr, Gustav Ritter von«, in: Benz, Wolfgang und Hermann Graml (Hg.): Biographisches Lexikon zur Weimarer Republik. München, S. 171.

Sinzheimer-Postma 1988: Sinzheimer-Postma, Ursula: »In memoriam Hugo Sinzheimer«, in: Jakob, Volker und Annet van der Voort (Hg.): Anne Frank war nicht allein. Lebensgeschichten deutscher Juden in den Niederlanden. Berlin, S. 210-220.

Sparre 2007: Sparre, Sulamith: Rahel Levin Varnhagen (1771-1833). Salonière, Aufklärerin, Selbstdenkerin, romantische Individualistin, Jüdin. Lich.

Stahlberger 1970: Stahlberger, Peter: Der Zürcher Verleger Emil Oprecht und die deutsche politische Emigration 1933-1945. Zürich.

Stein 2006: Stein, Harry: »Buchenwald-Stammlager«, in: Benz, Wolfgang und Barbara Distel (Hg.): Der Ort des Terros. Geschichte der nationalsozialistischen Konzentrationslager. Band 3: Sachsenhausen, Buchenwald. München, S. 300-356.

Steinweis 2011: Steinweis, Alan E.: Kristallnacht 1938. Ein deutscher Pogrom. Stuttgart.

Sternheim 2011: Sternheim, Thea: Tagebücher 1903-1971. Hg. von Thomas Ehrsam und Regula Wyss. Band 2: 1925-1936. Göttingen.

Tagebücher 2001: Die Tagebücher von Joseph Goebbels. Im Auftrag des Instituts für Zeitgeschichte herausgegeben von Elke Fröhlich. Teil I: Aufzeichnungen 1923-1941. Band 3/II: März 1936-Februar 1937. Bearbeitet von Jana Richter. München.

Tigmann 1998: Tigmann, Eva: »Was geschah am 9. November 1938?« Eine Dokumentation über die Verbrechen an der jüdischen Bevölkerung im Saarland im November 1938. St. Wendel.

Tomaszewski 2002: Tomaszewski, Jerzy: Auftakt zur Vernichtung. Die Vertreibung polnischer Juden aus Deutschland im Jahre 1938. Osnabrück.

Ullrich 2009: Ullrich, Volker: Die Revolution von 1918/19. München.

Vaßen 2010: Vaßen, Florian: »Heinrich Heine«, in: Lutz, Bernd und Benedikt Jeßing (Hg.): Metzler Lexikon Autoren. Deutschsprachige Dichter und Schriftsteller vom Mittelalter bis zur Gegenwart. Stuttgart/Weimar, S. 301-304.

Volkov 2012: Volkov, Shulamit: Walther Rathenau. Ein jüdisches Leben in Deutschland 1867-1922. München.

van Minnen 2005: van Minnen, Cornelius: Van Loon. Popular Historian and FOR Confidant. New York.

VEJ 1: Aly, Götz u.a. (Hg.): Die Verfolgung und Ermordung der europäischen Juden durch das nationalsozialistische Deutschland 1933-1945 (VEJ). Band 1: Deutsches Reich 1933-1937. Bearbeitet von Wolf Gruner. München.

VEJ 2: Aly, Götz u.a. (Hg.): Die Verfolgung und Ermordung der europäischen Juden durch das nationalsozialistische Deutschland 1933-1945 (VEJ). Band 2: Deutsches Reich 1938-August 1939. Bearbeitet von Susanne Heim. München.

von zur Mühlen 1979: von zur Mühlen, Patrick: »Schlagt Hitler an der Saar!« Abstimmungskampf, Emigration und Widerstand im Saargebiet 1933-1935. Bonn.

Walk 1996: Walk, Joseph (Hg.): Das Sonderrecht für die Juden im NS-Staat. Eine Sammlung der gesetzlichen Maßnahmen und Richtlinien. Heidelberg.

Wander 1964: Wander, Karl Friedrich Wilhelm (Hg.): Deutsches Sprichwörter-Lexikon. Bd. 3. Darmstadt.

Wegner 1997: Wegner, Bernd: Hitlers Politische Soldaten: Die Waffen-SS 1933-1945. Paderborn u.a.

Weiß 2002: Weiß, Hermann (Hg.): Biographisches Lexikon zum Dritten Reich. Frankfurt a.M.

Weyrauch 1966: Weyrauch, Wolfgang (Hg.): Ausnahmezustand. Eine Anthologie aus »Weltbühne« und »Tagebuch«. München.

Wieland 1988: Wieland, Lothar: »Einstein, Albert«, in: Benz, Wolfgang und Hermann Graml (Hg.): Biographisches Lexikon zur Weimarer Republik. München, S. 72 f.

Wunderlich 2004: Wunderlich, Dieter: EigenSinnige Frauen. 10 Porträts. München.

Wistrich 1988: Wistrich, Robert: Wer war wer im Dritten Reich? Ein biographisches Lexikon. Frankfurt a.M.

Dank

Vielen Institutionen ist zu danken, die bei der Herausgabe des Textes geholfen haben. Vor allem der Abgleich der Zitate war nur durch die kompetente Zusammenarbeit mit Archiven möglich, denen nun unser Dank gilt: Archiv des Guardian in Manchester, Archiv für Zeitgeschichte der ETH Zürich, British Library Newspapers in London, Institut für Zeitgeschichte München, Institut für Zeitungsforschung Dortmund, International Tracing Service (ITS) Bad Arolsen, Stadtarchiv Amtstetten, Stadtarchiv Offenbach, Zentralbibliothek Zürich.

Wie immer gilt unser letzter – und größter – Dank den Mitarbeitern der Arbeitsstelle Holocaustliteratur. Sie haben beim Erfassen der Abschrift geholfen, fleißig übersetzt, bei den Recherchen assistiert, zahllose Zeitungen und Mikrofilme durchforstet und in der Endphase die Korrekturen entscheidend unterstützt. Die Herausgeber danken: Hanna Ashour, Anika Binsch, Lisa Beckmann, Janette Dittrich, Kristin Drenkelfuß, Kathy Gareis, Anna Kiniorska-Michel, Charlotte Kitzinger, Anita-Sarah Rotmann und Nassrin Sadeghi. Für die besondere Hilfe bei den Übersetzungen aus dem Englischen und dem Abgleich der Zitate danken wir Julia Ruth Richter.